M&A・投資における
外為法と
海外の投資規制
の実務

AMT/ ANDERSON MORI & TOMOTSUNE

Foreign Exchange and Foreign Trade Act

アンダーソン・毛利・友常法律事務所 経済安全保障・通商プラクティスグループ［編］
新城友哉／松本 拓／武士俣隆介［編著］

中央経済社

新版にあたって

　本書の第1版を2020年12月に出版してから約4年が経過し，その出版に先立ち同年5月に施行された外為法の2019年改正に基づく運用・実務が，日本を取り巻くM&Aおよび投資において相当程度定着し，当事務所を含む法律事務所その他の関係者においてもその経験が蓄積してきております。

　一方，本書の［Prologue］でもご説明するように，国内外におけるM&Aおよび投資を取り巻く投資規制は，近年，「経済安全保障」重視の潮流の中で，大きな変化を見せています。

　そこで改めて日本を起点・対象とするM&Aおよび投資という文脈で論点となりうる日本の外為法および海外の主要各国の投資規制に基づく規制の内容，必要手続，実務動向等につき，できる限り簡潔に整理し，読者の皆様において実際の手続等の検討・実施に際して活用していただきたいと考え，新版に向けた筆を取るに至りました。

　新版では，日本の外為法に基づく投資規制について，第1版以降の法令の改正や最新の運用・実務を反映して第1版の内容（Part ⅠおよびPart Ⅱ）を更新するとともに，海外の主要各国の投資規制について概要を紹介する章（Part Ⅲ）を追加する形で，構成・内容とも，大幅に刷新しております。これに伴い，書名を『M&A・投資における外為法の実務』から『M&A・投資における外為法と海外の投資規制の実務』に改題しました。

　なお本書では，別段の記載がない限り，2024年9月現在の情報に基づいて解説しています。最新情報については，本書内で参照している各資料の最新版も

ご参照ください。

　本書が，Ｍ＆Ａおよび投資案件（とりわけクロスボーダー案件）を担当する皆様の一助となり，クロスボーダー案件のますますの活発化に寄与するとともに，国内外の投資規制上のさまざまな論点に関する議論がいっそう深まることを願ってやみません。

　本書の刊行にあたり，企画段階から出版まで惜しみないサポートをしてくださった中央経済社の阪井あゆみ氏，文献のリサーチ・原稿のチェックなどで筆の遅い執筆陣を常に支えてくれた当事務所スタッフ一同に，この場を借りて改めて感謝いたします。

　2024年11月

執筆陣を代表して

新城友哉・松本　拓・武士俣隆介

はしがき

　本書は，日本と外国との間の資金や財・サービスの移動などの対外取引に広く適用される外国為替及び外国貿易法（「外為法」）およびその関連法令（外為法とあわせて「外為法令」）について，M＆Aおよび投資という観点からの解説を加えている，日本で初めての実務解説書です。

　「外国為替及び外国貿易法」という名称からは，M＆Aおよび投資との関係性は直ちに浮かび上がりませんが，実は，その当事者や取引対象に対外的要素を含むM＆Aおよび投資において，外為法令上の規制・手続の適用の有無・内容を検討し，これを履践・遵守することは欠かせません。

　そして，我々の日々の業務の中でも，M＆Aおよび投資の国際化の進行により，対外的要素を含む取引は増加の一途をたどっているという実感があり，日本企業がかかわるM＆Aおよび投資に関して，外為法令の適用が問題となる場面も必然的に増えています。

　その一方で，近年においては，国際情勢の急速な変化を受け，米国・欧州等の諸外国において外資規制の考え方や規制内容の大幅な変更が相次いでおり，これに呼応する形で日本の外為法令についても累次の改正が重ねられ，その構成や規制内容がいっそう複雑となる傾向が続いています。特に，本書でも紙幅を割いて解説する，本年5月に施行された2019年11月改正により，規制の複雑化の傾向に拍車がかかっています。

　このように，M＆Aおよび投資の実務における外為法令の理解の重要性が高まる一方で，その規制内容の複雑さ，難解さはさらに増している状況にありま

す。しかしながら，外為法令について，とりわけM＆Aおよび投資の実務に照らして解説した類書は乏しく，その実務に携わる法務・経営企画担当者や法律実務家の皆様においては，実際に各種手続を履践する過程で経験を蓄積し，個別的にノウハウを保有・共有するという状況にあったものと推察しております。

　そこで，本書では，法務・経営企画担当者および法律実務家の皆様において，実際の手続等の検討・実施に際して活用していただくため，当事務所においてM＆Aおよび投資案件に際して蓄積してきたノウハウを惜しみなく活かし，関連する外為法令上の規制内容と必要手続等を整理し解説するとともに（PartⅠ），ケースメソッドを用いた事例ベースの解説を加えております（PartⅡ）。

　本書が，M＆Aおよび投資案件（とりわけクロスボーダー案件）を担当する皆様の一助となり，クロスボーダー案件のますますの活発化に寄与するとともに，外為法令上のさまざまな論点に関する議論がいっそう深まることを願ってやみません。

　本書の刊行にあたり，企画段階から出版まで惜しみないサポートをしてくださった中央経済社の阪井あゆみ氏および浜田匡氏，文献のリサーチ・原稿のチェックなどで筆の遅い執筆陣を常に支えてくれた当事務所スタッフ一同に，この場を借りて改めて感謝いたします。

　2020年11月

執筆陣を代表して

新城友哉・松本　拓

目　　次

新版にあたって　i

はしがき　iii

Prologue　1

Part I　M&Aおよび投資における外為法の概要

1　外為法とM&Aおよび投資 ─── 6

1.1　外為法概説 ─── 6

1.2　外為法と所管省庁 ─── 11

1.3　外為法と日本銀行 ─── 11

1.4　M&Aおよび投資における外為法 ─── 12

2　対内直接投資等 ─── 14

2.1　対内直接投資等の全体像 ─── 17

2.1.1　対内直接投資等に対する規制　17

2.1.2　外国投資家　18

2.1.3　対内直接投資等　30

2.1.4　届出対象業種（指定業種）の確認方法　38

2.2　事前届出 ─── 41

2.2.1　事前届出規制　41

2.2.2　事前届出を要する場合　41

2.2.3　指定業種　43

2.2.4　事前届出手続　48

2.2.5　事前届出免除制度　53

2.2.6　禁止期間と短縮期間　61

Ⅱ　目　次

　　　　2.2.7　事業所管大臣からの質問・遵守事項　62

　　　　2.2.8　勧告，命令および罰則　63

　　　　2.2.9　実行報告書の提出　66

　　2.3　事後報告 ─── 67

　　　　2.3.1　事後報告規制　67

　　　　2.3.2　事後報告手続　69

　　　　2.3.3　事後報告を遅滞した場合　71

　　2.4　特定取得 ─── 72

　　　　2.4.1　特定取得に対する規制　72

　　　　2.4.2　特定取得に係る事前届出手続　74

　　　　2.4.3　禁止期間と期間短縮について　74

　　　　2.4.4　勧告，命令および罰則　74

　　　　2.4.5　実行報告書の提出　76

3　資本取引・対外直接投資・特定資本取引 ─── 77

　　3.1　資本取引 ─── 78

　　　　3.1.1　資本取引に対する規制の概要　78

　　　　3.1.2　資本取引（対外直接投資を除く）を行う場合に
　　　　　　　　必要な手続　79

　　3.2　対外直接投資 ─── 83

　　　　3.2.1　対外直接投資に対する規制　83

　　　　3.2.2　許可が必要となる対外直接投資　84

　　　　3.2.3　事前届出が必要となる対外直接投資　86

　　　　3.2.4　対外直接投資に係る事後報告手続　88

　　3.3　特定資本取引 ─── 90

　　　　3.3.1　特定資本取引に対する規制　90

　　　　3.3.2　許可が必要となる特定資本取引　91

　　　　3.3.3　特定資本取引の報告　92

4　支払等 ─── 93

目　次　**III**

　　4.1　支払等に対する規制の対象 ——— 93

　　4.2　許可を要する支払等 ——— 95

　　　　4.2.1　支払等の許可規制　95

　　　　4.2.2　支払等の許可手続　96

　　4.3　事後報告を要する支払等 ——— 98

　　　　4.3.1　支払等の事後報告規制　98

　　　　4.3.2　支払等の事後報告手続　99

5　外為法令上の各種手続の実務上の留意点 ——— 102

　　5.1　全般 ——— 102

　　5.2　準備 ——— 105

　　5.3　提出 ——— 107

Part II　ケーススタディ

1　株式取得 ——— 110

　　1.1　公開買付け ——— 110

　　　　(1)　概要　111

　　　　(2)　想定取引スケジュール　112

　　　　(3)　各手続の解説　114

　　　　(4)　その他の外為法上の手続　123

　　　　(5)　事前届出を行わなかった場合の罰則　124

　　1.2　免除制度 ——— 125

　　　　(1)　概要　125

　　　　(2)　免除基準と上乗せ基準　126

　　　　(3)　各アクションの検討　128

　　　　(4)　免除基準または上乗せ基準に違反した場合　132

　　　　(5)　行為時事前届出　133

IV 目 次

1.3 スクイーズアウトによる完全子会社化 ── 134

(1) 概要 134

(2) 想定取引スケジュール 135

(3) 留意点 137

(4) 事前届出を行わなかった場合の罰則 138

1.4 ファンドによる非上場会社の買収 ── 139

(1) 概要 140

(2) 想定取引スケジュール 140

(3) 外国投資家によるファンド（投資事業有限責任組合）への出資 142

(4) ファンドによる買収SPCの増資引受け 142

(5) SPCによる国内会社の株式取得 143

(6) SPCと事業会社の合併 144

(7) 取締役の選任に係る届出の要否 145

(8) 事前届出を行わなかった場合の罰則 146

1.5 外国法人の買収 ── 147

(1) 概要 147

(2) 想定取引スケジュール 148

(3) 各手続の解説 148

(4) 事後報告を行わなかった場合の罰則 151

2 ジョイントベンチャー（JV） ── 152

(1) 概要 153

(2) 合弁会社の設立 153

(3) 増資および事業承継 154

(4) 新たな取締役の選任 155

(5) 事前届出を行わなかった場合の罰則 157

3 ベンチャー・スタートアップ投資 ── 158

(1) 概要 159

　　　　　　　　　　　　　　　　　　　　　　　　　目　次　Ｖ

　　　⑵　想定取引スケジュール　159
　　　⑶　指定業種への該当性　160
　　　⑷　事前届出における実務上の留意点　161
　　　⑸　事前届出を行わなかった場合の罰則　161

4　組織再編 ──── 163

4.1　合併 ──── 163
　　　⑴　概要　163
　　　⑵　想定取引スケジュール　164
　　　⑶　合併対価としての株式取得　165
　　　⑷　事前届出を行わなかった場合の罰則　165

4.2　一部事業のカーブアウト取引①：吸収分割および新会社株式の取得 ──── 166
　　　⑴　概要　166
　　　⑵　想定取引スケジュール　167
　　　⑶　留意点　168
　　　⑷　事前届出を行わなかった場合の罰則　170

4.3　一部事業のカーブアウト取引②：事業譲渡 ──── 171
　　　⑴　概要　171
　　　⑵　想定取引スケジュール　172
　　　⑶　事前届出のタイミング　173
　　　⑷　事前届出を行わなかった場合の罰則　174

4.4　株式交換 ──── 175
　　　⑴　概要　175
　　　⑵　想定取引スケジュール　176
　　　⑶　留意点　177
　　　⑷　事前届出を行わなかった場合の罰則　179

4.5　株式移転 ──── 180
　　　⑴　概要　180

VI　目　次

　　　⑵　事前届出の必要性　181

　　　⑶　想定取引スケジュール　182

　　　⑷　留意点　183

Part III　海外の投資規制と経済安全保障上の留意点

1　米国 ——— 186

　1.1　米国における外資規制の概要 ——— 186

　1.2　関係法令および規制執行機関 ——— 188

　　1.2.1　関係法令等　188

　　1.2.2　制度設立の経緯・背景　188

　　1.2.3　規制執行機関　188

　1.3　外資規制制度 ——— 189

　　1.3.1　「外国人」　189

　　1.3.2　審査対象取引　190

　　1.3.3　届出　197

　　1.3.4　審査基準　201

　　1.3.5　リスク軽減措置　204

　　1.3.6　モニタリング　205

　　1.3.7　エンフォースメント・罰則　205

　　1.3.8　審査の実績　207

　1.4　実務上の留意点 ——— 209

2　英国 ——— 211

　2.1　英国における外資規制の概要 ——— 211

　2.2　関係法令および規制執行機関 ——— 212

　　2.2.1　関係法令等　212

　　2.2.2　制度設立の経緯・背景　213

目　次　VII

$\quad$ 2.2.3　規制執行機関　214

$\quad$ 2.3　外資規制制度 ——— 214

$\qquad$ 2.3.1　制度の特徴　214

$\qquad$ 2.3.2　審査対象取引　214

$\qquad$ 2.3.3　届出対象取引　215

$\qquad$ 2.3.4　審査基準　217

$\qquad$ 2.3.5　手数料　218

$\qquad$ 2.3.6　審査プロセス　218

$\qquad$ 2.3.7　モニタリング・エンフォースメント・罰則　222

$\qquad$ 2.3.8　審査の実績　223

$\quad$ 2.4　個別法による外資規制の状況 ——— 225

$\quad$ 2.5　実務上の留意点 ——— 226

3　EU ——— 227

$\quad$ 3.1　EUにおける外資規制の概要 ——— 227

$\quad$ 3.2　関係法令および規制執行機関 ——— 229

$\qquad$ 3.2.1　関係法令等　229

$\qquad$ 3.2.2　関係当局　230

$\quad$ 3.3　外資規制制度 ——— 231

$\qquad$ 3.3.1　EU審査規則と加盟国との関係　231

$\qquad$ 3.3.2　審査対象取引　233

$\qquad$ 3.3.3　審査基準　233

$\qquad$ 3.3.4　審査プロセス　235

$\qquad$ 3.3.5　モニタリング・エンフォースメント・罰則　246

$\qquad$ 3.3.6　審査の実績等　246

$\qquad$ 3.3.7　EU 外国補助金規則（「FSR」）について　247

$\quad$ 3.4　実務上の留意点 ——— 248

4　ドイツ ——— 249

VIII　目　次

4.1　ドイツにおける外資規制の概要 ──── 249

4.2　関係法令および規制執行機関 ──── 250

　　4.2.1　関係法令等　250

　　4.2.2　制度設立の経緯・背景　251

　　4.2.3　規制執行機関　251

4.3　外資規制制度 ──── 252

　　4.3.1　審査対象取引　252

　　4.3.2　届出対象取引　258

　　4.3.3　審査基準　259

　　4.3.4　審査プロセス　260

　　4.3.5　エンフォースメント・罰則　263

　　4.3.6　審査の実績　264

4.4　個別法による外資規制の状況 ──── 265

4.5　実務上の留意点 ──── 266

5　オーストラリア　267

5.1　オーストラリアにおける外資規制の概要 ──── 267

5.2　関係法令および規制執行機関 ──── 269

　　5.2.1　関係法令など　269

　　5.2.2　制度設立の経緯・背景　269

　　5.2.3　規制執行機関　270

5.3　外資規制制度 ──── 271

　　5.3.1　「外国人（foreign person）」　271

　　5.3.2　審査対象取引　271

　　5.3.3　審査基準　277

　　5.3.4　手数料　278

　　5.3.5　審査プロセス　279

　　5.3.6　モニタリング・エンフォースメント・罰則　281

　　5.3.7　審査の実績　281

目　次　IX

5.4　個別法による外資規制の状況 ─── 283

　　5.4.1　銀行　283

　　5.4.2　運輸　283

　　5.4.3　通信および重要インフラ　283

　　5.4.4　所有登録　284

5.5　実務上の留意点 ─── 285

6　中国 ─── 288

6.1　中国における外資規制の概要 ─── 288

6.2　関係法令および規制執行機関 ─── 290

　　6.2.1　関係法令等　290

　　6.2.2　制度設立の経緯・背景　290

　　6.2.3　規制執行機関　292

6.3　外資規制制度 ─── 293

　　6.3.1　外商投資ネガティブリスト制度　293

　　6.3.2　外商投資安全審査制度　301

6.4　実務上の留意点 ─── 308

7　インド ─── 309

7.1　インドにおける外資規制の概要 ─── 309

7.2　関係法令および規制執行機関 ─── 311

　　7.2.1　関係法令等　311

　　7.2.2　制度設立の経緯・背景　312

　　7.2.3　規制執行機関　314

7.3　外国投資規制制度 ─── 318

　　7.3.1　統合版FDIポリシー　318

　　7.3.2　自動ルートと政府ルート　318

　　7.3.3　外国直接投資が規制される業種　319

　　7.3.4　国家安全保障の観点からの外国直接投資の規制　325

7.3.5 間接的な外国直接投資に対する規制 326

7.3.6 審査プロセス 328

7.3.7 モニタリング・エンフォースメント・罰則 330

7.3.8 審査の実績 331

7.4 株式取引価格規制 ─── 331

7.4.1 インド外国為替管理法上の価格規制 331

7.4.2 価格ガイドラインにおける具体的な基準価格 332

7.5 実務上の留意点 ─── 333

巻末資料 ─── 335

索引 ─── 341

XI

法令等略語一覧

略　称	名称／内容
外為法または法	外国為替及び外国貿易法（昭和24年法律第228号）
外為令	外国為替令（昭和55年政令第260号）
外為省令	外国為替に関する省令（昭和55年大蔵省令第44号）
直投令	対内直接投資等に関する政令（昭和55年政令第261号）
直投命令	対内直接投資等に関する命令（昭和55年総理府，大蔵省，文部省，厚生省，農林水産省，通商産業省，運輸省，郵政省，労働省，建設省令第1号）
報告省令	外国為替の取引等の報告に関する省令（平成10年大蔵省令第29号）
指定業種告示（対内直投）	対内直接投資等に関する命令第三条第三項の規定に基づき財務大臣及び事業所管大臣が定める業種を定める件（平成26年内閣府，総務省，財務省，文部科学省，厚生労働省，農林水産省，経済産業省，国土交通省，環境省告示第1号）
指定業種告示（特定取得）	対内直接投資等に関する命令第三条第一項及び第四条第二項の規定に基づき，財務大臣及び事業所管大臣が定める業種を定める件（平成29年内閣府，総務省，財務省，文部科学省，厚生労働省，農林水産省，経済産業省，国土交通省，環境省告示第3号）
コア業種告示（対内直投）	対内直接投資等に関する命令第三条の二第三項の規定に基づき，財務大臣及び事業所管大臣が定める業種を定める件（令和2年内閣府，総務省，財務省，文部科学省，厚生労働省，農林水産省，経済産業省，国土交通省，環境省告示第4号）
コア業種告示（特定取得）	対内直接投資等に関する命令第四条の三第一項の規定に基づき，財務大臣及び事業所管大臣が定める業種を定める件（令和2年内閣府，総務省，財務省，文部科学省，厚生労働省，農林水産省，経済産業省，国土交通省，環境省告示第5号）
基準告示（対内直投）	外国為替及び外国貿易法第二十七条の二第一項の規定に基づき，財務大臣及び事業所管大臣が定める対内直接投資等が国の安全等に係る対内直接投資等に該当しないための基準を定める件（令和2年内閣府，総務省，財務省，文部科学省，厚生労働省，農林水産省，経済産業省，国土交通省，環境省告示第6号）

XII　法令等略語一覧

略　称	名称／内容
基準告示（特定取得）	外国為替及び外国貿易法第二十八条の二第一項の規定に基づき，財務大臣及び事業所管大臣が定める特定取得が国の安全に係る特定取得に該当しないための基準を定める件（令和2年内閣府，総務省，財務省，文部科学省，厚生労働省，農林水産省，経済産業省，国土交通省，環境省告示第7号）
イランの届出に係る対内直投を定める告示	対内直接投資等に関する命令第三条第六項の規定に基づき財務大臣及び事業所管大臣が定める対内直接投資等を定める件（平成22年内閣府，総務省，財務省，文部科学省，厚生労働省，農林水産省，経済産業省，国土交通省，環境省告示第1号）
外為法令	外為法ならびに関連する政省令および告示等
パブリックコメント	財務省国際局調査課外国為替制度調査室「対内直接投資等に関する政令等の一部を改正する政令（案）等に対する意見募集の結果について（別紙1）意見への考え方」（2020年4月30日）
2017年改正	2017年5月24日公布，同年10月1日施行の外国為替及び外国貿易法の一部を改正する法律（平成29年法律第38号）による外為法の改正ならびに関係政省令および告示の改正
2019年5月改正	2019年5月27日公布の以下の各告示による改正 ● 対内直接投資等に関する命令第三条第四項の規定に基づき財務大臣及び事業所管大臣が定める業種を定める件の一部を改正する件（令和元年内閣府，総務省，財務省，文部科学省，厚生労働省，農林水産省，経済産業省，国土交通省，環境省告示第1号） ● 対内直接投資等に関する命令第三条第一項及び第四条第三項の規定に基づき，財務大臣及び事業所管大臣が定める業種を定める件の一部を改正する件（令和元年内閣府，総務省，財務省，文部科学省，厚生労働省，農林水産省，経済産業省，国土交通省，環境省告示第2号）
2019年9月改正	2019年9月26日公布，同年10月26日施行の以下の各政省令による改正 ● 対内直接投資等に関する政令の一部を改正する政令（令和元年政令第111号） ● 対内直接投資等に関する命令の一部を改正する命令（令和元年内閣府，総務省，財務省，文部科学省，厚生労働省，農林水産省，経済産業省，国土交通省，環境省令第5号）

法令等略語一覧　XIII

略　称	名称／内容
2019年11月改正	2019年11月29日公布，2020年5月8日施行の外国為替及び外国貿易法の一部を改正する法律（令和元年法律第60号）による外為法の改正ならびに2020年4月30日公布，同年5月8日施行の関係政省令および告示の改正
2020年6月改正	2020年6月15日公布の以下の各告示による改正 ● 対内直接投資等に関する命令第三条第三項の規定に基づき財務大臣及び事業所管大臣が定める業種を定める件の一部を改正する件（令和2年内閣府，総務省，財務省，文部科学省，厚生労働省，農林水産省，経済産業省，国土交通省，環境省告示第10号） ● 対内直接投資等に関する命令第三条の二第三項の規定に基づき，財務大臣及び事業所管大臣が定める業種を定める件の一部を改正する件（令和2年内閣府，総務省，財務省，文部科学省，厚生労働省，農林水産省，経済産業省，国土交通省，環境省告示第9号）
2021年10月改正	2021年10月5日公布の以下の各告示による改正 ● 対内直接投資等に関する命令第三条第三項の規定に基づき財務大臣及び事業所管大臣が定める業種を定める件の一部を改正する告示（令和3年内閣府，総務省，財務省，文部科学省，厚生労働省，農林水産省，経済産業省，国土交通省，環境省告示第9号） ● 対内直接投資等に関する命令第三条の二第三項の規定に基づき，財務大臣及び事業所管大臣が定める業種を定める件の一部を改正する告示（令和3年内閣府，総務省，財務省，文部科学省，厚生労働省，農林水産省，経済産業省，国土交通省，環境省告示第10号） ● 対内直接投資等に関する命令第三条第一項及び第四条第二項の規定に基づき，財務大臣及び事業所管大臣が定める業種を定める件の一部を改正する告示（令和3年内閣府，総務省，財務省，文部科学省，厚生労働省，農林水産省，経済産業省，国土交通省，環境省告示第11号） ● 対内直接投資等に関する命令第四条の三第一項の規定に基づき，財務大臣及び事業所管大臣が定める業種を定める件の一部を改正する告示（令和3年内閣府，総務省，財務省，文部科学省，厚生労働省，農林水産省，経済産業省，国土交通省，環境省告示第12号）

XIV　法令等略語一覧

略　称	名称／内容
2023年4月改正	2023年4月24日公布の以下の各告示による改正 ● 対内直接投資等に関する命令第三条第三項の規定に基づき財務大臣及び事業所管大臣が定める業種を定める件の一部を改正する告示（令和5年内閣府，総務省，財務省，文部科学省，厚生労働省，農林水産省，経済産業省，国土交通省，環境省告示第3号） ● 対内直接投資等に関する命令第三条の二第三項の規定に基づき，財務大臣及び事業所管大臣が定める業種を定める件の一部を改正する告示（令和5年内閣府，総務省，財務省，文部科学省，厚生労働省，農林水産省，経済産業省，国土交通省，環境省告示第4号） ● 対内直接投資等に関する命令第三条第一項及び第四条第二項の規定に基づき，財務大臣及び事業所管大臣が定める業種を定める件の一部を改正する告示（令和5年内閣府，総務省，財務省，文部科学省，厚生労働省，農林水産省，経済産業省，国土交通省，環境省告示第5号） ● 対内直接投資等に関する命令第四条の三第一項の規定に基づき，財務大臣及び事業所管大臣が定める業種を定める件の一部を改正する告示（令和5年内閣府，総務省，財務省，文部科学省，厚生労働省，農林水産省，経済産業省，国土交通省，環境省告示第6号）
2024年8月改正	2024年8月16日公布の以下の各告示による改正 ● 対内直接投資等に関する命令第三条第三項の規定に基づき財務大臣及び事業所管大臣が定める業種を定める件の一部を改正する告示（令和6年内閣府，総務省，財務省，文部科学省，厚生労働省，農林水産省，経済産業省，国土交通省，環境省告示第4号） ● 対内直接投資等に関する命令第三条の二第三項の規定に基づき，財務大臣及び事業所管大臣が定める業種を定める件の一部を改正する告示（令和6年内閣府，総務省，財務省，文部科学省，厚生労働省，農林水産省，経済産業省，国土交通省，環境省告示第5号） ● 対内直接投資等に関する命令第三条第一項及び第四条第二項の規定に基づき，財務大臣及び事業所管大臣が定める業種を定める件の一部を改正する告示（令和6年内閣府，総務省，財務省，文部科学省，厚生労働省，農林水産省，経済産業省，国土交通省，環境省告示第6号） ● 対内直接投資等に関する命令第四条の三第一項の規定に基づき，財務大臣及び事業所管大臣が定める業種を定める件の一部を改正する告示（令和6年内閣府，総務省，財務省，文部科学省，厚生労働省，農林水産省，経済産業省，国土交通省，環境省告示第7号）

略　称	名称／内容
外為法Q＆A（対内直接投資・特定取得編）	日本銀行国際局国際収支課外為法手続グループ「外為法Q＆A（対内直接投資・特定取得編）」 https://www.boj.or.jp/about/services/tame/faq/t_naito.htm （最終アクセス日：2024年9月20日）
外為法Q＆A（資本取引編）	日本銀行国際局国際収支課外為法手続グループ「外為法Q＆A（資本取引編）」 https://www.boj.or.jp/about/services/tame/faq/t_sihon.htm （最終アクセス日：2024年9月20日）
外為法の報告書についてよく寄せられる質問と回答（「支払又は支払の受領に関する報告書」関係）	日本銀行国際局「外為法の報告書についてよく寄せられる質問と回答：『支払又は支払の受領に関する報告書』関係」（2021年3月） https://www.boj.or.jp/about/services/tame/faq/data/t_faqetc1.pdf （最終アクセス日：2024年9月20日）
対内直接投資等事前届出該当性リスト	財務省「本邦上場会社の外為法における対内直接投資等事前届出該当性リスト」 https://www.mof.go.jp/policy/international_policy/gaitame_kawase/fdi/list.xlsx （最終アクセス日：2024年9月20日）

Prologue

　国内外におけるM&Aおよび投資を取り巻く投資規制は，近年，「経済安全保障」重視の潮流の中で，大きな変化を見せています。

　歴史的に，日本を含む先進諸国は，国際的な投資ルール「OECD資本移動自由化コード」（1961年）に適合する形で，資本移動の自由化を基本路線としつつ，「国の安全」や「公の秩序」の維持等の必要性の観点から資本移動規制を導入・実施しており，日本では，その範囲内において，外国為替及び外国貿易法（外為法）に基づき，謙抑的に対内直接投資規制が行われてきました。

　もっとも，近年の国境を越えた企業のM&A・投資の増加や政府系ファンド（SWF：Sovereign Wealth Funds）を通じた外国政府資金の資本市場への流入，民生技術の軍事転用懸念を内包するM&A・投資案件の発生等，世界の資本市場の環境は大きく変わってきており，その中で，西側諸国を中心に諸外国において，安全保障を理由とした投資審査の強化等，投資規制の改革が加速しています。特に2022年以降の動きとして，ロシアのウクライナ侵攻を受けた西側諸国による対ロシア制裁が発動され，日本の財務省によるロシア事業に対する対外直接投資の許可制や米国における大統領令による親ロ派支配地域への米国人の新規投資禁止といった対ロシア規制の強化がみられます。これに加え，中国への重要技術等の流出懸念に対処するために，西側諸国においては対外直接投資の規制の導入やその検討が進行していることなどが挙げられます。また，これらの西側諸国の動向を踏まえ，中国やインドなどの西側諸国以外の主要国においても，個別に投資管理規制の強化等の動きがみられます。

　そして，日本においても，かかる主要各国（特に西側諸国）の動向に歩調を合わせるように，対内直接投資に対する審査の厳格化が進められています。すなわち，2019年11月の外為法改正により対内直接投資制度が抜本的に改められ，とりわけ「国の安全」や「公の秩序」の懸念がある取引については運用面を含

めて規制が強化されたことを皮切りに，その後の国際動向の中で日本の経済安全保障に関する新たな基本法として2022年5月に経済安全保障推進法（「経済施策を一体的に講ずることによる安全保障の確保の推進に関する法律（令和4年法律第43号）」）が成立・公布され，その制定・運用を踏まえ対内直接投資規制に係る指定業種が新規に追加されるなど，変革が進んでいます。

　こうした中，日本を起点・対象とするM&Aおよび投資にかかわる実務・法務担当者および法律実務家各位においては，刻々と変化し複雑さを増す日本における外為法や海外各国の投資規制の内容と必要手続や実務動向等を把握し，担当する案件への影響を把握することは，ますます重要な課題になっているものと推察します。

　そこで，本書では，日本を起点・対象とするM&Aおよび投資という文脈で論点となりうる日本の外為法および海外の主要各国の投資規制に基づく規制の内容，必要手続，実務動向等につき，できる限り簡潔に整理し，読者の皆様において実際の手続等の検討・実施に際して活用していただくことを目的としています。

　具体的には，まずPart I において，M&Aおよび投資の文脈で主に必要となりうる日本の外為法上の各種規制，手続，実務上の留意点について説明します。

- 対内直接投資等および特定取得に係る事前届出，事後報告等（本書14頁以下「2　対内直接投資等」参照）
- 資本取引（対外直接投資を含む）に係る許可，事前届出，事後報告（本書77頁以下「3　資本取引・対外直接投資・特定資本取引」参照）
- 支払等に係る許可，事後報告（本書93頁以下「4　支払等」参照）
- 各手続に共通の実務上の留意点（本書102頁以下「5　外為法令上の各種手続の実務上の留意点」参照）

　次に，Part II において，具体的な想定事例を置きながら，ケーススタディの

形で各種M&Aおよび投資における実際の外為法上の手続の流れと要検討事項
について説明します。

- ・CASE 1　　株式取得　　公開買付け
- ・CASE 2　　株式取得　　免除制度
- ・CASE 3　　株式取得　　スクイーズアウトによる完全子会社化
- ・CASE 4　　株式取得　　ファンドによる非上場会社の買収
- ・CASE 5　　株式取得　　外国法人の買収
- ・CASE 6　　ジョイントベンチャー（JV）
- ・CASE 7　　ベンチャー・スタートアップ投資
- ・CASE 8　　組織再編　　合併
- ・CASE 9　　組織再編　　一部事業のカーブアウト取引①：吸収分割および
　　　　　　　　　　　　　新会社株式の取得
- ・CASE 10　　組織再編　　一部事業のカーブアウト取引②：事業譲渡
- ・CASE 11　　組織再編　　株式交換
- ・CASE 12　　組織再編　　株式移転

　さらに，PartⅢにおいて，日本を起点としたM&Aおよび投資で投資先とし
て頻出する米国，英国，EU，ドイツ，オーストラリア，中国およびインドの
投資規制について，対内直接投資規制を中心に概説します。

Part I

M&Aおよび投資における外為法の概要

6　Part I　M&Aおよび投資における外為法の概要

1

外為法とM&Aおよび投資

1.1 ‖ 外為法概説

> **概　要**
>
> 　外為法は，対外取引の基本法であり，外国為替，外国貿易その他の対外取引が自由に行われることを基本とし，対外取引に対し必要最小限の管理または調整を行うことにより，対外取引の正常な発展ならびにわが国または国際社会の平和および安全の維持を期し，もって国際収支の均衡および通貨の安定を図るとともにわが国経済の健全な発展に寄与することを目的としています（法1条）。

　外為法の主な規制対象および必要手続の概要をまとめると**図表1－1－1**のようになります。

　外為法令（外為法ならびにこれに関連する政省令および告示）は，①関連法令等の改正が頻繁である，②関連法令等が多岐にわたり難解である，という2つの特徴があります。これらが外為法令による対外取引に係る規制内容の全体像を正確に把握するためには，体系的な理解に努める必要があります（代表的な関連法令等については，法令等略語一覧および**図表1－1－2**「外為法の法体系」を参照ください。）。

　まず①改正について，外為法令は，対外取引の基本法という性質に照らし，国内の規制緩和の流れ，国際金融のグローバル化，国際情勢の変化等を背景と

1 外為法とM＆Aおよび投資 7

（図表1－1－1）**外為法の主な規制対象および必要手続**

	規制対象	必要手続
対内直接投資等・特定取得	外国投資家による本邦法人に対する経営関与を目的とする取引または行為	事前届出または事後報告
資本取引・対外直接投資・特定資本取引	国際間の資金の移動を伴う取引または行為	許可，事前届出または事後報告
支払等	対外的な支払または支払の受領	許可または事後報告

（注）　本書では取り上げませんが，その他の規制対象として役務取引等，技術導入契約，貨物の輸出入があります。

して，**図表1－1－3**のとおり累次にわたる改正を経て現在に至っています。

　累次にわたる外為法令改正の中でも，2017年から2019年に行われた改正は規制の内容・枠組みを従前のものから大きく変容させ，外為法対応実務にも多大な影響を及ぼす改正となりました（特に重要なのが対内直接投資等に関するものであり，本書14頁以下を参照ください。）。

　次に②の関連法令等について，外為法においては細目を行政に委ねる委任立法形式が広範に採用されており，多数の関連する政令，省令および告示等が存在します。例えば，2019年11月改正における被改正対象は，主たる法令等だけでも，外為法，対内直接投資等に関する政令および命令，指定業種に係る告示等，9種存在します。各関連法令等は，改正を重ねた影響もあり条文構造が入り組んでいることから，個別の対外取引に際して，問題となる法令等の条文を確認するだけでも容易でないことがあります。また，為替や貿易その他の類型的に専門性を有する分野を包括的に適用対象とするものであることから，規定内容自体専門的かつ難解な内容を多く含むという特徴があります。

Part I M&Aおよび投資における外為法の概要

図表1-1-2 外為法の法体系

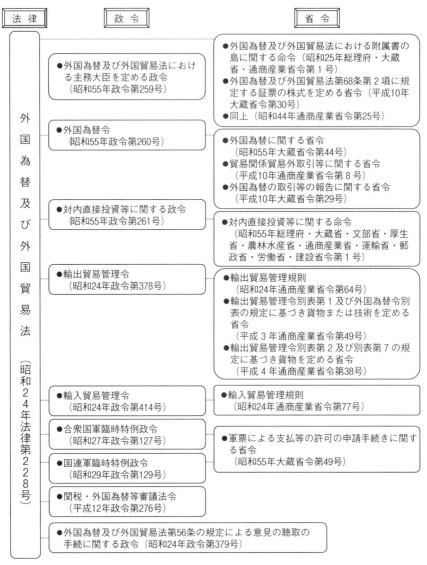

(出所) 経済産業省ウェブサイト「外為法の法体系」
(https://www.meti.go.jp/policy/external_economy/trade_control/01_seido/01_gaitame/gaiyou.html#section2) をもとに作成。

1　外為法とM&Aおよび投資　9

（図表1－1－3）日本の為替管理政策（外為法）の変遷

年	内　容
1931	金輸出再禁止（金本位制停止），金兌換停止
1932	資本逃避防止法制定
1933	外国為替管理法制定（「外国為替銀行制度」の導入）
1936	大蔵省令により貿易為替管理を開始
1941	外国為替管理法改正（戦時体制へ移行）
1945	GHQの全面管理
1947	民間貿易の一部再開
1949	単一為替レートの設定　1ドル＝360円 「外国為替及び外国貿易管理法」（外為法）ならびに「外資に関する法律」（外資法）の制定
1952	IMF（国際通貨基金），世界銀行へ加盟 外国為替管理委員会の廃止，外国為替等審議会の設置
1954	外国為替銀行法の制定に伴い，外国為替銀行を外国為替公認銀行に改正
1964	外国為替予算制度の廃止，IMF8条国へ移行，OECDに加盟
1971	為替レートの変更　1ドル＝308円
1972	外貨集中制度の廃止
1973	変動相場制へ移行，対内直接投資につき，例外業種を除き原則自由化の閣議決定
1980	外為法を原則自由の法体系に改正，外資法廃止
1984	先物外国為替取引に関する実需原則撤廃
1986	オフショア勘定の創設に伴う外為法の一部改正
1987	ココム規制違反行為に係る罰則・制裁の強化に伴う外為法の一部改正
1992	対内直接投資等につき，事前届出制から原則事後報告制への移行に伴う外為法の一部改正
1998	内外資本取引等の自由化，外国為替業務の完全自由化への移行に伴う外為法の一部改正（題名から「管理」を削除し，「外国為替及び外国貿易法」となる）

2002	米国同時多発テロ事件を受け，テロ資金対策強化のために，本人確認に係る努力規定の義務化等（2003年1月6日施行），関係省庁等による情報提供等の根拠となる規定の整備等（2002年5月7日施行）からなる外為法の一部改正
2004	わが国の平和および安全の維持のため特に必要があるときは，閣議決定に基づき，支払，資本取引，役務取引，貨物の輸出入取引などに対する規制の発動を可能とする外為法の一部改正（2004年2月26日施行）
2017	国の安全に関する投資に関し，無届け等で対内直接投資等を行った外国投資家へ株式売却等の命令を行うことができる制度を創設，外国投資家による他の外国投資家から非上場株式を取得する行為を審査付事前届出制の対象とする等，対内直接投資等規制の強化に伴う外為法の一部改正（2017年5月24日公布，10月1日施行 [2017年改正]）
2019	• サイバーセキュリティ関連業種を中心とする事前届出の対象となる業種（指定業種）を拡大する告示改正（2019年5月27日公布，8月適用 [2019年5月改正]） • 上場会社「議決権」の10％以上の取得およびこれに類する行為等を対内直接投資等に追加する政省令改正（2019年9月26日公布，10月26日施行 [2019年9月改正]） • 事前届出の対象を見直し，上場株式取得に係る閾値を1％に引き下げる等のさらなる規制強化の一方，一定の基準の遵守を前提に株式取得時の事前届出を免除する制度を導入する等の対内直接投資等に関する外為法の一部改正（2019年11月29日公布，2020年5月8日施行 [2019年11月改正]）
2020	感染症に対する医薬品に係る製造業および高度管理医療機器に係る製造業を対内直接投資等のコア業種（2.2.3；本書40頁以下参照）に追加する告示改正（2020年6月15日公布・施行 [2020年6月改正]）
2021	レアアース等の重要鉱物資源の安定供給確保に係る業種を対内直接投資等のコア業種（2.2.3；本書43頁以下参照）に追加する告示改正（2021年10月5日公布，2021年11月4日施行 [2021年10月改正]）
2023	経済安全保障推進法上の特定重要物資関連業種等を対内直接投資等のコア業種（2.2.3；本書43頁以下参照）に追加する告示改正（2023年4月24日公布・施行 [2023年4月改正]）
2024	経済安全保障推進法上の特定重要物資に追加指定等された業種をコア業種（2.2.3；本書43頁以下参照）に追加する告示改正（2024年8月16日公布・施行 [2024年8月改正]）

（出所）　財務省ウェブサイト「（参考）我が国の為替管理政策の変遷」をもとに作成。

1.2 外為法と所管省庁

> **概 要**
>
> 　外為法上の対内直接投資制度は，制度所管省庁である財務省と事業所管省庁が所管し，投資内容に係る審査を行っています。

　財務省は，国際収支の均衡や外国為替相場の安定，国際約束等の遵守の観点から対外取引を規律する立場にあり，こうした観点を踏まえての対内直接投資制度における総合調整の役割を担っています。事業所管省庁は，各所管事業の実態を勘案し，各所管業種に係る行政目的を達成する観点から，当該対内直接投資等が国の安全を損なうおそれがないか等を判断する役割を担います。

　財務大臣および事業所管大臣は，対内直接投資制度の運用に関し，特に必要があると認めるときは，外務大臣その他の関係行政機関の長に資料または情報の提供，意見の表明その他必要な協力を求めることができます[1]。

　また，財務省のウェブサイトにおいても外為法に関する情報（特に法令改正）や手続に関し詳細な説明を行っており，また各種資料が提供されています。

1.3 外為法と日本銀行

> **概 要**
>
> 　日本銀行は国際金融にかかわる国の事務を担っており，その一環として外為法に基づく各種の届出，報告の受理といった，主として手続面を担っています。

　財務大臣および事業所管大臣は，政令で定めるところにより，外為法の施行に関する事務の一部を日本銀行に取り扱わせることができ（法69条1項），そ

1　法69条の3第1項4号

12　Part I　M&Aおよび投資における外為法の概要

の関係で，日本銀行は外為法令の内容や手続に関しウェブサイトにおいて詳細な説明を行っており，また各種資料を作成しています。

　例えば，各種手続等の取扱いについては，日本銀行国際局国際収支課外為法手続グループ作成に係る手続類型ごとの「外為法Q&A[2]」が公表されており，上記1.1のとおり難解かつ複雑な外為法に基づく手続の全体像を理解し，効率的な検討・対応を行う上では，かかる「外為法Q&A」を参照しつつ，法令等を読み解くことが効率的といえます。

1.4 ‖ M&Aおよび投資における外為法

概　要
M&Aおよび投資では，その当事者や取引対象に対外的要素が含まれる場合，外為法に基づく規制に服し，対象となる取引の実行にあたり所定の手続が必要になる場合があります。

　上述のとおり，外為法の関連法令等は多岐にわたり専門的かつ難解であるにもかかわらず，以前はM&Aおよび投資という文脈から全体的に整理したガイドラインや書籍等は存在しませんでした。M&Aおよび投資の担当者や法律実務家においては，実際に各種手続を履行する過程で経験を蓄積し，(「外為法Q&A」を適宜参照しつつも) 個別的にノウハウを保有するという状況にあったものと考えられます。そこで，本書は，M&Aおよび投資という文脈で関連する外為法に基づく規制内容と必要手続等を整理し，法務担当者および法律実務家各位において実際の手続等の検討・実施に際して活用していただくことを

　2　本書で取り上げるM&Aおよび投資という文脈で特に参照すべきQ&Aは，以下のものです。
　① 「外為法Q&A (対内直接投資・特定取得編)」
　https://www.boj.or.jp/about/services/tame/faq/t_naito.htm (最終アクセス日：2024年9月20日)
　② 「外為法Q&A (資本取引編)」
　https://www.boj.or.jp/about/services/tame/faq/t_sihon.htm (最終アクセス日：2024年9月20日)

目的としています。M＆Aおよび投資という文脈において，最も重要な対内直接投資等に係る規制に関しては，2019年11月改正により制度の抜本的な改正がなされ，これにより規制のさらなる複雑化も生じており，また諸外国でも規制が強化されていることから，国内外のM&Aおよび投資を実行するためには，その内容の全体像を正確に理解・整理することが肝要です。

　なお，上述のとおり，外為法は，対内直接投資等のみならず輸出入や為替取引に関する基本法でもありますが，本書はM&Aおよび投資との関係に焦点を当てるため，一般にM&Aおよび投資との関連性の低い輸出入取引，為替取引等に関しては基本的に触れていないことにご留意ください。

14 Part I M&Aおよび投資における外為法の概要

2

対内直接投資等

概　要

　外国投資家が国内企業に対して，M&Aおよび投資を実行する場合，これに先立って事前届出や事後報告が必要になる場合が大半です。

　このため，以下の4点を確認する必要があります。

① 　自らが「外国投資家」に該当するか

② 　実施しようとするM&Aおよび投資が「対内直接投資等」に該当するか

③ 　対象会社の事業に，事前届出の対象となる指定業種を営む事業が含まれているか

④ 　事前届出免除制度の利用は可能か

　いわゆる外資系の企業やファンドによる国内企業を対象とするM&Aおよび投資の多くは対内直接投資等[1]に該当します。そのため，対内直接投資等に関する規制は，外為法令上の規制のうち，国内企業へのM&Aおよび投資と最も密接に関連する，重要な規制といえます。とりわけ，国内企業が営む事業の内容によっては，M&Aおよび投資の実行に先立ち，財務省および事業所管省庁への事前届出を行い，待機期間を満了してからでないと取引を実行することができない点で，M&Aおよび投資のストラクチャーやスケジュールの検討に影響を与える規制です。なお，近年の欧米各国における外資規制強化の流れの中，

1 　**2.4**で詳述するように，非上場会社の株式等を外国投資家間で譲渡する場合は，外為法令上厳密には以下に定義する「対内直接投資等」ではなく「特定取得」に該当します。もっとも，特定取得に係る規制は対内直接投資等に係る規制と同一または類似の部分が多いため，本書においては，記述の複雑化を避ける観点から，文脈によっては「対内直接投資等」との記載に特定取得の場合を含むことがある点にご留意ください。

日本の外為法令についても，対内直接投資等に係る事前届出の要件・手続を含む改正が2019年から2020年にかけて相次いで行われました。

　国内企業へのM＆Aおよび投資の文脈において，対内直接投資等に係る規制について検討する際には，まず，①M＆Aおよび投資等を実行する行為者が，外為法令上の「外国投資家[2]」に該当するかを判断することが出発点です。行為者が外国投資家に該当しない場合には，事前届出・事後報告を含め，対内直接投資等に係る手続は不要となります。なお，M＆Aおよび投資の場面では，当初は外国投資家でなかった関連当事者が一連の取引の途中または取引実行後に外国投資家に該当することになることもありえ，その場合は外国投資家に該当することになった時点以降の取引については対内直接投資等に係る手続の要否を検討する必要が生じるため，留意が必要です。また，「外国投資家」の定義との関係上，いわゆる国内企業や国内ファンドであっても，その資本構成によっては外国投資家に該当し，対内直接投資等の規制に服する場合があるため，その意味でも外国投資家該当性の検討・判断は慎重に行う必要があります。外国投資家該当性の検討・判断に関しては，本書のPartⅡにおいて具体的な事例に基づく解説を行っていますので参照ください。

　外国投資家に該当する場合には，②予定している行為の「対内直接投資等」への該当性を検討することになります。対内直接投資等の類型は，2019年11月改正により大きく変更された点の1つです。当該改正により，従前より規制対象であった株式取得に加え，合併や事業譲渡による事業の承継や，取締役または監査役の選任に係る議案について同意する行為等についても，新たに対内直接投資等の類型に追加され，事前届出や事後報告等の規制の対象に加わりました。なお，改正後は対内直接投資等の類型および該当要件がいっそう複雑化し

2　外為法上，「外国投資家」とは，①同法26条1項各号に定めるもの（**2.1.2**⑴；本書18頁以下を参照ください。）で，対内直接投資等（**2.1.3**：本書30頁以下を参照ください。）または特定取得（**2.4.1**：本書72頁以下を参照ください。）を行うものをいうとされており，外国投資家の定義に対内直接投資等または特定取得を行うことが含まれていますが，本書においては外国投資家の属性部分の要件の該当性をもって外国投資家に該当・非該当という表現を用い，行為の該当性とは分けて分析を行っています。

ているため，漏れがないように慎重に分析する必要があります（具体的な検討例については，PartⅡ参照）。

　M&Aおよび投資等の行為が外国投資家（①）による対内直接投資等（②）に該当する場合，当該行為につき事前届出が必要であるかどうかが，M&Aおよび投資等の成否およびスケジュールに影響を与える重要な論点となります。この点は，③買収や投資の対象となる国内企業が，外為法令上の「指定業種」に該当する事業を行っているかどうかを中心に判断されます。

　上記①から③についての検討を経て，予定するM&Aおよび投資が事前届出を必要とする対内直接投資等に該当する場合においても，④事前届出免除制度を活用することにより，事前届出を行うことなく機動的に投資を実行する余地があります。かかる事前届出免除制度については，外国投資家の属性，対象となる投資行為の類型，および対象会社の事業類型（コア業種とノンコア業種のいずれに該当するか）によって制度の利用可否や要件が異なるなど非常に複雑な制度となっています。主として対象会社の買収を通じた経営関与を目的としない，いわゆるパッシブ投資を対象とする制度であるため，典型的なM&Aにおいて利用することができる場面は限られます（詳細は**2.2.5**：本書53頁以下参照）。

　なお，M&Aおよび投資の実務上は，「外為法令上の事前届出の要否」について，当該取引のストラクチャーやスケジュールの検討段階で確認されることが多いため，実際には，①外国投資家該当性，②対内直接投資等への該当性，③対象会社の事業の指定業種該当性および④事前届出免除制度の利用可否の各要素について，同時並行的に分析・検討されることが想定されます。

　本「**2　対内直接投資等**」においては，まず，**2.1**において，対内直接投資等を理解する上で必要となる①「外国投資家」や②「対内直接投資等」の基本的な概念や類型について解説します。次に，**2.2**において，対内直接投資等のうち，③事前届出が必要となる指定業種の概要を紹介するとともに，④事前届出免除制度について詳細に説明します。そして，**2.3**において，対内直接投資等に該当するものの事後報告で足りる場合の手続の概要を説明します。

最後に，**2.4**においては，非上場会社の株式等を外国投資家間で譲渡する場合（かかる取引は対内直接投資等には該当しません。）に適用がある，特定取得に係る規制（対内直接投資等と類似の規制）の概要について解説します。

2.1 ‖ 対内直接投資等の全体像

2.1.1 対内直接投資等に対する規制

概　要
外為法上， ● 外国投資家が， ● 日本の会社への出資・金銭の貸付け等の一定の行為（「対内直接投資等」）を行う場合には， 事業所管大臣および財務大臣に対して当該行為に係る事前届出または事後報告を行うことが必要とされる場合があります（法27条1項，55条の5第1項）。

　事前届出が必要となる行為については，当局による審査完了まで当該行為（取引）を実行できない禁止期間があり，また，審査の結果，当局から当該行為（取引）の変更または中止の勧告や命令を受ける可能性があります（法27条2項・5項）。

　対内直接投資等は，原則事後報告制とされていますが，①取得対象である日本国内の会社の営む事業が国の安全保障等に支障をきたす業種である場合や国際的な投資ルールに従って投資規制を設けている業種（農林水産業，石油業，皮革・皮革製品製造業等）である場合[3]，②対内直接投資等に関して日本との間で条約が締結されていない国（北朝鮮等）の外国投資家により行われる投資等である場合については，事前届出制が採用されています（法27条1項，直投令3条2項，直投命3条4項）。外為法における対内直接投資等規制の概要

3　日本がOECDの資本移動自由化コード上，自由化を留保している業種を指します。

は、**図表1-2-1**のとおりです。

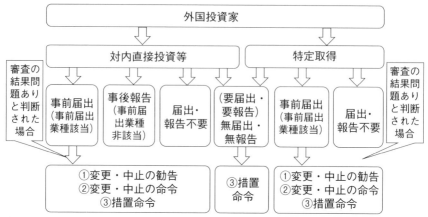

(出所) 財務省国際局「対内直接投資審査制度について」(2019年10月8日) (第43回関税・外国為替等審議会外国為替等分科会配布資料) (https://www.mof.go.jp/about_mof/councils/customs_foreign_exchange/sub-foreign_exchange/proceedings/material/gai20191008/02.pdf) をもとに作成。

2.1.2 外国投資家

概　要
M&Aおよび投資等の主体が対内直接投資等の規制の対象である「外国投資家」となりうるのは、基本的に非居住者・外国法人ですが、一定の場合にそれらの支配下にある日本の会社等も該当することがあります。また、パートナーシップ（組合型ファンド）についても届出が必要か、誰が届出をするかについて確認が必要です。

(1) 外国投資家の種類

外国投資家とは、下記のいずれかに該当するものです（法26条1項、直投令

２条１項乃至５項）。また，下記①〜⑤以外のものであっても，外国投資家のために当該外国投資家の名義によらないで，対内直接投資等または特定取得を行う場合は外国投資家とみなされます（法27条14項，28条９項，55条の５第３項）。

① 非居住者である個人
　　：外国居住の個人投資家等

② 外国法令に基づいて設立された法人その他の団体
　　：外国法人等

③ ①または②に該当するものにより直接に保有される議決権の数と他の会社を通じて間接に保有される議決権の数の合計が当該会社の総議決権数の50％以上を占める国内の会社
　　：外国法人の子会社である国内子会社，孫会社等
　　他の会社とは，①または②に該当するものによる出資比率が50％以上の国内会社またはその子会社をいいます[4]。

④ 投資事業を営む民法人の組合[5]，投資事業有限責任組合，これらの組合に類似する外国法に基づく組合であって，非居住者等[6]からの出資の割合が総組合員の出資の金額に占める割合が50％以上の組合または，業務執行組合員の過半数が非居住者等[7]で占められている組合

4　会社がその総株主の議決権の過半数を有する株式会社その他の当該会社がその経営を支配している法人として法務省令で定めるもの（会社が他の会社等の財務および事業の方針の決定を支配している場合における当該他の会社等）のうち，外国の法令に基づいて設立された法人その他の団体および外国に主たる事務所を有する法人その他の団体を除くものを指します（法26条１項３号，直投令２条１項，会社法（平成17年法律第86号）（以下，「会社法」といいます。）２条３号，会社法施行規則３条１項）。

5　１人または数人の組合員にその業務の執行を委任しているものに限ります。

6　ア　外国の法令に基づいて設立された法人その他の団体または外国に主たる事務所を有する法人その他の団体
　　イ　本文③に該当するもの（特定上場会社等を除く。）
　　ウ　法人その他の団体であって，非居住者がその役員または役員で代表する権限を有するもののいずれかの過半数を占めるもの
　　エ　組合等であって，非居住者およびア乃至ウに掲げるものが当該組合等の業務執行組合員の過半数を占めるもの

20　PartⅠ　M&Aおよび投資における外為法の概要

　　：業務執行組合員（General Partner。以下，「GP」といいます。）が外
　　　国投資家である組合等。GPには外国のリミテッド・パートナーシッ
　　　プ等の無限責任組合員を含みます。組合名義でまとめて１本の届出・
　　　報告をすれば足りることになり，各組合員に届出および報告義務は課
　　　されません。
　⑤　非居住者である個人が役員（取締役その他これに準ずる者）または代表
　　　権を有する役員のいずれかの過半数を占めている国内の法人その他の団
　　　体
　　：取締役の過半数を外国人が占めている国内法人等
　実務上外国投資家該当性が議論になることが多いのは上記③④であるため，
以下詳説します。

（２）　外国法人が半数以上株式を保有する国内会社

　まず③ですが，**図表１‐２‐２**のとおり，対象となる国内の会社を支配する
株主[8]のいずれかが上記①または②に該当する場合，対象となる国内の会社も
上記③に該当し，外国投資家として扱われます。例えば，国内の会社であるA
社，その親にあたる法人をB社とします。A社がM&A取引において国内の上
場会社の株式を１％以上取得しようとする場合において，A社自身は国内法人
であるものの，(i)B社が外国法人，または，(ii)B社が国内法人であるが，B社
の親会社であるC社が外国法人である場合には，A社は外国投資家に該当し，
当該取得行為には外為法の規制が及ぶこととなります。また，(iii)A社に親会社
が存在しない場合であっても，外国法人およびその子会社の保有議決権数が総

　7　ア　脚注６に記載のア乃至エに該当するもの
　　　イ　組合等で，非居住者およびア記載のものによる出資の金額の合計の総組合員によ
　　　　　る出資の金額の総額に占める割合が50％以上であるもの
　　　ウ　有限責任事業組合であって，非居住者，アおよびイに記載のものならびにその役
　　　　　員が当該有限責任事業組合の組合員の過半数を占めるもの
　8　対内直接投資等規制における親子関係は，株主が対象となる会社の議決権を直接保有
　　　および間接保有の合計で50％以上の割合で保有する関係を指し，会社法上や会計基準上
　　　の「親会社」のケースとは異なる点に留意が必要です。

2 対内直接投資等

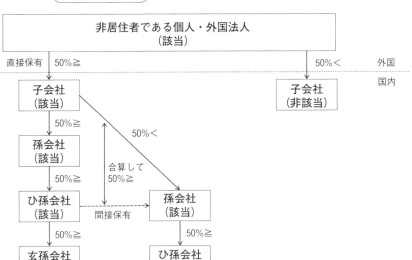

図表1-2-2 外国投資家に該当する国内の会社の範囲

議決権数の50％以上を占める場合，例えばA社の株式の40％を保有する外国法人であるD社が存在し，かつ，D社の国内子会社であるE社がA社株式を15％保有している場合等[9]には，A社も外国投資家に該当することとなります（**図表1-2-3**）。

なお，2024年8月の「外為法Q&A（対内直接投資・特定取得編）」の改訂により示された解釈により，③に対し，上記④が出資している場合，議決権を保有する者を計算するにあたってはパススルーして上記④へ投資する者を基準に議決権保有割合を計算できることが明確化されました[10]。

---

9 また，A社に親会社が存在しない場合であって，A社の株式を保有する外国法人が複数存在し，かつ各外国法人の保有するA社の議決権の合計が50％以上の場合（例えば，A社の株式の①30％を保有する外国法人F社，②15％を保有する外国法人G社，③8％を保有する外国法人H社が存在するようなケース（F社，G社およびH社との間で特段資本関係等がない場合を含む。））についても，同様にA社は外国投資家に該当することとなります。

10 「外為法Q&A（対内直接投資・特定取得編）」Q35-2

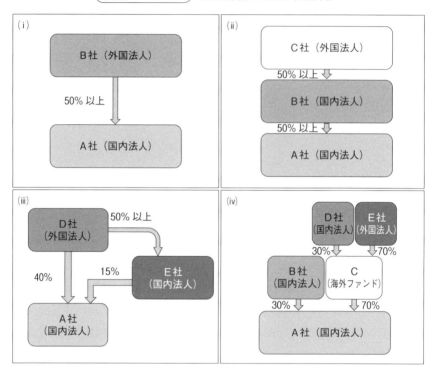

図表1-2-3 外国投資家の範囲（具体例）

　これまでは，外国籍のファンドがこれら③の株主であった場合，当該外国籍のファンドが保有する議決権の100％を外国投資家が保有していると計算している事例が多くみられました。その結果，外国人株主比率が多い国内上場企業は③に分類されることとなり，当該企業そのものやその子会社が指定業種を営む会社に出資したり，当該企業がその子会社の役員を選任する場合に，外為法の事前届出を提出する必要がありました。今後は，当該国内上場企業が④に投資する者の属性を確認し，その結果，当該国内上場企業の外国投資家の議決権比率が50％に満たないことが判明すれば，当該国内上場企業は，③に分類されず，外為法の事前届出の提出が不要となります。

　例：A社（国内法人）への出資者が，B社（国内法人，議決権比率30％）お

および上記④に該当するＣ（海外ファンド，議決権比率70％）であって，Ｃへ投資する者が，Ｄ社（国内法人，議決権比率30％），上記②に該当するＥ社（外国法人，議決権比率70％）である場合，Ａが上記③に該当するでしょうか。

→該当しません。Ａ社への上記②に該当するＥ社の議決権比率は70％×70％＝49％であるためです（**図表１－２－３(iv)**）。

　ただし，当該国内上場企業の調査負担を踏まえて，④のうち特定組合類似団体（外国籍の海外のパートナーシップ。以下の**(3)**）への出資者は，当該出資者が全て上記①または②に該当するもの（すなわち全てが外国投資家の議決権である）とみなして計算することも認められています[11]。

(3)　日本および外国のパートナーシップ

　また，2019年11月改正および2024年8月の「外為法Q&A（対内直接投資・特定取得編）」の改訂により示された解釈により組合等の取扱いが大きく変わっている点に注意が必要です。従前は，日本法上の任意組合や投資事業有限責任組合（Limited Partnership。以下，「LPS」といいます。）等の形式により組成される組合自体は，法人格を有しないため「外国投資家」の定義に含まれず，組合の資産は全組合員間の共有（または合有）と解されているため，そのような組合である「投資ファンド」等が国内の会社の株式を取得する場合，当該組合の各組合員であるGPまたは有限責任組合員（Limited Partner。以下，「LP」といいます。）が外国投資家であれば，当該各組合員が自らの持分に応じて各組合員名義で届出・報告を行う必要がありました。また，組合において投資に関する意思決定を行うGPが存在し，当該GPが外国投資家として届出・報告を行う場合であっても，その他の出資者であるにすぎず実質的に投資に関する意思決定権限を有しないLPについても，当該LPが外国投資家に該当する

11　「外為法Q&A（対内直接投資・特定取得編）」Q 35−3

24 Part I M&Aおよび投資における外為法の概要

ときには届出・報告義務を負うこととなっていました。また，外国法に基づく組合型投資ファンドについては，従前は組合それ自体が「外国法令に基づいて設立された法人その他の団体」として外国投資家に該当するものとして，組合自体が届出・報告を行う事例があったものの，法令上の取扱いは必ずしも明確ではありませんでした。

　以上の実情を踏まえ，改正により組合に関する以下の新たなルールが設けられ，組合による届出・報告義務の適正化が図られました。

① 日本法上の任意組合（1人または数人の組合員に業務執行を委任している組合に限ります。）またはLPSにおいては，組合単位で外国投資家該当性が判断されることになり，(a)外国投資家の出資比率が50％以上であるか，または(b)業務執行組合員の過半数を外国投資家が占める要件を満たす場合には，当該組合自身が「特定組合等」（法26条1項4号，直投令2条3項・5項）として外国投資家に該当することになります。そして，当該特定組合等が行う対内直接投資等に相当する行為については，組合名義でまとめて1本の届出・報告をすれば足りることになり，各組合員は届出および報告義務は課されないことになります（法27条13項，28条8項，55条の5第2項）。加えて，各組合員については，組合等の業務執行者による株式の運用に伴い組合財産として株式・議決権を取得した場合に限らず，組合員として新たに組合に加入しまたは組合員の地位を譲り受けたことで株式・議決権を取得した場合についても，届出・報告義務は課されません[12]。

② 外国法に基づく組合型の投資ファンドのうち，①投資事業を目的とするパートナーシップであって，②業務を執行する組合員または構成員（GP）が存在し，③各組合員が組合財産を実質的に共有する関係にある場合には，「特定組合類似団体」に該当し，法26条1項4号に規定する所定の出資金額または業務執行組合員の要件を充足すれば，「特定組合

---

12 「外為法Q&A（対内直接投資・特定取得編）」Q37-2

等」として外国投資家に該当し，当該組合が届出・報告を行います[13]。この場合，投資ファンドの組合員が個別に届出・報告をする必要はありません（直投令 3 条 1 項 7 号）。他方，当該ファンドが特定組合類似団体の要件を満たさない場合は，当該組合の各組合員であるGPまたはLPが自らの持分に応じて各組合員名義で届出・報告を行うことになります。

③ 改正前は，外国投資家の出資比率が50％未満であり，GPの過半数が外国投資家でない組合であっても，その組合による投資は外国投資家である組合員による投資であるとして，外国投資家の組合員による投資が対内直接投資等に該当するとされ，届出・報告が必要でした。改正後は，外国投資家の該当性は上述のとおり原則として組合単位で判定されるため，そのような場合には組合および組合員の双方について，届出・報告が不要となり，手続の負担が軽減されます（法27条 1 項・28条 1 項，直投令 3 条 1 項 7 号・ 4 条 1 項 3 号）。

④ 従前GPが外国金融機関に該当する場合，GPが対内直接投資等の報告主体となり，いわゆる包括免除（**2.2.5(3)(ii)**：本書55頁以下）を利用していた事例もあったと考えられます。2024年 8 月の「外為法Q&A（対内直接投資・特定取得編）」の改訂後においては，パートナーシップのGPがいわゆる包括免除または一般免除（**2.2.5(3)(iii)**：本書58頁以下）の対象となる外国投資家であるかどうかにかかわらず，パートナーシップを単位として包括免除または一般免除の対象となる外国投資家であるかどうかを判断することが明示されました[14]。

---

13 「外為法Q&A（対内直接投資・特定取得編）」Q37－ 1 参照。なお，③の解釈として，外国の法令上，各組合員がGPに信託的に株式を譲渡するまたはGPが各組合員の受託者として株式を取得する形態のパートナーシップを採用している場合，上記の各組合員が組合財産を実質的に共有する関係にあるものと考えられています。

14 「外為法Q&A（対内直接投資・特定取得編）」Q37－ 1

（4） 居住性

　ある法人や個人が「居住者」に該当するか否かにより，外国投資家該当性その他に影響が生じます。「居住者」とは，日本国内に住所または居所を有する個人および日本国内に主たる事務所を有する法人を指し，「非居住者」とは，居住者以外の個人または法人を指します（法6条1項5号・6号）。「居住者」および「非居住者」の該当例は，**図表1-2-4**のとおりです[15]。

（5） 密接関係者

　外国投資家が，

① **上場会社等[16]の株式の取得**

② **上場会社等の議決権の取得**

③ **会社の経営に重要な影響を与える一定の事項への同意（詳細は2.1.3；本書30頁以下参照）**

のいずれかの行為を行う場合において，自己が「外国投資家」に該当するかの判断を行う際，当該外国投資家に加え，外国投資家の「密接関係者」の所有する株式または議決権の数も考慮する必要があります。密接関係者とは，外国投資家と株式の所有関係等に基づく永続的な経済関係，親族関係その他これらに準ずる特別の関係にある個人または法人その他の団体（以下，「法人等」といいます。）を指します（法26条4項，直投令2条19項各号。**図表1-2-5**参照）。

　上記①および②の上場会社等の株式取得等については，届出の対象となるの

15　財務省「外国為替法令の解釈及び運用について」（昭和55年11月29日付蔵国第4672号）6-1-5,6

16　「上場会社等」とは，「金融商品取引法第二条第十六項に規定する金融商品取引所に上場されている株式又はこれに準ずるものとして政令で定める株式を発行している会社」をいい，上場会社以外に，認可金融商品取引業協会の規則に基づき店頭売買につき売買値段を発表するものとして登録または指定される株式を発行する会社が含まれます（法26条2項1号，直投令2条6項）。なお，上記に該当する会社は，2024年9月現在，ありません。

2 対内直接投資等 　27

<table>
<tr><td colspan="2" align="center">図表1-2-4 「居住性」の判断基準</td></tr>
</table>

日本人

⇒原則として居住者

ただし，以下の者については，非居住者

① 外国にある事務所に勤務する目的で出国し外国に滞在する者
② 2年以上外国に滞在する目的で出国し外国に滞在する者
③ ①および②以外の者のうち，日本出国後外国に2年以上滞在する者
④ ①乃至③に掲げる者で，事務連絡，休暇等のため一時帰国し，その滞在期間が6月未満のもの

※ただし，上記のうち，日本の在外公館に勤務する目的で出国し外国に滞在する者は居住者

外国人

⇒原則として非居住者

ただし，以下の者については居住者

① 日本国内にある事務所に勤務する者
② 日本に入国後6月以上経過した者

※ただし，上記のうち，外国政府または国際機関の公務を帯びる者ならびに外交官または領事官およびこれらの随員または使用人は非居住者

（個人）

日本の法人等の外国にある支店，出張所その他の事務所
⇒非居住者

外国の法人等の日本にある支店，出張所その他の事務所
⇒居住者

日本の在外公館
⇒居住者

日本にある外国政府の公館および日本にある国際機関
⇒非居住者

（法人）

は取得株式または議決権[17]の合計（発行済株式に占める割合または議決権ベース）が1%[18]以上となる場合であることから，届出の要否を判断するにあたり，

---

17 (i)投資一任契約その他の契約に基づき他のものから委任を受けて株式の運用をする場合におけるその対象株式および(ii)投資一任契約その他の契約に基づき行使することができる議決権を含みます。

28 Part I M&Aおよび投資における外為法の概要

外国投資家が自ら取得または保有する株式のみならず，密接関係者の取得または保有する株式も加えた合計（発行済株式に占める割合または議決権ベース）が1％以上となるかを確認する必要があります。特に，複雑な資本関係を有する企業グループに属する複数の法人が同一の上場会社等の株式を保有・取得する場合，当該グループ内で当該株式を保有・取得する法人を特定して，その資本関係図を作成する等の方法により，各外国投資家を起点としてそれぞれの特別の関係にある者の範囲を正確に検証する必要があります。具体的な検討の例として，**Part II 1.1（3）(ii)**：本書115頁以下を参照ください。

（図表1-2-5）密接関係者の例

（1－1） 株式取得者等により総議決権の100分の50以上に相当する議決権の数を直接に保有されている法人等 （1－2） 株式取得者等および前号に掲げる法人等により総議決権の100分の50以上に相当する議決権の数を直接に保有されている法人等	（例） 株式または議決権取得者である外国法人の子会社，孫会社等
（2－1） 株式取得者等が法人等である場合において当該株式取得者等の総議決権の100分の50以上に相当する議決権の数を直接に保有している法人等 （2－2） 株式取得者等が法人等である場合において，当該株式取得者等の総議決権の100分の50未満に相当する議決権の数を直接に保有している法人等が直接に保有している当該株式取得者等の議決権の数と当該法人等の総議決権の100分の50以上に相当する議決権の数を直接に保有している法人等が直接に保有している当該株式取得者等の議決権の数とを合算した数が当該株式取得者等の総議決権の100分の50以上となるときにおける当該株式取得者等の総議決権の100分の50未満に相当する議決権の数を直接に保有している法人等 （2－3） （2－1）（2－2）に掲げる法人等の総議決権の100分の50以上に相当する議決権の数を直接に保有している法人等	（例） 株式または議決権取得者である外国法人の親会社，祖父会社等

18 2019年11月改正により10％から1％に変更されています。

（3−1）	（2−3）に掲げる法人等により総議決権の100分の50以上に相当する議決権の数を直接に保有されている法人等	（例） 株式または議決権取得者である外国法人の叔父会社，従兄弟会社，兄弟会社，甥会社等
（3−2）	（2−3）（3−1）に掲げる法人等により総議決権の100分の50以上に相当する議決権の数を直接に保有されている法人等	
（3−3）	（2−3）（3−1）（3−2）に掲げる法人等により総議決権の100分の50以上に相当する議決権の数を直接に保有されている法人等	
（3−4）	（2−3）（3−1）（3−2）に掲げる法人等および（3−3）に掲げる法人等により総議決権の100分の50以上に相当する議決権の数を直接に保有されている法人等	
（4）	株式取得者等が，上場会社等の実質株式を所有する他の非居住者である個人または法人等と共同して当該上場会社等の株主としての議決権その他の権利を行使することを合意している場合における当該他の非居住者である個人または法人等および他のものが所有する上場会社等の株式に係る議決権等行使等権限を保有する他の非居住者である個人または法人等と共同して当該上場会社等の株主としての議決権その他の権利を行使することを合意している場合における当該他の非居住者である個人または法人等	
（5）	その他 ➢ 株式取得者の役員（注）および上記（1−1）乃至（3−4）に掲げる法人等の役員 ➢ 株式取得者等が特定組合等における当該特定組合等の業務執行組合員（GP） ➢ 共同議決権行使の合意に係る相手方または特定組合等の業務執行組合員等一定の者を基準とした場合における「密接関係者」（株式取得者の「密接関係者」にとっての「密接関係者」）	

（注） ここでの「役員」は，法26条1項5号に規定するもの（業務執行役員，取締役（社外取締役を含みます。），執行役等）をいい，監査役は含みません（パブリックコメント回答42番）。

30 Part I M&Aおよび投資における外為法の概要

2.1.3 対内直接投資等

概　要
対内直接投資等とは，外国投資家による日本の会社等に対する経営関与に関わる取引または行為です。

(1) 対内直接投資等の類型

　取引・行為の主体が外国投資家に該当する場合，次に当該取引・行為が対内直接投資等に該当するかが問題となります。対内直接投資等とは，外国投資家による**図表1−2−6**の各取引または行為を指します（法26条2項，直投令2条16項）[19]。ただし，相続等による取得等の直投令に定める一定の行為に該当する場合には，当該行為に係る事前届出および事後報告は不要です（法27条1項，55条の5第1項，直投令3条1項）。

〔　図表1−2−6　〕**対内直接投資等**

①	**上場会社等の株式または議決権の取得（出資比率または議決権比率が1%以上となるもの）**（注）
②	**非上場会社の株式等の取得**
③	上場会社等以外の株式等の譲渡
④	**会社の事業目的の実質的な変更に関する同意または取締役もしくは監査役の選任に係る議案および事業の全部の譲渡等の議案についての同意**
⑤	支店等の設置または支店等の種類もしくは事業目的の実質的な変更
⑥	**国内法人に対する金銭貸付け**
⑦	**国内法人等からの事業の譲受け，吸収分割および合併による事業の承継**
⑧	特定の外国投資家を対象として募集された社債の取得
⑨	出資証券の取得

---

19 「外為法Q&A（対内直接投資・特定取得編）」Q1

2 対内直接投資等　31

⑩　上場会社の株式への一任運用

⑪　議決権代理行使受任

⑫　上場会社等の株式に係る議決権行使等権限の取得

⑬　共同議決権等行使同意取得

(注)　出資比率とは，対象株式の数の発行済み株式の総数に占める割合をいい，議決権比率
とは，対象議決権の数の総議決権数に占める割合をいいます。

（2）　主な対内直接投資等

　このうち，M&Aおよび投資という文脈において主に届出の対象となる取引
または行為は①，②，④，⑥および⑦で，その詳細は**図表1-2-7**のとおり
です。

図表1-2-7　M&Aおよび投資における主要な対内直接投資等

① 上場会社等の株式または議決権の取得
国内の上場会社の株式または議決権の取得のうち，取得後の投資先に対する出資比率または議決権比率が1％以上となるもの 【例外（事前届出が不要な対内直接投資等（注1））】 ➤　相続または遺贈による上場会社等の株式の取得 ➤　株式分割または併合により発行される上場会社等の新株の取得 ➤　特定上場会社等（直投令2条4項。以下同じ。）が行う上場会社等の株式の取得
② 非上場会社の株式等の取得（注2）
国内の非上場会社の株式または持分の取得（ただし，他の外国投資家からの取得を除く。詳しくはPartⅡ 1.4；本書139頁以下参照） 【例外】 ➤　相続または遺贈による非上場会社の株式の取得 ➤　合併による非上場会社の株式の承継 ➤　会社分割による非上場会社の株式の承継 ➤　株式分割または併合により発行される非上場会社の新株の取得 ➤　特定上場会社等が行う非上場会社の株式の取得

32 Part I M&Aおよび投資における外為法の概要

④ 会社の事業目的の実質的な変更に関する同意または取締役もしくは監査役の選任に係る議案および事業の全部の譲渡等（注3）の議案についての同意（注4）（Part IIの1.2；本書125頁以下も参照）

➢ 会社の事業目的の実質的な変更に関する同意
：投資先が上場会社等の場合，外国投資家が当該投資先の総議決権数の3分の1以上を保有している場合に限る
➢ 取締役もしくは監査役の選任に係る議案および事業の全部の譲渡等の議案についての同意
：投資先が上場会社等の場合，外国投資家が当該投資先の総議決権数の1％以上を保有している場合に限る
　✓ 上記取締役もしくは監査役の選任に係る議案に係る同意に関しては，「取締役又は監査役」に外国投資家自らまたはその「関係者」を選任する場合に限定されています。また，「関係者」の範囲は，当該議案が第三者（投資先である発行会社を含みます。）の提案であるか，外国投資家が自らまたは第三者（発行会社を含みます。）を通じて行う提案であるか（注5）に分けて定義（注6）されています（直投令2条11項1号，直投命令2条1項1号・2号）。

【例外】
➢ 変更後の事業目的が，指定業種以外の業種に該当する会社の事業目的の実質的な変更に関し行う同意
➢ 特定上場会社等が行う会社の事業目的の実質的な変更に関する同意または取締役もしくは監査役の選任に係る議案および事業の全部の譲渡等の議案についての同意

⑥ 国内法人に対する金銭貸付け

➢ 外国投資家による国内の法人に対する1年を超える金銭の貸付けのうち，下記（ア）および（イ）のいずれの要件も満たすもの
　（ア）当該貸付後における外国投資家による国内の法人に対する貸付残高が1億円に相当する金額を超える場合
　（イ）当該貸付後における外国投資家から国内の法人への金銭の貸付けの残高と，当該外国投資家が所有する当該国内の法人が発行した社債との残高の合計額が，当該貸付後における当該国内の法人の負債の額として定める額の50％に相当する額を超える場合

【例外】
➢ 特定上場会社等が行う国内法人に対する金銭貸付け

⑦ 国内法人等からの事業の譲受け，吸収分割および合併による事業の承継

> ➤ 居住者（法人に限る。）からの事業の譲受け，吸収分割および合併による事業の承継（第1号から第3号までに掲げる行為を伴うものを除く。）

参考：「外為法Q&A（対内直接投資・特定取得編）」Q1

(注1)　上表記載（【例外】と記載されているもの）の対内直接投資等については事前届出だけでなく事後報告も不要となります（法27条1項括弧書，直投令3条2項，直投命令3条2項）。

(注2)　上場会社等と異なり，非上場会社については取得割合についての限定がないため，1株の取得でも事前届出対象となります（法26条2項1号）。なお，非上場会社には，合同会社等の株式会社以外の会社も含まれます。

(注3)　具体的には，事業の全部または一部の譲渡，吸収合併，新設合併，吸収分割，新設分割，解散，子会社の株式の全部または一部の譲渡等を指します（直投令2条11項2号乃至5号，直投命令2条2項各号）。

(注4)　本欄における「同意」とは，株主総会における賛成の議決権行使を意味し，棄権は含まれませんが，議決権を行使しないことにより提案された役員が選任されることが明らかであり，当該役員の選任を目的として棄権または白票を投じるような場合は，賛成と同視しうるため，「同意」とみなされる場合があります（パブリックコメント回答43番）。また，株式への一任運用の対象とされる株式に係る議決権または他の者が所有する株式に係る議決権行使等権限に係る議決権について，指図を行うことにより賛成の議決権を行使する場合も含まれるものとされます（パブリックコメント回答55番）。

(注5)　外国投資家が第三者を通じて提案を行う場合には，他の者と共謀し，依頼して提案させる場合または発行会社の取締役会等に対して主体的に働き掛けを行った結果として形式上は会社提案議案とされる場合など自ら提案する場合と実質的に同視することができるような場合を含み，例えば以下のようなケースは，「他のものを通じて」に該当すると判断される可能性があります（パブリックコメント回答49番，50番）。
　①　株主と会社間の株主間契約の規定に基づいて外国投資家である株主が単独で指名する者を会社が取締役または監査役の選任議案に含める場合
　②　株主間契約の規定に基づいて外国投資家を含む複数の株主の賛成により指名される者を会社が取締役または監査役の選任議案に含める場合
　③　株主間契約がない場合でも，単独または複数の外国投資家である株主と会社の間の協議に基づき，あらかじめ合意した者を会社が取締役または監査役の選任議案に含める場合
　④　会社法第108条第1項第9号の取締役または監査役の選任議案について，外国投資家である種類株主が事前に了承する者を候補者とする場合

(注6)　「外為法Q&A（対内直接投資・特定取得編）」Q7参照。

(3)　会社の経営に重要な影響を与える事項に対する同意

　上場会社については1％以上の議決権を保有する場合に[20]，非上場会社につ

20　保有議決権割合の判断基準は，「同意」が行われる株主総会当日における保有議決権数の総議決権に占める割合により判断されます。

34　Part I　M&Aおよび投資における外為法の概要

いては保有割合にかかわらず，「会社の経営に重要な影響を与える事項」につ
いて同意する場合は，事前届出が必要となります（法26条2項5号）。

① 外国投資家自らまたはその「関係者」の，指定業種に属する会社の取締
役または監査役への選任（再任を含む[21]。）に係る議案に対し，株主総
会において同意すること（直投令2条11項1号，同12項2号，3条1項
12号，直投命令3条2項8号）[22]

② 指定業種に属する事業の譲渡・吸収合併・解散等（会社分割，子会社株
式の譲渡[23]，事業もしくは国内子会社株式の現物配当，事業の廃止また
は会社の解散等も含む。）に係る議案を株主総会に自らまたは他の株主
を通じて提案し，同意すること（直投令2条11項2号乃至5号，直投命
令2条2項各号）

上記①の役員選任議案への同意においては他の株主および投資先の提案に対
する同意が届出対象に含まれるのに対し，上記②の指定業種に属する事業の譲
渡・吸収合併・解散等に係る議案への同意においてはかかる同意は届出不要と
され，自己提案に係る同意のみが届出対象とされます。なお，外国投資家が既
に株式または議決権の取得に際し事前届出を行い，かつ総議決権の50%以上の
議決権を保有している会社については，当該外国投資家が当該会社の取締役ま
たは監査役の選任に係る議案に関する同意を行う場合であっても行為時事前届
出を行う必要はありません（法27条1項括弧書，直投令3条1項12号，直投命
令3条2項7号イ）[24]。「関係者」については**図表1-2-8**を参照ください。

21　パブリックコメント回答222番
22　指定業種に係る対内直接投資等に限られます（法27条1項前段，直投令3条1項12号，
　　直投命令3条2項8号，直投令3条2項1号，3条4項）。
23　当該子会社が外国の法令に基づいて設立された場合および外国に主たる事務所を有す
　　る場合は除かれます。
24　その他，①当該会社による，当該会社の子会社（当該外国投資家がした当該事前届出
　　のうち直近のものに係る時点において当該会社の子会社であるものに限ります。以下，
　　本脚注において「対象子会社」といいます。）の取締役または監査役の選任に関する同
　　意および②当該会社の他の対象子会社による，対象子会社の取締役または監査役の選任
　　に関する同意についても，事前届出は不要となります（法27条1項括弧書，直投令3条
　　1項12号，直投命令3条2項7号ロ・ハ）。

また，一度行為時事前届出における審査で認められた役員であっても，次回の選任の時点においては当該役員の就任による国の安全等への影響が異なることがありうることから，同人の再任議案への賛成に際して行為時事前届出が必要となります[25]。

上記①の外国投資家自らまたはその関係者による投資先役員への就任の有無は，株式取得の事前届出の免除基準（**2.2.5（4）**；本書58頁以下参照）の一部を構成しています。株式取得時のルールである直投命令3条の2第5項1号は，株式取得後において遵守が必要な免除基準と異なり，行為時事前届出を提出している場合，役員の再任に同意することを予定していても当該発行会社の株式取得は外国投資家自らまたはその関係者を投資先の取締役または監査役に「新たに」就任させることを目的とする株式取得には該当しないと規定しています（**2.2.5（2）**；本書54頁以下参照）[26]。

なお，以下では**図表1－2－7**の①または②の株式等の取得を前提に説明します。

（ **図表1－2－8** ）関係者のリスト

（第三者（発行会社を含む。）が提案する場合）
（1）　本人の役員（注1）および投資委員会等構成員（注2）。
（2）　本人により議決権の50％以上を保有されている法人等（注3）の役員および投資委員会等構成員。
（3）　本人および（2）に掲げる法人等により議決権の50％以上を保有されている法人等の役員および投資委員会等構成員。
（4）　本人の議決権の50％以上を保有している法人等の役員および投資委員会等構成員。
（5）　本人の議決権の50％未満を保有している法人等が保有している本人の議決権の数と，当該法人等の議決権の50％以上を保有している法人等が保有している本人の議決権の数とを合算した数が本人の議決権の50％以上となるときに

25　パブリックコメント回答222番
26　パブリックコメント回答194番

おける，本人の議決権の50％未満を保有している法人等の役員および投資委員会等構成員。

(6) （4）および（5）に掲げる法人等の議決権の50％以上を保有している法人等の役員および投資委員会等構成員。

(7) （6）に掲げる法人等により議決権の50％以上を保有されている法人等の役員。

(8) （6）および（7）に掲げる法人等により50％以上の議決権を保有されている法人等の役員。

(9) （4）に掲げる法人等により議決権の50％以上を保有されている法人等の役員。

(10) （4）および（9）に掲げる法人等により議決権の50％以上を保有されている法人等の役員。

(11) 本人の配偶者。

(12) 本人の直系血族。

(13) 本人と共同して議決権その他の権利を行使することを合意している個人または法人その他の団体の役員もしくは従業者。

(14) 本人と共同して議決権その他の権利を行使することを合意している個人または法人その他の団体を本人とした場合の上記（1）～（12）に該当する者。

（外国投資家自らまたは第三者（発行会社を含む。）を通じて提案する場合）

(1) 本人の役員または従業者。

(2) 本人により議決権の50％以上を保有されている法人その他の団体の役員または従業者。

(3) 本人および（2）に掲げる法人その他の団体により議決権の50％以上を保有されている法人その他の団体の役員または従業者。

(4) 本人の議決権の50％以上を保有している法人その他の団体の役員または従業者。

(5) 本人の議決権の50％未満を保有している法人その他の団体が保有している本人の議決権の数と，当該法人その他の団体の議決権の50％以上を保有している法人その他の団体が保有している本人の議決権の数とを合算した数が本人の議決権の50％以上となるときにおける，本人の議決権の50％未満を保有している法人その他の団体の役員または従業者。

(6) （4）および（5）に掲げる法人その他の団体の議決権の50％以上を保有している法人その他の団体の役員または従業者。

（7） （6）に掲げる法人その他の団体により議決権の50％以上を保有されている法人その他の団体の役員または従業者。

（8） （6）および（7）に掲げる法人その他の団体により50％以上の議決権を保有されている法人その他の団体の役員または従業者。

（9） （4）に掲げる法人その他の団体により議決権の50％以上を保有されている法人その他の団体の役員または従業者。

（10） （4）および（9）に掲げる法人その他の団体により議決権の50％以上を保有されている法人その他の団体の役員または従業者。

（11） 本人を主要な取引先とする個人または法人その他の団体の役員もしくは従業者。

（12） 本人の主要な取引先である個人または法人その他の団体の役員もしくは従業者。

（13） 本人から多額の金銭その他の財産を得ている者。

（14） 本人の配偶者。

（15） 本人の直系血族。

（16） 本人と共同して議決権その他の権利を行使することを合意している個人または法人その他の団体の役員もしくは従業者。

（17） 本人と共同して議決権その他の権利を行使することを合意している個人または法人その他の団体を本人とした場合の上記（1）～（15）に該当する者。

（18） 過去1年間に上記（1）～（13）に該当した者。

（国有企業等が自らまたは第三者（発行会社を含む。）を通じて提案し，当該国有企業等が同意する場合）

（1） 外国投資家自らまたは第三者（発行会社を含む。）を通じて提案する場合の上記（1）～（17）に該当する者。

（2） 国有企業等の国の政府，政府機関，地方公共団体，中央銀行，政党等の役員または従業者。

（注1） 役員には，業務を執行する社員，取締役，執行役，代表者，管理人またはこれらに準ずる者をいい，相談役，顧問その他いかなる名称を有する者であるかを問わず，法人その他の団体に対し業務を執行する社員，取締役，執行役，代表者，管理人またはこれらに準ずる者と同等以上の支配力を有するものと認められる者を含みます。

（注2） 投資委員会等構成員とは，投資委員，経営委員会その他名称のいかんを問わず対内直接投資等の実施に関する意思決定を行う会議体の構成員をいいます。

38　Part I　M&Aおよび投資における外為法の概要

（注3）　法人等とは，法26条1項2乃至5号に該当する外国投資家をいいます。
（出所）「外為法Q&A（対内直接投資・特定取得編）」Q7をもとに作成。
　　　　https://www.boj.or.jp/about/services/tame/faq/data/tn-qa.pdf
　　　　（最終アクセス日：2024年9月20日）

2.1.4　届出対象業種（指定業種）の確認方法

概　要
届出を行う義務を負うのは外国投資家であることから，投資先が指定業種を営んでいるかどうかについては，一次的には，対内直接投資等を行おうとする外国投資家が情報収集および判断を行う必要があります。公開情報のほか，投資先に対する質問状の送付を行います。上場会社については財務省が公表する「対内直接投資等事前届出該当性リスト」が参考になります。

（1）　指定業種の確認方法

　外国投資家による対内直接投資等が行われ，上記で述べた一定の例外に該当しないとき，基本的に，事前届出または事後報告のいずれかが必要となります[27]。当該対内直接投資等の対象となる投資先（その子会社[28]および完全対等合弁会社[29]を含みます。）が営む事業に応じて（より直接的には，指定業種を営んでいるかどうかにより），事前届出または事後報告のいずれが必要となるかが決まります。届出を行う義務を負うのは外国投資家であることから，投資先が指定業種を営んでいるかどうかについては，一次的には，対内直接投資等を行おうとする外国投資家が情報収集および判断を行う必要があります。定款や

27　投資先の事業が複数あり，指定業種とそれ以外を含む場合，事前届出を行えば足り，事後報告を別途提出する必要はありません。

28　投資先の子会社とは，会社法2条3号ならびに会社法施行規則3条1項および3項に規定される，投資先がその総株主の議決権の過半数を有する株式会社等その財務および事業の方針の決定を支配している特定目的会社以外の本邦にある会社を指します。そのため，投資先の子会社のみでなく，孫会社等も含まれることに注意が必要です。

29　当該会社に係る出資者の出資割合が同一（50%ずつ）となる会社

2 対内直接投資等　39

登記情報に記載されている事業内容は検討の出発点となりますが，最終的には，実際に投資先が行っている事業（主たる事業には限りません。）が指定業種に該当するかどうかが基準となる[30]ため，それだけでは不十分な場合があります。実務上，投資先が行っている事業の確認方法としては，定款，登記情報あるいは当該投資先のウェブサイト，開示書面等の公開情報を通じた確認に加えて，公開情報からは指定業種に該当する事業の不存在を明確に確認できない場合などには，投資先に対して指定業種該当性の判断に必要な項目を網羅的に記載した質問状を送付するという手段をとることがあります（PartⅡ 1.1（3）(ii)；本書115頁以下参照）。なお，指定業種の定義については，2.2.3；本書43頁以下を参照ください。

（2）　法務デュー・ディリジェンスを実施する場合と対内直接投資等事前届出該当性リスト

　対内直接投資等がM＆Aまたは投資の一環として行われ，投資先に対して法務デュー・ディリジェンスを実施する場合，当該デュー・ディリジェンスの過程で投資先に対して指定業種を行っているか確認するのが一般的です。上場会社については「本邦上場会社の外為法における対内直接投資等事前届出該当性リスト[31]」が公表されており，各上場会社につき，①指定業種以外（事後報告業種）の事業のみを営んでいる会社，②指定業種のうち，コア業種（2.2.3；本書46頁以下参照）以外の事業のみを営んでいる会社，または③指定業種のうち，コア業種に属する事業を営んでいる会社のいずれかに分類されています。そのため，上場会社につき事前届出の要否を判断する際には，上記リストも参照することが出発点となります（具体的には，外国投資家が上記②および③に分類されている上場会社に係る対内直接投資を行う場合，事前届出が必要とな

30　「外為法Q＆A（対内直接投資・特定取得編）」Q4〈注3〉参照。
31　財務省ウェブサイト「本邦上場会社の外為法における対内直接投資等事前届出該当性リスト」
　　https://www.mof.go.jp/policy/international_policy/gaitame_kawase/press_release/20240913.html（最終アクセス日：2024年9月20日）

る可能性が高いといえます。）。ただし，上記リストはあくまで財務省が参考情報として作成したものであり，その正確性は担保されておらず，またこれに依拠することで外為法上の責任を免れることにはなりません。加えて，当該リストから得られるのは，指定業種の有無（事前届出の要否）に関する情報のみであるため，指定業種の有無（事前届出の要否）に係る最終判断および事前届出書の作成に必要となる，投資先（およびその子会社等）が具体的にどの指定業種に該当するのか等の判断に必要な情報を，従前どおり法務デュー・ディリジェンス等の手段により外国投資家において収集の上，外国投資家自らの責任において検討する必要があります。

（3） 法務デュー・ディリジェンスを実施しない場合

　一方，投資金額や出資割合等に鑑み，積極的な法務デュー・ディリジェンスを実施しない場合，まずは，投資先の履歴事項全部証明書（商業登記簿），有価証券報告書，ウェブサイト等の公開情報から投資先が指定業種を行っている可能性があるか検討を行います。その上で，投資先が指定業種を行っている可能性がないことを明確に確認できない場合，より詳細かつ正確に投資先が営む事業の指定業種該当性を判断するため，実務上，当該投資先に対して質問状を送付したり，インタビューを行ったりしてさらなる確認を行うことが一般的です。なお，投資先がスタートアップ企業であり，資金調達のため複数の投資先を募集しているようなケースでは，外国投資家からの出資を受けやすくし，またスムーズな出資を可能とするため，投資先が自ら事前届出書の記載に必要な情報を記載したドラフトを作成し，当該ドラフトを投資家候補に提供することもありえます。そのため，外国投資家がスタートアップ企業への投資を検討する場合には，投資先候補に対し，早期に外為法に関する手続の要否および進め方について相談することも考えられます。

（4） 事業所管省庁への照会

　外為法上の事業所管大臣とは，投資先の事業を所管する大臣を指しており，

2　対内直接投資等　41

どの事業をどの大臣が所管するかについては，「外為法Ｑ＆Ａ（対内直接投資・特定取得編）」の参考資料「1．指定業種に係る事業所管大臣一覧」により確認しますが，当該一覧を参照しても判断がつかない場合，対象となる事業を所管すると考えられる省庁に対して直接照会する必要があります。なお，投資先が複数の事業を営み，事業所管大臣も複数存在する場合，各事業所管大臣宛てに同内容の届出書をそれぞれ提出する必要があります。

他方，外為法上の手続，解釈その他外為法に関連する一般的事項については，制度所管省庁である財務省や日本銀行に対して直接照会することになります（5.1：本書102頁以下参照）。

2.2 ‖ 事前届出

2.2.1　事前届出規制

概　要

外国投資家が指定業種に該当する投資先に対内直接投資等を行う場合には，その実行に先立ち事前届出を要します。2.2.6：本書61頁以下のとおり，禁止期間が当局による審査のために最長5カ月まで延長されうることを考慮すると，当該取引の検討の初期段階において，投資先の営む事業が類型的に当局による慎重な審査が想定されるセンシティブなもの[32]であるかを勘案しつつ取引スケジュールへの影響を検討する必要があります。

2.2.2　事前届出を要する場合

概　要

対内直接投資等の事前届出が必要になるのは，対象会社が指定業種に属する事業を営む場合，日本と国際約束等がなく相互主義が確保されていない国

32　例えば，国防やエネルギー政策に影響を及ぼしうる事業については，特に慎重な審査が予想されます。

等からの投資である場合，対イラン制裁に基づく場合の３つの場合です。

　外国投資家（**2.1.2**；本書18頁以下）による対内直接投資等（**2.1.3**；本書30頁以下）が，以下の①，②または③のいずれかに該当する場合は，当該外国投資家は外為法の定める事前届出を行う必要があります（法27条１項，直投令３条２項，直投命令３条４項）。実務上その該当性が主に問題となるのは，下記①の指定業種事業の有無です。

① 投資先グループ[33]が実際に営んでいる事業が，指定業種に該当する場合
② 外国投資家の国籍および所在国が日本または直投命令別表第一記載の国または地域以外のものである場合
③ イラン関係者により行われるイランの届出に係る対内直投を定める告示第１号に掲げる行為に該当する場合

　対内直接投資等に係る事前届出のフローの概要は，**図表１－２－９**のとおりです。

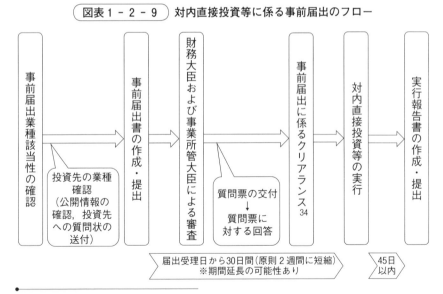

図表１－２－９　対内直接投資等に係る事前届出のフロー

33　投資先ならびにその子会社および完全対等合弁会社
34　以下，財務大臣および事業所管大臣が事前届出を受理した日を起算日とする禁止期間を経過することを便宜的に「クリアランス」と表現します。

2.2.3 指定業種

> **概 要**
>
> 　外為法上，対内直接投資等を行う場合に事前届出義務が課されるのはその対象会社が指定業種を営む場合です。事前届出義務が課されても，一定の基準を遵守することを条件に当該義務が免除される免除事後制度が設けられています。ただし，コア業種を営む会社に対する対内直接投資等については，一般投資家が免除事後制度を利用できないものとされています。

　指定業種とは，（ア）対内直接投資等の届出に係る業種を定める告示[35]（以下，「指定業種告示（対内直投）」といいます。）別表第一および別表第二に掲げる業種に該当する業種ならびに（イ）別表第三に記載された業種に該当しない業種（別表第一および別表第二に記載された業種を除きます。）を指します。すなわち，以下の手順で確認することで，その該当性を判断することとなります。

① 別表第一および第二に記載されている事業→指定業種に該当する
② 別表第三に記載されている事業のみに該当→指定業種に該当しない[36]
③ 別表第一乃至第三のいずれにも記載されていない事業（①にも②にも該当しない事業）→指定業種に該当する

　指定業種告示（対内直投）における各別表による指定業種の概要は**図表1-2-10**のとおりであり，各事業が指す具体的な内容については，日本標準産業分類の記載事項を参考に判断することになります。

35　対内直接投資等に関する命令第三条第三項の規定に基づき財務大臣及び事業所管大臣が定める業種を定める件（平成26年3月6日内閣府，総務省，財務省，文部科学省，厚生労働省，農林水産省，経済産業省，国土交通省，環境省告示第1号）。
36　対内直接投資等に係る事前届出は不要となりますが，原則どおり対内直接投資等に係る事後報告（下記**2.3**（本書67頁以下）参照）は必要となります。

44 Part I M&Aおよび投資における外為法の概要

図表 1 - 2 - 10　指定業種概要[注1]

| 指定業種告示（対内直投）別表第一記載の業種 | ● 武器，航空機（無人航空機を含みます。），宇宙関連，原子力関連，および，それらの附属品，部分品またはそれらの製作に使用するために特に設計した素材若しくはそれらの製造用の装置等
● 上記の物の機械修理業または電気機器器具修理業
● 上記の物を使用するために特に設計されたプログラムに関するソフトウェア業
● 核原料物質に係る金属鉱業
● 輸出貿易管理令（昭和24年政令第378号）別表第一の一から一五までの項の中欄に掲げる貨物の製造業
● 外国為替令（昭和55年政令第260号）別表の一から一五までの項の中欄に掲げる設計および製造に係る技術（公知の技術であって，貿易関係貿易外取引等に関する省令（平成10年通商産業省令第8号）第9条第2項第9号イからニまでに規定する技術のいずれかに該当するものを除く。）を保有する次に掲げる業種
　① 製造業
　② ソフトウェア業
　③ 自然科学研究所
　④ 機械設計業
　⑤ 商品・非破壊検査業
　⑥ その他の技術サービス業
● 特定の医薬品（注2）および当該医薬品に係る医薬品中間物ならびに高度管理医療機器等
● 重要鉱物資源に係る金属鉱業・製錬業等
● 特定離島港湾施設等の整備を行う建設業
● 次に掲げる物の製造業
　① 永久磁石素材
　② 半導体素子もしくは半導体部素材または半導体製造装置の部分品等
　③ 蓄電池素材 |

2　対内直接投資等　　45

	●船舶の部品（エンジン等）製造業 ●肥料（塩化カリウム等）輸入業
指定業種告示（対内直投）別表第二記載の業種	農林水産業，原油・天然ガス鉱業，<u>圧縮ガス・液化ガス製造業およびその他の無機化学工業製品製造業</u>，石油精製業，皮革製品製造業，<u>ガラス製造業</u>，<u>セメント製造業</u>，<u>電線・ケーブル製造業</u>，<u>その他の鉄鋼業および非鉄金属製造業</u>，<u>動力電動装置製造業</u>，<u>金属工作機械製造業</u>，<u>半導体製造装置製造業</u>，<u>ロボット製造業</u>，<u>他に分類されない生産用機械・同部品製造業</u>，電子デバイス・集積回路製造業，<u>電子部品製造業</u>，電子回路（電子回路基板・電子回路実装基板）製造業，<u>その他の電子部品・デバイス・電子回路製造業</u>，記録メディア（半導体メモリメディア等）製造業，<u>発電機・電動機・その他の回転電気機械製造業</u>，配電盤・電力制御装置製造業，<u>蓄電池製造業</u>，<u>その他の電気機械器具製造業</u>，通信機械器具および同関連機械器具製造業，電子計算機および同附属装置製造業（パーソナルコンピュータ製造業を含みます。），電気，ガスおよび熱供給業，水道業，固定電気通信業，移動電気通信業，ソフトウェア業および情報処理・サービス業（注3），インターネット利用サポート業，運輸業（倉庫業を含みます。），石油および鉱物卸売業，燃料小売業，警備業
別表第三に記載された業種に該当しない業種（別表第一および別表第二に記載された業種以外）	投資の対象になじまない業種として指定業種告示（対内直投）に記載されていない業種（公共機関，分類不能の産業等）

（注1）　下線を付している業種は2021年10月改正，2023年5月改正および2024年8月改正により新たに追加された業種を指します。
（注2）　医薬品，医療機器等の品質，有効性及び安全性の確保等に関する法律（昭和35年法律第145号）（以下，「薬機法」といいます。）2条1項に規定する医薬品（同法14条1

46　Part I　M&Aおよび投資における外為法の概要

　　　　項の承認を受けて製造販売されるものであって，日本標準商品分類の分類番号87-6の
　　　　病原生物に対する医薬品に限る。）を指します。
（注３）　なお，ソフトウェア業，情報処理・サービス業およびインターネット利用サポート
　　　　業に該当する事業であっても，以下の要件を全て満たす場合は指定業種に該当しないも
　　　　のとされます。
　　（ア）　当該ソフトウェア業，情報処理・サービス業およびインターネット利用サポート
　　　　業に該当する事業がコア業種に属する事業ではないこと
　　（イ）　当該ソフトウェア業，情報処理・サービス業およびインターネット利用サポート
　　　　業が，別表第三に列挙された事業に付随して実施され，または別表第三に列挙され
　　　　た事業をのみを営む親会社（会社法２条４号。以下，本注において同じ。）もしく
　　　　は当該親会社の子会社（会社法２条３号。以下，本注において同じ。）のうち別表
　　　　第三に列挙された事業のみを営むもののために実施されていること
　　（ウ）　当該ソフトウェア業，情報処理・サービス業およびインターネット利用サポート
　　　　業に該当する事業に関し第三者（当該会社の関係会社のうち別表第三に列挙された
　　　　事業をのみを営むものおよび当該別表第三に列挙された事業のみを営む他の会社を
　　　　除きます。）から委託を受けていないこと
（出所）　財務省国際局「外為法について」（2023年11月６日）をもとに作成。
　　　　https://www.soumu.go.jp/main_content/000910299.pdf（最終アクセス日：2024年
　　　　９月20日）

　　また，指定業種のうち武器・航空機・宇宙関連・原子力・軍事転用可能な汎
用品製造業については限定なく，サイバーセキュリティ関連・電力業・ガス
業・通信業・上水道業・鉄道業・石油業については一部が，新たに国の安全を
損なうおそれが大きい業種（以下，当該業種を「コア業種」といいます。）と
して，**図表 1 - 2 - 11**のとおり指定されています（法27条の２第１項，直投令
３条の２第２項３号，直投命令３条の２第３項，コア業種告示（対内直投））。

　　対象会社がコア業種を営む場合，事前届出免除制度を利用できないことがあ
り，詳細は**2.2.5（3）**(ⅲ)；本書58頁を参照してください。

（図表 1 - 2 - 11）「コア業種」一覧

分　　　野
武器，航空機，宇宙関連，原子力関連，軍事転用可能な汎用品の製造業
感染症に対する医薬品に係る製造業，高度管理医療機器に係る製造業
重要鉱物資源に係る金属鉱業・製錬業等，特定離島港湾施設等の整備を行う建設業

肥料（塩化カリウム等）輸入業
永久磁石（武器，電動機（モータ），発電機または医療用機械器具に用いる永久磁石やその素材の製造業）
工作機械・産業用ロボット（数値制御ができる金属工作機械製造業，産業用ロボット製造業およびこれらの制御関連機器（数値制御装置，PLC，サーボ機構，減速機に限る。）の製造業）
半導体製造業（半導体素子および半導体製造装置のほか，前・後工程部素材や原料の製造業）
蓄電池製造業（車載用（駆動用動力源としての用途に限る。）または定置用のリチウムイオン蓄電池，その部品，素材または製造装置の製造業）
船舶の部品（エンジン等）製造業
金属3Dプリンター（金属3Dプリンタ製造業，金属3Dプリンタ製造装置に用いる材料として特に設計した粉末状の金属および金属合金の製造業）
サイバーセキュリティ関連サービス業，重要インフラのために特に設計されたプログラム等の提供に係るサービス業等
電力業（一般送配電事業者，送電事業者，発電事業者（最大出力5万kW以上の発電所を有するものに限る。），特定卸供給事業者（電気の供給能力を有する者から集約する電気の出力の合計が5万kW以上のものに限る。）
ガス業（一般・特定ガス導管事業者，ガス製造事業者，LPガス事業者（貯蔵所または中核充てん所を有するものに限る。））
通信業（電気通信事業者（複数の市区町村にまたがる電気通信サービス等を提供している者に限る。））
上水道業（水道事業者（5万人超の給水人口を有するものに限る。），水道用水供給事業者（1日あたり2.5万㎥超の供給能力を有するものに限る。））
鉄道業（鉄道事業者（事態対処法上の指定公共機関））
石油精製業，石油備蓄業，原油・天然ガス鉱業，石油卸売業（天然ガス卸売業に限る。）
半導体製造関連機器の製造業（半導体製造のために専ら用いられる機器具，部分品，物資および素材等）

48　Part I　M&Aおよび投資における外為法の概要

先端電子部品の製造業（積層セラミックコンデンサ，フィルムコンデンサまたは積層チップインダクターの製造業およびSAW（弾性表面波）フィルタ，BAW（バルク弾性波）フィルタ，水晶振動子，水晶共振子または水晶発振子の製造業）
工作機械部品の製造業（ボールねじ，リニアガイドやリニアスケール等の工作機械部品）
船舶用機関の製造業（4サイクルであり，かつ，連続最大出力735kW以上の民生船舶用のディーゼルエンジン）
光ファイバケーブルの製造業（石英系光ファイバ素線の製造業および石英系光ファイバケーブルの製造業に限る。）
複合機の製造業（データの送受信機能を有するものであって，複写やスキャン等の複数の機能を有する機械器具）

（出所）　財務省国際局「外為法について」（2023年11月6日）をもとに作成。
　　　　https://www.soumu.go.jp/main_content/000910299.pdf（最終アクセス日：2024年9月20日）

2.2.4　事前届出手続

概　要

　事前届出を要する対内直接投資等を行おうとする外国投資家は，当該取引または行為の類型に応じ，当該取引または行為を行おうとする日の前6カ月以内に，直投命令規定の様式による事前届出書を作成し，日本銀行経由で財務大臣および各事業所管大臣に提出する必要があります（直投令3条3項）。

（1）　事前届出書の提出

　外国投資家が株式取得に関し，事前届出免除制度の免除基準に該当せず，または当該制度を利用せず，事前届出を行い審査に通過すれば，届出日から6カ月間は，届け出た株式数までの取得が随時可能となり，取得の都度事前届出を行う必要はありません（法27条1項，直投令3条3項）。

　事前届出書の提出にあたっては，（ア）窓口申請（紙による提出）の方法と（イ）オンライン申請の方法の2通りがあり，後者の場合の具体的な流れは以

下のとおりです。（ア）および（イ）のいずれの方法でも提出可能となりますが，後者の場合，窓口の受付時間外（（イ）の場合は原則として平日の6時から22時まで提出可能となりますが，当日中の提出と扱われるのは15時30分までに提出した場合です。）でも提出でき，また，届出内容の修正も前者に比して容易であるといえます。

① 日本銀行に対する利用申込書の提出

② ユーザID等の受領およびクライアント証明書の取得

③ 電子様式の事前届出書の作成

④ オンライン提出

事前届出書の必要通数は3通です（直投命令3条7項）。事前届出書の様式については，日本銀行のウェブサイト[37]にて対内直接投資等の行為類型ごとに掲載されており，例えば，株式・持分および議決権の取得等の場合は直投命令様式1，金銭の貸付けの場合は直投命令様式6に従って事前届出書を用意することとなります。様式の一覧は巻末337頁以下を参照してください。

提出にあたっては，原則30日の待機期間（取引・行為の禁止期間）を考慮する必要があります（**2.2.6**：本書61頁以下参照）。また，事業所管省庁が届出の対象となる取引・行為に懸念があると考えた場合，**2.2.7**：本書62頁以下で説明するように届出書提出後の質問で外国投資家や取引に関する説明および追加情報の提出を求められ，30日の待機期間中に審査が完了しない可能性があります。そのため，そのような懸念があると見込まれる事案においては，スケジュール遅延のリスクを低減させる観点から，届出書提出前に事業所管省庁と事前相談を行い，十分な説明や情報の提供を行うことにより，事業所管省庁の懸念をあらかじめ解消することに努めることが実務上行われています。

なお，窓口申請とオンライン申請の各注意事項や各手続に共通する実務上の留意点については，本書102頁から詳述する「**5　外為法令上の各種手続の実**

---

[37] 日本銀行ウェブサイト「届出書様式および記入の手引等」
　　https://www.boj.or.jp/about/services/tame/t-down.htm（最終アクセス日：2024年9月20日）

50　Part I　M&Aおよび投資における外為法の概要

務上の留意点」を参照ください。

（2）　制度・事業所官省庁による審査実務

外国投資家が事前届出を制度・事業所管大臣に対して提出を行った場合，次のステップとして制度・事業所管省庁による審査が行われます。当該審査は制度・事業所管省庁の裁量により行われますので，具体的にどのような基準で審査・判断がなされるかは必ずしも明らかでないものの，財務省が制度・事業所管省庁による審査における考慮要素（**図表 1 - 2 - 12**のとおり。以下，当該考慮要素を「審査考慮要素」といいます。）を発表しています。

（　**図表 1 - 2 - 12**　）「審査考慮要素」一覧

①	国の安全の確保，公の秩序の維持又は公衆の安全の保護に係る産業の生産基盤及び当該産業の有する技術基盤の維持に与える影響の程度
②	国の安全の確保，公の秩序の維持若しくは公衆の安全の保護に係る技術若しくは情報が流出する，又はこれらの目的に反して利用される可能性
③	国の安全の確保，公の秩序の維持又は公衆の安全の保護のために必要な財又はサービスの平時及び有事における 　　ⅰ　供給の条件， 　　ⅱ　安定的な供給，又は 　　ⅲ　供給される財若しくはサービスの質 に与える影響の程度
④	我が国が経済協力開発機構の資本移動の自由化に関する規約第2条ｂの規定に基づき留保している業種について，当該業種に属する財やサービスの安定的な供給や備蓄，国土保全及び国内事業者の生産活動の継続性の確保に与える影響の程度
⑤	当該外国投資家等が既に取得している，又は取得しようとしている株式，持分，議決権，出資証券若しくは社債の数・割合や金額，金銭の貸付けを行う場合の貸付けの累計額や条件が，発行会社・貸付け先の会社に与える影響の程度（当該外国投資家及び合算対象となる関係者が取得し又は運用することとなる株式の数・割合，保有又は行使・指図することとなる議決権の数・割合を含む。）

	2　対内直接投資等　51
⑥	当該外国投資家等の資本構成，実質的支配者，取引関係その他の属性並びに投資に係る計画及び過去の行動・実績（外国政府等による直接的又は間接的な影響の程度を含む。）
⑦	当該外国投資家等が服する条約，法令その他の規範が，国の安全の確保，公の秩序の維持，公衆の安全の保護又は我が国経済の円滑な運営（以下「国の安全等の確保」という。）に与える影響の程度
⑧	当該外国投資家等の外為法又は同法に相当する外国の法令の遵守状況
⑨	当該外国投資家が， 　ⅰ　発行会社等の取締役若しくは監査役に就任し，又は自らの密接関係者を発行会社等の取締役若しくは監査役に就任させること， 　ⅱ　指定業種に属する事業の譲渡・廃止に係る議案を発行会社の株主総会に提案すること，又は 　ⅲ　秘密技術関連情報を取得し若しくは開示を提案し，又は秘密技術関連情報の管理に関する発行会社等の社内規則等の変更を提案すること を行う可能性及び当該行為が行われた場合の国の安全等の確保に与える影響の程度
⑩	コア業種に係る対内直接投資等を行う場合（金融機関が業として行う場合を除く。）において，当該外国投資家が， 　ⅰ　コア業種に属する事業に関し，発行会社等の取締役会若しくは重要な意思決定の権限を有する委員会に出席し，若しくは自らが指定する者を出席させること，又は 　ⅱ　コア業種に属する事業に関し，発行会社等の取締役会若しくは重要な意思決定の権限を有する委員会若しくはそれらの構成員に対し，自ら若しくはその指定する者を通じて期限を付して，当該発行会社等の回答若しくは行動を求めて書面若しくは電磁的記録により提案すること を行う可能性及び当該行為が行われた場合の国の安全等の確保に与える影響の程度
⑪	取締役又は監査役の選任に係る議案に関して行う同意に関する届出については，①乃至⑩の要素に加え，当該候補者の就任が国の安全等の確保に与える影響の程度
⑫	国の安全等を損なうおそれのある対内直接投資等に該当しないかどうかを審査

する必要のある業種に属する事業（子会社の株式・持分を含む。以下同じ。）の譲渡や会社の合併・分割の議案に関して行う同意に関する届出については，①乃至⑩の要素に加え，以下に掲げる要素

  i 事業の譲渡先若しくは承継先となるものの資本構成，実質的支配者，取引関係その他の属性

  ii 事業の譲渡先若しくは承継先となるものが服する条約，法令その他の規範が国の安全等の確保に与える影響の程度

  iii 事業の譲渡先若しくは承継先となるものによる法又は同法に相当する外国の法令の遵守状況

（注） 取得時の届出免除を利用したものについて⑪及び⑫に関する届出が行われる場合には，⑨及び⑩に代えて免除基準の遵守状況を考慮。

（出所） 財務省ウェブサイト「外為法に基づく対内直接投資等の事前届出について財務省及び事業所管省庁が審査に際して考慮する要素」（2020年5月8日）
https://www.mof.go.jp/policy/international_policy/gaitame_kawase/gaitame/recent_revised/gaitamehou_20200508.htm（最終アクセス日：2024年9月20日）

　制度・事業所管省庁による審査の進行および審査に要する期間についても，事前届出の対象となる各取引ごとに各審査考慮要素における影響の程度等を踏まえた上で，見通しを立てることになります。

　この点，実際の制度・事業所管省庁による審査の運用状況を踏まえると，審査考慮要素の中でも，特に「当該外国投資家等の属性（所在国・地域，資本構成，実質的支配者）」や「発行会社が営む事業の内容（当該事業が国の安全の確保，公の秩序の維持又は公衆の安全の保護に係る産業に該当しないかどうか）」は審査の中で重要視されているものと考えられます。そのため，類型的にこれらに懸念がある取引については，取引全体のスケジュールに影響を生じることを防ぐ観点から，通常よりも期間に余裕をもって外為法に基づく事前届出の手続を進めることが望ましいことになります。

2.2.5　事前届出免除制度

> **概　要**
>
> 　外国投資家による指定業種に属する事業を有する会社の株式および議決権の取得に係る対内直接投資等について，株主が会社に対する支配権を行使しないことや秘密技術関連情報にアクセスしないことといった一定の要件・行動基準を遵守することを条件として事前届出義務が免除される場合があります（法27条の2，28条の2）。外国投資家による属性や行為類型により免除を利用することができない場合を除き，外国金融機関が利用できる包括免除と，一般の投資家や認証ソブリンウェルスファンド等が利用することができる一般免除の2種類が用意されています。

（1）　外国投資家の属性により免除を利用することができない場合

　まず，免除制度を利用できない者として，①過去に外為法違反による刑の執行の終了もしくは外為法に基づく行政処分の違反から5年を経過しない者，②外国の政府，外国の政府機関，外国の地方公共団体，外国の中央銀行もしくは外国の政党その他の政治団体，または③国有企業等が該当します（法27条の2第1項前段括弧書，直投令3条の2第1項1号乃至5号）。

　一方，外国政府系ファンドであるソブリンウェルスファンド（SWF：Sovereign Wealth Fund）や公的年金基金等については，上記③に該当する場合でも，国の安全等を損なうおそれがないと認められるものについては，財務省との確認書（MOU：Memorandum of Understanding）締結による個別の認証を受けることで，一般投資家と同様に事前届出免除制度が利用可能となります（直投令3条の2第1項柱書括弧書）[38]。

38　認証にあたっては，財務省が，各SWF等が提出した情報に基づき，①純粋に経済的収益を目的とする投資形態であること，②投資の意思決定が外国政府等から独立して行われていること，③過去の日本での投資実績およびガバナンスの構造等を審査し，国の安全等を損なうおそれの有無を個別に判断します。また，認証付与の結果やMOUについては原則非公開とされます。

54 PartⅠ M&Aおよび投資における外為法の概要

（2） 免除を利用することができない行為類型

　以下の場合は，「国の安全等に係る対内直接投資等に該当するおそれが大き
いもの」（法27条の２第１項前段，直投令３条の２第２項１号乃至５号）とし
て，届出免除（包括免除および一般免除）の対象外となります。

①　日本との間に対内直接投資等に関する条約その他の国際的な合意等のな
　　い国または地域に該当するため，直投命令別表第一に記載されていない
　　国・地域（例：北朝鮮，イエメン，ソマリア，イラク）の外国投資家に
　　より行われる対内直接投資等（直投令３条の２第２項１号，３条２項２
　　号，直投命令３条５項，直投命令別表第一）

②　イラン関係者による，許可を要する資本取引に該当するおそれがある行
　　為（直投令３条の２第２項１号，３条２項３号，直投命令３条６項，イ
　　ランの届出に係る対内直投を定める告示）

③　（ア）受任者（その密接関係者を含みます。）の実質保有等議決権[39]，また
　　は（イ）共同して上場会社等の実質保有等議決権を行使することに係る
　　同意を取得した者（その密接関係者を含みます。）の実質保有等議決権
　　の数および同意者（その密接関係者を含みます。）の実質保有等議決権
　　の数の合計が総議決権数の10％以上となる議決権代理行使受任または共
　　同議決権行使同意取得のうち，役員選解任，定款変更，事業譲渡等を議
　　案とするもの[40]（直投令３条の２第２項２号,直投命令３条の２第２項）

④　コア業種に係る対内直接投資等（直投令３条の２第２項３号）[41]

⑤　指定業種に係る事業の継続的かつ安定的な実施を困難にする行為を行う
　　ことを目的とする対内直接投資等（直投令３条の２第２項４号）[42]

⑥　免除基準または上乗せ基準（下記「（３）包括免除と一般免除」参照）に
　　抵触するおそれのある行為[43]を目的とする対内直接投資等（直投令３条

39　議決権行使等権限が保有等議決権（法26条２項４号）を保有するもの以外のものに委
　　任され，かつ，当該委任により当該保有等議決権を保有するものが当該保有等議決権を
　　行使できない場合の保有等議決権以外の保有等議決権をいいます（直投令２条４項２号）。
40　指定業種の会社に対する委任状勧誘による議決権代理行使受任や，共同議決権行使の
　　同意を得る行為は，いずれも閾値が10％のまま維持される代わりに，ノンコア業種に係
　　る共同議決権行使の同意を得る行為（上記以外の議案に限ります。）を除き，免除制度
　　が適用されません（直投令３条の２第２項２号，直投命令３条の２第２項）。
41　一定の基準を遵守することにより届出免除制度を利用することができる場合がありま
　　す（「（３）包括免除と一般免除」参照）。

の 2 第 2 項 5 号，直投命令 3 条の 2 第 5 項 1 号乃至 4 号）

なお，外国投資家が，対内直接投資等を行う時点で免除基準または上乗せ基準と相反する目的をもっている場合，事前届出免除制度を利用することができません[44]。

⑦ 行為時事前届出が必要な行為を，届出をせず，虚偽の届出をし，または届出の承認を得ずに実施した場合（直投令 3 条の 2 第 2 項 5 号，直投命令 3 条の 2 第 5 項 5 号乃至 8 号）

（3） 包括免除と一般免除

（i） 概要

免除制度を利用するためには，「財務大臣及び事業所管大臣が定める対内直接投資等が国の安全等に係る対内直接投資等に該当しないための基準」を遵守しなければなりません（法27条の 2 第 1 項第二文）。当該基準は，外国投資家の性質に応じて，包括免除と一般免除に分類され，当該制度利用の可否および範囲が異なり，概要は**図表 1 - 2 - 13**のとおりです。

（ii） 包括免除

包括免除については，日本における業法に基づく規制・監督または外国における日本の業法に準ずる法令に基づく規制・監督を受けている「外国金融機関」が利用主体の場合に，投資先の業種のコア業種・ノンコア業種の別を問わ

---

42 投資対象となる事業の内容，投資家が行う行為の態様，投資家が行うことを想定している行為が事業の実施に与える影響の蓋然性について，個別具体的な事情を勘案して判断されますが，例えば，外国投資家が，発行会社に対し，指定業種のうち国の安全等の観点から継続的かつ安定的な実施が求められる事業の縮小を行うことに繋がる提案をすることを目的として，財務や事業の方針の決定に対して重要な影響を与えることが可能な程度の株式を取得することにより，その株式所有に伴う影響力を背景に発行会社において提案内容を実現せざるをえないことになると認められる場合が該当します（パブリックコメント回答185番，186番，187番）。

43 指定業種に属する事業の譲渡・吸収合併・解散等に係る議案の提案等

44 なお，既に外国投資家またはその「関係者」が投資先の役員に就任している場合で，かつ当該役員の選任の際に行為時事前届出を行っている場合であれば，当該状況下で外国投資家が当該投資先の株式を取得する際，取得時点で当該役員を再任することについて同意することを予定している場合であっても，当該取得行為につき直投命令 3 条の 2 第 5 項 1 号に違反するものとは判断されません（パブリックコメント回答194番）。

図表 1 − 2 − 13　事前届出免除制度の概要

	コア業種	コア以外の指定業種
外為法違反で処分を受けた者，国有企業等（認証を受けたSWFを除く。）以外の全ての外国投資家	事前届出免除の利用不可	免除基準適用 （上乗せ基準なし。）

（出所）　経済産業省貿易経済協力局国際投資管理室「対内直接投資審査制度について」（2022年）（https://www.kanto.meti.go.jp/seisaku/boeki/data/1-2gijyutu_toushi_2022.pdf）をもとに作成。

ず，株式取得割合にかかわらず，免除基準（次項「**(4)免除基準の内容**」参照）を遵守すれば事前届出が免除されるものです。これは，(i)国内外の業法等に基づく金融機関であれば，当局がその存在や活動を適切に把握できること，(ii)その取引は，国の安全等に係る技術情報窃取や事業活動の譲渡・廃止を目的としないことから，類型的に国の安全等を損なうおそれがないと認められるとの考え方に基づきます。

「外国金融機関」に該当する主体は以下のとおりです（直投令3条の2第2項3号イ，直投命令3条の2第4項1号乃至7号）。

① 金融商品取引業者（金融商品取引法2条9項に規定する金融商品取引業者をいう。）のうち，第一種金融商品取引業を行うもの（国内証券会社等）

② 金融商品取引法に相当する外国の法令の規定による許認可等を受けて第一種金融商品取引業に類する事業を営むもの（外国証券会社等）

③ 金融商品取引法29条の登録を受けて同法規定の投資運用業を営むものもしくは適格機関投資家等特例業務の届出をして自己運用を業として行うものまたは同法に相当する外国の法令の規定により許認可等を受けて投資運用業に類する事業を営むもの（国内外の運用業者等）

④ 投資信託及び投資法人に関する法律2条13項に規定する登録投資法人もしくは同法に相当する外国の法令に準拠して設立された法人たる社団または権利能力のない社団で，登録投資法人に類するもの（当該外国の法令に基づき許認可等を受けているものに限る。）（国内外の登録投資法人等）

⑤ 銀行法2条1項に規定する銀行または同法に相当する外国の法令の規定による許認可等を受けて外国において銀行業に類する事業を営むもの（国内外の銀行等）

⑥ 保険業法3条の規定による免許を受けて同法規定の保険業を営むものまたは同法に相当する外国の法令の規定による許認可等を受けて保険業に類する事業を営むもの（国内外の保険会社等）

⑦ 信託業法2条2項に規定する信託会社もしくは金融機関の信託業務の兼営等に関する法律1条の認可を受けて同法規定の信託業を営むものまたはこれらの法律に相当する外国の法令の規定による許認可等を受けて信託業に類する事業を営むもの（国内外の運用型信託会社等）

⑧ 金融商品取引法66条の50の規定による登録を受けて同法規定の高速取引行為を行うもの（日本の金融商品取引法上の登録を受けた高速取引行為者等）

なお，外国金融機関が包括免除を利用することができるのは，上場会社に係る対内直接投資等に限られ（直投令3条の2第2項3号イ），また免除利用時の事前の申請等は不要です[45]。

---

45 パブリックコメント回答151番，176番

(ⅲ) 一般免除

一般免除については，広く外国投資家が投資主体である場合に適用されうるものですが，ノンコア業種への投資の場合，株式取得割合にかかわらず，下記免除基準を充足する限り事前届出が免除されますが，当該基準を充足しなければ，株式取得割合が上場会社については１％以上となる株式の取得，非上場会社については，その発行する株式を取得する全てのケース（閾値なし）について，事前届出が必要となります。

他方，コア業種への投資の場合，上場会社への投資で，かつ，株式取得割合が１％以上10％未満である場合に限り，免除基準（次項「**(4)免除基準の内容**」参照）に加え，上乗せ基準（「**(5)上乗せ基準**」参照）を充足する限り事前届出が免除されます（直投令３条の２第２項３号ロ）。

また，事前届出免除制度の対象とされている対内直接投資の類型としては，非上場会社の株式取得（一般免除のみ），上場会社等の株式または議決権の取得等一定の対内直接投資等に限られており，対内直接投資等のうち「会社の事業目的の実質的な変更に関する同意または取締役もしくは監査役の選任に係る議案および事業の全部の譲渡等の議案についての同意」については事前届出免除制度の対象外（行為時事前届出については事前届出免除制度の対象外）とされています（法27条の２第１項前段括弧書）。

(4) 免除基準の内容

指定業種のうちノンコア業種に属する事業を営む会社の株式または議決権の取得（上場会社は１％以上，非上場会社は全てのケース（閾値なし））にあたり，当該届出の免除を受けるために最低限遵守すべき行動基準が告示（以下，「基準告示（対内直投）」といいます。）[46]において次のように規定されています

---

46 外国為替及び外国貿易法第二十七条の二第一項の規定に基づき，財務大臣及び事業所管大臣が定める対内直接投資等が国の安全等に係る対内直接投資等に該当しないための基準を定める件（令和２年内閣府，総務省，財務省，文部科学省，厚生労働省，農林水産省，経済産業省，国土交通省，環境省告示第６号）

（法27条の２第１項後段，基準告示（対内直投）２条１号乃至３号）。

① 外国投資家自らまたはその「関係者」が役員（取締役または監査役）に就任しない[47]。
② 指定業種に属する事業の譲渡・廃止（合併，会社分割，子会社株式の譲渡等も含む。）を株主総会に自らまたは他の株主を通じて提案しない。
③ 指定業種に属する事業に係る非公開の技術情報にアクセスしない（同情報の開示の提案または同情報管理に関する社内規則等の変更の提案をしないことを含む。）[48]。

　以上の①乃至③に掲げる免除基準は，基準告示（対内直投）２条本文の文言上も，対内直接投資等実行後に遵守すべき基準であり，各基準に適合しない行為を実行しなければ基準違反となりませんが，投資実行時点で基準に適合しない行為を行うことを目的としている場合は，上記のとおり「国の安全等に係る対内直接投資等に該当するおそれが大きいものとして政令で定めるもの」（法27条の２第１項前段，直投令３条の２第２項５号，直投命令３条の２第５項１号乃至３号）に該当するため，事前届出免除の対象外となります（パブリックコメント回答213番）。

47　外国投資家が，自らまたはその「関係者」が役員に就任することについて同意を行う場合（あらかじめ同意したものの，最終的に反対票を投じた場合，白票または棄権した場合を除きます。），最終的に否決されれば同基準違反とはなりませんが，法26条２項５号の同意の事前届出（１％以上の議決権を保有することが前提です。）を行わなかった場合は，仮に自らまたは「関係者」が役員に就任しない場合でも事前届出義務違反となり，爾後，事前届出免除が利用できなくなります（直投命令３条の２第５項５号）（パブリックコメント回答225番）。

48　役員等の就業条件や報酬等の情報および発行会社等の財務情報は秘密技術関連情報に該当しないものとされ（基準告示（対内直投）１条９号括弧書），かかる秘密技術関連情報の取得については，当該発行会社等が自主的に提供した場合は除外されます。また，証券会社や銀行のM&A助言部門等による秘密技術関連情報の取得または開示の請求については，①当該情報が株式売買部門に提供されないこと，②株式売買部門が保有する株式等を通じた影響力を遮断することの２点を担保する措置が講じられていれば，秘密技術関連情報の定義から除外されます（基準告示３条３号・４号）。

60　Part I　M&Aおよび投資における外為法の概要

（5）　上乗せ基準

　さらに，外国投資家のうち，外国金融機関および免除制度利用不可の外国投資家（**2.2.5（2）**；本書54頁以下参照）のいずれにも該当しない者が，コア業種（**2.2.3**；本書46頁以下参照）に属する上場会社の株式等を 1 ％以上10％未満取得する場合，上記免除基準に加えて，以下の上乗せ基準を遵守すれば，上場会社で株式・議決権の10％までの取得に限り，事前届出に係る追加免除を受けることができます（法27条の 2 第 1 項，直投令 3 条の 2 第 2 項 3 号ロ，基準告示（対内直投） 2 条 4 号）。なお，コア業種に属する非上場会社の株式等の取得については免除制度を利用できません。

　④　コア業種に属する事業に関し，取締役会もしくは重要な意思決定権限を有する委員会[49]に自らまたは指定する者を出席させない[50]。

　⑤　コア業種に属する事業に関し，取締役会，上記委員会，構成員等に対して期限を付して回答・行動を求めて書面または電磁的記録で提案を行わない[51]。

---

[49]　「重要な意思決定権限を有する委員会」に関しては，個別事例ごとに実態に即して実質的に判断されます。名称や形態のいかんを問わず，コア業種に関する事項について実質的に決定する会議体が想定され，会社ごとに位置付けが異なりえますが，一般的に常務会，経営会議，経営委員会等が該当するものと解されます（パブリックコメント回答254番）。形式的に諮問機関であっても，意思決定において当該諮問機関の同意が必須の場合など，実質的に意思決定権限を有すると解される場合にはこれに該当します（パブリックコメント回答255番）。なお，外国投資家自身およびその指定する者が「重要な意思決定権限を有する委員会」のメンバーである場合であっても，コア業種に関する事項について議論が及ぶ可能性がある場合については出席者を限定し当該メンバーは出席させない等の措置をとることにより，この要件を満たすと判断される余地があります（パブリックコメント回答257番）。

[50]　発行会社の自発的意思により当該委員会等への出席を求められて出席する場合は，当該基準に抵触しませんが，外国投資家が事前に発行会社に自らを招待するよう働きかけを行った結果として発行会社が要請する場合等については，外国投資家の意思により参加するものと同等であるため，当該基準違反に該当すると考えられます（パブリックコメント回答263番，264番）。

（6）　基準違反の効果

　財務大臣および事業所管大臣は，事前届出をせずに対内直接投資等を行った投資家に対し，上記各免除基準の違反を認めた時は，当該基準遵守に必要な措置をとることを勧告することができます（法27条の２第３項）。また，勧告に従わない投資家に対し，勧告に係る措置命令を行うことができます（法27条の２第４項）。

2.2.6　禁止期間と短縮期間

概　要
外国投資家が対内直接投資等に係る事前届出を行った場合，当該事前届出に関する財務大臣および事業所管大臣による審査が行われることとの関係で，当該外国投資家は，届出受理日を起算日として30日間，当該対内直接投資等を行うことはできません（法27条２項本文）。

　当該対内直接投資等を行うことはできない期間（以下，「禁止期間」といいます。）は，国の安全等を損なう事態を生ずる対内直接投資等に該当しない場合短縮されるものとされています（法27条２項）[52]。

　他方，財務大臣および事業所管大臣が，当該事前届出に係る対内直接投資等について①国の安全を損ない，公の秩序の維持を妨げ，または公衆の安全の保護に支障を来すことになるおそれまたは②日本経済の円滑な運営に著しい悪影響を及ぼすことになるおそれの有無等を審査する必要があると判断した場合，

---

[51]　「期限を付して」については，明確な日時等が明示されない場合であっても，実質的には期限を付していることと同等であると解される場合はこれに該当し，要請の頻度やその他各種の要因を踏まえて，個別事例ごとに実態に即して実質的に判断されます。
　　また，「書面または電磁的記録」による提案にあたるか否かは，外形的に判断されますが，明らかに書面や電磁的記録で行うことと同等の効果をもつと考えられる行為により，国の安全等を脅かすおそれのある提案と観念される場合には，当該基準違反とみなされる可能性もあります（パブリックコメント回答255番）。

[52]　「外為法Ｑ＆Ａ（対内直接投資・特定取得編）」Q25－1

62　Part I　M&Aおよび投資における外為法の概要

禁止期間が最長で届出受理日から5カ月間まで延長されることがあります（法27条3項・6項）。

　実務上，禁止期間が2週間程度に短縮されることは相当数あります。また，最短期間である届出受理日から4営業日まで短縮されるケースも一定数存在しています。ただ，外為法上，あくまで原則は届出受理日から30日間とされており，禁止期間の短縮が常に保証されているものではありません。その点を考慮すると外国投資家が対内直接投資等を行う場合，遅くとも当該行為の30日前までに当該行為に係る事前届出を行うことが望ましいと考えられます。なお，事業所管省庁より届出者に対する質問票の送付が行われ，審査期間が短縮されないまたは延長される可能性があります。詳細については下記**2.2.7**を参照ください。

2.2.7　事業所管大臣からの質問・遵守事項

概　要
事前届出に係る対内直接投資等の審査に際し，事業所管省庁が，提出者である外国投資家に対し質問（質問票の送付）を行うことがあります。質問は，①届出者およびその関係者に関する基本情報，②届出者の投資実績，③届出者の投資先に対する目的，経営関与の態様等，④投資先の事業規模・内容，⑤投資先の情報管理体制に関する事項等，事業所管大臣が審査にあたり確認すべきと判断した事項について行われます。

　質問（および追加質問）が行われた場合，当該質問に係る事業所管省庁との間での応答が完了し，財務大臣または事業所管大臣がその結果を踏まえた判断を行うまでの間，当該届出の審査が継続されることになり，場合によっては，禁止期間（届出受理日から30日）内に審査が終了しない場合があります。その場合，禁止期間が延長される可能性があるほか，実務上は，諸般の事情に鑑み，禁止期間延長を避けるため，届出者が届出書の取下げおよび再提出を行う事例も相当数存在します。なお，事業所管省庁との協議に基づいて届出書の取下げ

および再提出を行う場合，取下げ後も事業所管省庁との間の折衝を継続し，当該折衝が完了した段階で届出書の再提出を行うことがありますが，その場合は再提出前に実質的な審査が完了しているものとして，当該届出書の審査については最短期間で終了することがあります。

また，届出者と事業所管省庁との質問票を通じたやり取り等を踏まえ，事業所管省庁が届出者に対し，「届出者は，議決権の行使その他の方法により，発行会社およびその子会社の有する安全保障上重要な製品に関する事業の経営に影響を与えることを目的とした行為を行わないこと」等の一定の事項について遵守を求めるケースもあります。その場合，遵守事項の内容について当該事業所管官省庁との間で協議を行った上で，一度事前届出書を取り下げた上で，当該遵守事項を追記した事前届出書を提出する等の対応をとる必要が生じうる点に注意が必要です。詳細は，**Part Ⅱ 1 . 1 （ 3 ）(vi)**；本書119頁以下を参照ください。

2.2.8　勧告，命令および罰則

概　要
外為法上，財務大臣および事業所管大臣は，対内直接投資等に係る事前届出を行った外国投資家に対し，一定の措置を行うことが認められており，変更・中止勧告・命令，事後措置命令や罰則等が用意されています（**図表１−２−14**）。

（1）　変更・中止勧告・命令

　財務大臣および事業所管大臣は，事前届出に係る対内直接投資等の審査の結果，当該対内直接投資等が国の安全を損なう事態が生ずるおそれがある対内直接投資等に該当すると判断した場合，関税・外国為替等審議会の意見を聴いた上で，当該届出を行った外国投資家に対し，当該対内直接投資等の内容の変更または中止を勧告することができます（法27条5項）。

64　Part I　M&Aおよび投資における外為法の概要

　外国投資家は，上記勧告を受けた場合，当該勧告を受けた日から起算して10日以内に，財務大臣または事業所管大臣に対し勧告を応諾するか否かを通知する必要があり（法27条7項），勧告を応諾する旨の通知を行った外国投資家は当該勧告に従い対内直接投資等を行わなければなりません（法27条8項）。他方，上記勧告を受けた外国投資家が，勧告を応諾するか否かについての通知を行わなかった場合，または上記勧告を応諾しない旨の通知を行った場合，財務大臣および事業所管大臣は，上記勧告を受けた外国投資家に対し，当該対内直接投資等の内容の変更または中止を命じることができます（法27条10項）[53]。

（図表1-2-14）財務大臣および事業所管大臣による措置概要

財務大臣およびび事業所管大臣	変更・中止，勧告・命令	・国の安全を損なう事態が生ずるおそれがある対内直接投資等に該当すると判断した場合
	事後措置命令	・事前届出不実施または虚偽の届出に基づく対内直接投資等の実行 ・禁止期間中の対内直接投資等の実行 ・当該変更勧告の内容に反した対内直接投資等の実行（変更勧告を応諾した場合） ・対内直接投資等の内容の変更または中止の命令に違反して対内直接投資等を行った場合で，かつ，当該対内直接投資が国の安全を損なう事態を生ずるおそれがある対内直接投資等に該当すると判断した場合 ・事後措置命令に違反した場合
司法手続	罰則	・事後措置命令に同じ

（注）　その他に立入検査・報告徴求命令がなされる場合があります。

[53]　なお，過去に実際に中止命令が出されたケースが1件存在します。当該事案の詳細は財務省のウェブサイト（「TCIファンドに対する命令について」）を参照ください。

（2） 事後措置命令

　財務大臣または事業所管大臣は，外国投資家が，以下の①〜⑤のいずれかの行為を行った場合，当該外国投資家に対し，当該対内直接投資等により取得した株式または持分の全部または一部の処分その他必要な措置を命ずることができます（法29条1項乃至5項）。

① 事前届出を行わず，または虚偽の届出を行い，対内直接投資等を行った場合

② 禁止期間中に対内直接投資等を行った場合

③ 財務大臣および事業所管大臣による勧告を応諾する旨の通知を行ったにもかかわらず，勧告の内容に反した対内直接投資等を行った場合

④ 財務大臣および事業所管大臣による対内直接投資等の内容の変更または中止の命令に違反して対内直接投資等を行った場合

⑤ 事前届出免除制度の適用を受けた外国投資家が，免除基準および上乗せ基準に違反していることを理由として財務大臣および事業所管大臣より当該基準を遵守するために必要な措置をとることに関する命令を受けたにもかかわらず，当該命令に違反した場合であって，かつ，当該対内直接投資等が国の安全等に係る対内直接投資等に該当すると認められる場合

　①，②および⑤のいずれかの場合においては，財務大臣および事業所管大臣は，当該対内直接投資が国の安全等に係るものであると認めた上で，関税・外国為替等審議会の意見を聴いた場合に事後措置命令を発令することができます。

　この際，必要な措置の決定にあたっては，違反行為が意図的に行われたものかどうか，違反が発覚した経緯（自主的な申告か，当局による指摘か），違反行為を認識した後当局に直ちに申告したか，違反行為の隠微行為がなかったか，反復・継続して違反行為が行われたか等の違反行為の情状も考慮することとしており，悪質性が高いと認める場合には厳しい措置を講ずることとしています。なお，実務的には，無届事案においては，制度の不知からくる悪質性の低い軽微な届出漏れも相当程度存在しますが，無届事案が判明した場合には，まず当局としては，外国投資家に対し，違反対象行為の概要や違反行為が発覚した経

66　Part I　M&Aおよび投資における外為法の概要

緯，管理体制および違反理由，再発防止策等にかかる事案調査票の作成・提出
を求めています。

（3）　罰　則

　外国投資家が，上記①乃至⑤に該当する対内直接投資等を行った場合ならび
に上記措置命令に違反した場合，当該外国投資家は，3年以下の懲役もしくは
100万円以下の罰金に処され，またはこれらを併科される可能性があります
（法70条1項22号乃至25号）。

（4）　その他の行政上の措置

　財務大臣および事業所管大臣は，この法律の施行に必要な限度において，当
該職員をして，対内直接投資等を行った者またはその関係者の営業所，事務所，
工場その他の施設に立ち入り，帳簿書類その他の物件を検査させ，または関係
人に質問させることができるほか（法68条1項），対内直接投資等に関連する
事項についての報告を求めることができます（報告徴求命令，法55条の8）。

2.2.9　実行報告書の提出

概　要
当該外国投資家は，対内直接投資等を行った日から45日以内に，実行報告書を作成し，提出する必要があります。

　対内直接投資等に係る事前届出を行った外国投資家が，**図表1 - 2 - 15**に記
載の行為を行った場合，外国投資家は直投命令規定の様式による実行報告書を
作成し，日本銀行経由で財務大臣および各事業所管大臣に提出する必要があり
ます（法55条の8，直投令6条の5，直投命令7条1項）。なお，実行報告書
の必要通数は1通です（直投命令7条1項）。

2 対内直接投資等　67

> **図表 1 - 2 - 15** 実行報告の対象となる取引

（ア）　当該届出に係る株式・持分（および議決権）の取得または処分，株式への一任運用その他の処分等
（イ）　当該届出に係る金銭の貸付けまたはその返済金の受領
（ウ）　当該届出に係る社債の取得または償還金の受領
（エ）　当該届出に係る支店設置の中止または廃止
（オ）　当該届出に係る共同議決権等行使の同意取得または当該共同議決権等行使の同意取得の解除
（カ）　当該届出に係る事業の承継または事業を承継した後における当該事業の処分

2.3 ‖ 事後報告

2.3.1　事後報告規制

概　要

　1998年の外為法改正により，内外資本取引等に係る事前の許可・届出制度が原則として廃止され，代わって事後報告制度が法運用上の重要な柱の1つとして位置付けられています。具体的には，一定金額以上の支払等，資本取引，外国為替業務に関する事項について事後報告の提出を求め，国際収支統計の作成や市場動向の把握等に利用されています。

（1）　免除事後報告

　外国投資家が上場会社の株式または議決権の取得，株式への一任運用および議決権行使等権限の取得について事前届出免除制度の適用を受けている場合，当該対内直接投資等の実行の際の事前届出は必要ありませんが，以下の①乃至③の場面ごとに事後報告を行うことが必要となります（法55条の5第1項，直

68　PartⅠ　M&Aおよび投資における外為法の概要

投令 6 条の 3 第 1 項，直投命令 6 条の 2 および直投命令の別表第三第 3 項・4 項・6 項）[54]。なお，非上場会社の株式または持分の取得について事前届出免除制度の適用を受けた場合，当該対内直接投資等の実行につき都度事後報告が必要とされます（法55条の 5 第 1 項，直投令 6 条の 3 第 1 項，直投命令 6 条の 2 および直投命令別表第三）。

①　取引後の保有割合が初めて 1 ％以上となる場面（ 1 回限り報告が必要）

②　取引後の保有割合が初めて 3 ％以上となる場面（ 1 回限り報告が必要）

③　取引後の保有割合が10％以上となる場面（取引の都度報告が必要）

（2）　事後報告（免除事後報告以外）

　また，外国投資家による対内直接投資等が上記**2.2**：本書41頁以下記載の事前届出が必要とされる行為に該当しない場合であっても，以下の①，②および③の全てに該当する場合であって，かつ取得株式数または議決権数等の割合が10％以上となる場合（密接関係者の実質保有分も含みます。），当該外国投資家は外為法の定める事後報告を行う必要があります（法27条 1 項，55条の 5 第 1 項，直投令 3 条 1 項 4 号， 6 条の 3 第 1 項，直投命令 6 条の 2 ，直投命令別表第三第 1 項・ 5 項）[55]。事後報告のフローの概要は，**図表 1 - 2 -16**のとおりです。

①　投資先が行う事業の全てが指定業種告示（対内直投）別表第三記載の業種に該当する場合（指定業種以外の業種のみに該当する場合）

②　外国投資家の国籍および所在国が日本または直投命令別表第一記載の国または地域である場合[56]

54　なお，包括免除の対象となる外国金融機関による，指定業種を営む上場会社の株式取得後の事後報告に係る閾値は10％とされます（法55条の 5 第 1 項，直投令 6 条の 4 第 1 項，直投命令 6 条の 2 ，直投命令別表第三第 6 項）。

　　また，取得割合が初めて 1 ％以上となる場面または初めて 3 ％以上となる場面においては，株式売却等により一旦閾値を割り込み，その後の再取得で当該閾値を再び超えた場合，事後報告は不要です。なお，事後報告書は月ごとにまとめて提出することが可能です（パブリックコメント回答130番）。

55　「外為法Q&A（対内直接投資・特定取得編）」Q14

56　アメリカ合衆国，インド，英国，シンガポール，大韓民国，台湾，中華人民共和国，ドイツ，フランス，香港，ロシア等，計163の国または地域が挙げられています。

2　対内直接投資等　69

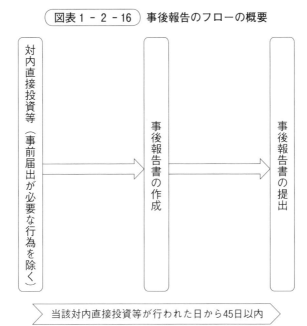

図表1-2-16　事後報告のフローの概要

対内直接投資等（事前届出が必要な行為を除く） → 事後報告書の作成 → 事後報告書の提出

当該対内直接投資等が行われた日から45日以内

③　イラン関係者により行われるイランの届出に係る対内直投を定める告示第1号に掲げる行為以外である場合

2.3.2　事後報告手続

概　要

事後報告を要する対内直接投資等[57]を行った外国投資家は，当該対内直接投資等を行った日から45日以内に，事後報告書を作成し，日本銀行経由で財務大臣および各事業所管大臣に提出する必要があります（直投令6条の3第1項，直投命令6条の2）。なお，提出方法は事前届出と同様に窓口申請およびオンライン申請のいずれも可能です。

57　事後報告を要する対内直接投資等とは，指定業種告示（対内直投）別表第三に掲げる業種のみを営む会社を対象とした対内直接投資等を指します（**図表1-2-6**（本書30頁）を参照ください。）。

70　Part I　M&Aおよび投資における外為法の概要

　事後報告書の様式（直投命令6条の2既定の様式[58]）については，日本銀行のウェブサイト[59]にて対内直接投資等の行為類型ごとに掲載されており，例えば，株式・持分（および議決権）の取得等の場合は直投命令別紙様式11（免除事後報告以外の場合）または11の2（免除事後報告の場合），金銭の貸付けの場合は直投命令別紙様式16に従って事後報告書を用意することとなります。事後報告書の必要通数は1通です（直投命令6条の2）。

　なお，各手続に共通する実務上の留意点については，本書102頁以下からの**「5　外為法令上の各種手続の実務上の留意点」**を参照ください。

　以上，対内直接投資等に係る事前届出・事後報告の要件をまとめると，**図表1－2－17**のとおりです。

図表1－2－17　対内直接投資等に係る事前届出・事後報告のまとめ

投資家	業種区分	事前届出および実行報告	事後報告
I．上場会社への投資の場合			
外国金融機関	指定	免除基準①②③（前記2.2.5 (4)；58頁以下参照）を遵守すれば，事前届出を包括免除（上限なし）。アクティブ投資の場合は事前届出が必要	（事前届出免除の場合）：10％以上
	非指定	不要	10％以上
一般投資家（認証SWF等を含む）	指定（コア）	原則必要。免除基準①②③+上乗せ基準（④⑤）（前記2.2.5 (4)(5)；58頁以下参照）を遵守すれば，10％未満の株式取得について事前届出を免除	事前届出免除の場合： ①　1％以上3％未満（初回のみ） ②　3％以上10％未

58　日本銀行ウェブサイト「報告書様式および記入の手引等（2014年以降適用）」
　　https://www.boj.or.jp/about/services/tame/t-redown2014.htm（最終アクセス日：2024年9月20日）
59　前掲・脚注58

			満（初回のみ） ③ 10%以上（取得 の都度）
	指定 （ノン コア）	免除基準①②③（前記2.2.5 （4）；58頁以下参照）を遵守す れば，事前届出を免除（上限なし）	
	非指定	不要	10%以上
過去に外為法違反 による処分または 刑罰を受けた者・ 国有企業等（認証 SWF等を除く） およびその役員	指定	必要（免除利用不可）	免除利用不可
	非指定	不要	10%以上
Ⅱ．　非上場会社への投資の場合			
・外国金融機関 ・一般投資家 （認証SWF等を含 む）	指定 （コア）	必要（免除利用不可）	免除利用不可
	指定 （ノン コア）	免除基準①②③（前記2.2.5 （4）；58頁以下参照）を遵守す れば，事前届出を免除（上限なし）	事前届出免除の場 合：1株から必要
	非指定	不要	10%以上（特定取得 を除く）
過去に外為法違反 による処分または 刑罰を受けた者・ 国有企業等（認証 SWF等を除く） およびその役員	指定	必要（免除利用不可）	免除利用不可
	非指定		10%以上（特定取得 を含む）

2.3.3　事後報告を遅滞した場合

概　要

　事後報告書を法定の期限内に提出できなかったまたは事後報告書を提出し
なければならないにもかかわらず提出していないことが事後的に判明した場

72　Part I　M&Aおよび投資における外為法の概要

合，財務省その他の事業所管省庁に連絡の上，速やかに事後報告書を提出する必要があります。

　この場合，事後報告書の「その他の事項」欄に，法定の期限内に提出できなかった理由およびその旨を付記した上で，事後報告書を提出することになります。

2.4 │ 特定取得

2.4.1　特定取得に対する規制

概　要
特定取得とは，外国投資家が，国内の非上場会社の株式または持分を他の外国投資家からの譲受けにより取得することをいいます（法26条3項）。

　外国投資家が特定取得を行う場合で，かつ，投資先（その子会社または完全対等合弁会社を含みます。）が特定取得の届出に係る業種を定める告示[60]（以下，「指定業種告示（特定取得）」[61]といいます。）で定める業種（武器等，航空機，人工衛星またはロケット，原子炉，原子力用タービン，原子力用発電機または核原料物質もしくは核燃料物質の製造業，上記の物を使用するために特に設計されたプログラムの製造業等，ならびに電子回路製造業，電子デバイス（集積回路）製造業，ソフトウェア業，情報処理・サービス業および半導体製造関連機器の製造業等。以下，「指定業種（特定取得）」といいます。）を営んでいる場合，当該外国投資家は，当該特定取得に係る事前届出を行う必要があります（法28条1項）。なお，コア業種以外の指定業種（特定取得）を営む会社を対象

60　対内直接投資等に関する命令第三条第一項及び第四条第二項の規定に基づき，財務大臣及び事業所管大臣が定める業種を定める件（平成29年7月14日内閣府，総務省，財務省，文部科学省，厚生労働省，農林水産省，経済産業省，国土交通省，環境省告示第3号）
61　指定業種告示（特定取得）で定める業種と対内直接投資に係る指定業種の範囲が異なっており，後者のほうがより広く規制されている点に注意が必要です。

図表 1 - 2 - 18 特定取得に係る事前届出のフローの概要

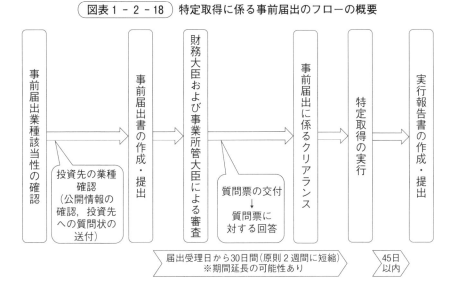

とする特定取得については、対内直接投資等のケースと同様に法定の要件を満たすことで事前届出免除制度を利用することができますが（法28条の2第1項、直投令4条の3第1項・2項、直投命令4条の3）、コア業種に該当する指定業種（特定取得）を営む会社を対象とする特定取得については、対内直接投資等のケースと異なり事前届出免除制度を利用することができません。

他方、外国投資家による特定取得については、外為法上、事後報告制度は設けられていません。そのため、外国投資家が特定取得を行う場合であって、かつ、投資先またはその子会社もしくは完全対等合弁会社が指定業種告示（特定取得）で定める業種を営んでいない場合、当該特定取得に係る外為法上の手続は不要となります。特定取得に係る事前届出のフローの概要については、**図表 1 - 2 - 18**に記載のとおりです。

74　Part I　M&Aおよび投資における外為法の概要

2.4.2　特定取得に係る事前届出手続

> **概　要**
>
> 　事前届出を要する特定取得を行おうとする外国投資家は，当該取引を行おうとする日の前6カ月以内に，直投命令規定の様式[62]による事前届出書を作成し，日本銀行経由で財務大臣および各事業所管大臣に提出する必要があります（直投令4条3項）。

　特定取得に係る事前届出書の提出は，日本銀行経由で財務大臣および各事業所管大臣に対して行う必要があり，事前届出書の必要通数は3通です（直投命令4条4項）。提出方法は事前届出と同様に窓口申請およびオンライン申請のいずれも可能です。

　なお，各手続に共通する実務上の留意点については，「**5　外為法令上の各種手続の実務上の留意点**」（本書102頁以下）を参照ください。

2.4.3　禁止期間と期間短縮について

> **概　要**
>
> 　外国投資家が，特定取得に係る事前届出を行った場合，対内直接投資等に係る事前届出の場合と同様に，当該外国投資家は，届出受理日を起算日として30日間，当該特定取得を行うことはできません（法28条2項）。

　禁止期間の短縮または延長がなされる可能性がある点については，前述**2.2.6**：本書61頁以下記載の対内直接投資等に係る事前届出の場合と同様です。

2.4.4　勧告，命令および罰則

> **概　要**
>
> 　外為法上，財務大臣および事業所管大臣は，特定取得に係る事前届出を

62　前掲・脚注37　日本銀行ウェブサイト「届出書様式および記入の手引等」

行った外国投資家に対し，一定の措置を行うことが認められており，変更・中止勧告・命令，事後措置命令や罰則等が用意されています。

（1） 変更・中止勧告・命令

　財務大臣および事業所管大臣が，事前届出に係る特定取得の審査の結果，当該特定取得が国の安全を損なうおそれがある特定取得に該当すると判断した場合に，当該特定取得の内容の変更または中止の勧告（法28条5項）または特定取得の内容の変更または中止の命令がなされる可能性がある点についても，前述**2.2.8**：本書63頁以下記載の対内直接投資等に係る事前届出の場合と同様です（法28条7項，27条10項）。

（2） 事後措置命令

　前述**2.2.8（2）**：本書65頁以下記載の対内直接投資等のケースと同様に，財務大臣または事業所管大臣は，外国投資家が，事前届出を行わず特定取得を行った場合で，かつ，当該特定取得が国の安全を損なう事態を生ずるおそれがある特定取得に該当すると判断した場合等一定の場合には，関税・外国為替等審議会の意見を聴いた上で，当該外国投資家に対し，当該特定取得により取得した株式または持分の全部または一部の処分その他必要な措置を命ずることができます（法29条1項乃至5項）。

（3） 罰　則

　外国投資家が，前述**2.2.8（2）**：本書65頁以下記載の①乃至⑤のいずれかに該当する特定取得を行った場合ならびに措置命令に違反した場合，当該外国投資家は，3年以下の懲役もしくは100万円以下の罰金に処され，またはこれらを併科される可能性があります（法70条1項22号乃至25号）。

（4） その他の行政上の措置

　前述**2.2.8（4）**：本書66頁以下記載の対内直接投資等のケースと同様に立

76　PartⅠ　M&Aおよび投資における外為法の概要

入検査や報告徴求命令がなされる可能性があります。

2.4.5　実行報告書の提出

概　要
事前届出を要する特定取得を行った外国投資家は，対内直接投資等に係る事前届出を行った場合と同様，実行報告書を作成し，提出する必要があります。

　外国投資家は，当該特定取得を行った日から45日以内に，直投命令規定の様式による実行報告書を作成し，日本銀行経由で財務大臣および各事業所管大臣に提出する必要があります（法55条の8，直投令6条の5，直投命令7条1項）。報告書の必要通数は1通です（直投令6条の5，直投命令7条1項）。

　なお，各手続に共通する実務上の留意点については，本書102頁からの「**5　外為法令上の各種手続の実務上の留意点**」を参照ください。

3

資本取引・対外直接投資・特定資本取引

　外為法上，対内直接投資等には該当しない居住者・非居住者間の証券の譲渡または取得等一定の行為（「資本取引」）について，資本取引規制に基づき報告等が必要になる場合があります。ただし，資本取引のうち一定の行為については，「対外直接投資」に区分され，報告等の手続についてその他の資本取引とは異なる規定が設けられています。

　本「**3　資本取引・対外直接投資・特定資本取引**」においては，まず対外直接投資を除く資本取引[1]を行う場合に必要となる許可または事後報告の手続について解説し（**3.1.2**；本書79頁以下），続いて対外直接投資の対象となる行為および必要な手続について解説します（**3.2**；本書83頁以下）。

　さらに，資本取引としての居住者と非居住者との間の金銭消費貸借契約または債務の保証契約のうち，輸出入取引に直接伴うもの，居住者による非居住者に対する鉱業権や工業所有権の移転に関するもの（「特定資本取引」）に関する手続についても取り上げます（**3.3**；本書90頁以下）。

1　上場会社の株式の1％未満の取得については，対内直接投資等には該当せず，資本取引に該当することとなるため，当該取引は資本取引としての規律を受けることとなります。

78　Part I　M&Aおよび投資における外為法の概要

3.1 資本取引

3.1.1　資本取引に対する規制の概要

概　要

　資本取引とは，預金契約，金銭消費貸借契約または債務の保証契約に基づく債権の発生等に係る取引といった，物やサービスの移転を伴わない対外的な金融取引のうち，「対内直接投資等」に該当する取引を除いたものです。

　資本取引の取引類型は法20条本文に掲げられています（**図表1-3-1**）。ただし，資本取引のうち一定の行為については，「対外直接投資」に区分され，報告等の手続についてその他の資本取引とは異なる規定が設けられています（**3.2**；本書83頁以下参照）。

　本書の主目的であるM&Aおよび投資という観点では，前節「**2　対内直接投資等**」（本書14頁以下）に関する規制が検討の中心となりますが，対内直接投資等には該当しない居住者・非居住者間の証券の譲渡または取得等一定の事項について資本取引規制に基づき報告等が必要になる場合があります。

　外為法上，対外直接投資を含む資本取引については，以下の各規制が定められています。

- 許可制
- 事前届出制
- 事後報告制

　現行の外為法令の下では，資本取引については事後報告制が原則となっており[2]，事前届出制は，資本取引のうち対外直接投資に該当する行為の一部（**3.2.3**；本書86頁以下参照）のみが対象とされ，また許可制については，きわめて限定的な取引（下記**3.1.2（1）**本書79頁以下および**3.2.2**；本書84頁

---

[2]　1998年4月1日施行の法令改正以前は，原則許可制・事前届出制が採用されていましたが，当該改正により原則事後報告制に変更されています。

3 資本取引・対外直接投資・特定資本取引 **79**

以下）のみが対象とされています。また，資本取引としての居住者と非居住者
との間の金銭消費貸借契約または債務の保証契約のうち，輸出入取引に直接伴
うもの，居住者による非居住者に対する鉱業権や工業所有権の移転に関するも
のは，別途「特定資本取引」（法24条，外為令14条）として定義されており，
その一部（**3.3.2**：本書91頁以下参照）が許可制の対象とされています。

3.1.2 資本取引（対外直接投資を除く）を行う場合に必要な手続

概 要
資本取引の多くが報告不要ですが，一定の場合に事後報告が必要になるほか，経済制裁措置として一定の場合に事前の許可申請が義務付けられています。

（1） 許 可

　外為法上，居住者または非居住者が，財務大臣により以下の各事由のいずれ
かに該当すると判断された資本取引を行おうとする場合，当該居住者または非
居住者は，事前に財務大臣の許可を取得する必要があります（法21条1項・2
項，10条1項）[3]。

- 当該資本取引が何らの制限なく行われた場合に，以下の各事態が生じ，外
為法の目的達成が困難となる資本取引

　① 　日本が締結した条約その他の国際約束を誠実に履行することを妨げ，
　　 もしくは国際平和のための国際的な努力に日本として寄与することを
　　 妨げる事態

　② 　国際収支の均衡を維持することが困難となる事態

　③ 　日本の通貨の外国為替相場に急激な変動が生じる事態

　④ 　日本と外国との間の大量の資金の移動により日本の金融市場または資
　　 本市場に悪影響が生じる事態

3　対象となる取引については，1998年3月30日大蔵省告示第99号において規定されているため（「外為法Q&A（資本取引編）」の参考資料1「1．資本取引の規制概要」参照），当該各行為に該当しないかを判断することとなります。

80　Part I　M&Aおよび投資における外為法の概要

- 日本の平和および安全の維持のため特に必要があるとして，閣議決定された資本取引

許可を要する資本取引を行おうとする者は，当該取引の類型に応じ，事前[4]に，許可申請書３通を作成し，日本銀行経由で財務大臣に提出する必要があります（法21条１項・２項，外為令11条３項，外為省令12条１項・２項，15条１項）。

なお，外為法上の各種手続に共通する実務上の留意点については，「**5　外為法令上の各種手続の実務上の留意点**」（本書102頁以下）を参照ください。

（2）　事後報告（対外直接投資を除く）

居住者または非居住者（**2.1.2（4）**：本書26頁以下参照）が，資本取引（対外直接投資に該当する行為を除く。）のうち，以下の各行為のいずれにも該当しない行為を行った場合，当該居住者または非居住者は，事後報告を行う必要があります（法55条の３第１項各号，外為令18条の５第１項各号，報告省令５条２項）。

- 許可が必要となる行為
- 事前届出が必要となる行為（対外直接投資に該当する行為の一部のみが対象となります（詳細は**3.2.3**；本書86頁以下参照））
- 事後報告が不要とされる行為[5]

この点，事後報告が必要となる取引類型は**図表１－３－１**に記載のものですが，各ただし書以下に記載のとおり事後報告が不要とされる場合が複数あり，例えば証券の取得・譲渡であれば１億円相当額以下の小規模取引が除外されているなど，実際には資本取引に該当する行為の多くが上記の「事後報告が不要とされる行為」に該当します（外為令18条の５第１項，報告省令５条）。

事後報告を要する資本取引を行った者は，当該取引の類型に応じ，**図表１－**

4　財務省における審査期間を考慮の上，当該資本取引を行おうとする日より前に提出を行う必要があります。

5　この場合，許可，事前届出および事後報告のいずれも不要となります。

3　資本取引・対外直接投資・特定資本取引　　81

3－1の様式および期限に従い，事後報告書1通を作成し，日本銀行経由で財
務大臣に提出する必要があります（法55条の3第1項，報告省令9条・11条・

（図表1－3－1）資本取引に係る事後報告の様式および期限 (注1)

取引類型	様　式 (注2)	期　限
● 居住者による非居住者からの証券の取得または非居住者への証券の譲渡。ただし，以下の各行為等は除く。 ①1億円相当額以下の証券の取得・譲渡 ②銀行等・金融商品取引業者が媒介・取次ぎ・代理をした証券の取得・譲渡 ③別途，報告をする承認金融機関，外為業務報告をする者が行った証券の取得・譲渡等	証券の取得または譲渡に関する報告書（報告省令別紙様式第13）	当該取引を行った日（取得日または譲渡日）もしくは当該取引に係る支払等をした日のいずれか遅い日から20日以内
● 居住者による外国における証券の発行・募集または日本における外貨証券の発行・募集。ただし，以下の各行為は除く。 ①10億円相当額未満の発行・募集 ②CD（譲渡性預金の預金証書）の発行・募集	証券の発行または募集に関する報告書（報告省令別紙様式第21）	当該取引を行った日（発行または募集を行った日（払込日））から20日以内
● 非居住者による日本における証券の発行・募集，外国における円払証券の発行・募集。ただし，以下の各行為は除く。 ①10億円相当額未満の発行・募集	同上	同上

82　Part I　M&Aおよび投資における外為法の概要

②CD（譲渡性預金の預金証書）の発行・募集		
• 非居住者による日本にある不動産またはこれに関する権利の取得。ただし，以下の各行為は除く。 ①非居住者が，当該非居住者または親族もしくは使用人の居住用，当該非居住者の事務所用，非営利目的の業務用に供するため行った日本の不動産またはこれに関する権利の取得 ②他の非居住者からの日本の不動産またはこれに関する権利の取得	日本にある不動産またはこれに関する権利の取得に関する報告書（報告省令別紙様式第22）	取得日から20日以内
• 居住者と非居住者との間の電子決済手段等（電子決済手段および暗号資産の総称をいう。以下同じ）の売買または他の電子決済手段等との交換に係る媒介等を行ったとき	電子決済手段等の売買は他の電子決済手段等との交換に係る媒介等に関する報告書（報告省令別紙様式第23，24）	当該取引を行った日から20日以内
• 電子決済手段等の管理，貸借，移転する義務の保証，売買または交換に関する契約に基づく電子決済手段等の移転を求める権利の発生，変更または消滅に係る取引	報告不要	同左

（注1）　このうち，M&Aおよび投資という文脈で主に対象となるのは，1つ目の「居住者による非居住者からの証券の取得又は非居住者への証券の譲渡」です。
（注2）　日本銀行ウェブサイト「報告書様式および記入の手引等（2014年以降適用）」
　　　　https://www.boj.or.jp/about/services/tame/t-redown2014.htm（最終アクセス日：2024年9月20日）

3　資本取引・対外直接投資・特定資本取引　　83

12条)[6]。

　なお，各手続に共通する実務上の留意点については，「**5　外為法令上の各種手続の実務上の留意点**」(本書102頁以下)を参照ください。

3.2 ‖ 対外直接投資

3.2.1　対外直接投資に対する規制

概　要
「対外直接投資」とは，居住者による外国法人等に対する経営関与を目的とする一定の取引であり，資本取引の一形態です(法23条 2 項，外為令12条 4 項，外為省令23条)。

「対外直接投資」とは，以下の各行為です。

① 居住者による，外国における事業活動への参加を目的とした，次の
　(ア)から(エ)のいずれかに該当する外国法人[7]の発行する証券の取得
　または当該外国法人に対する 1 年を超える金銭の貸付け

　(ア)　居住者の出資比率が10％以上の外国法人(今回，株式または出資
　　　　の持分を取得することにより，出資比率が10％以上になる外国法
　　　　人を含む。以下同じ。)

　(イ)　居住者と，当該居住者の100％出資子会社(居住者，非居住者の
　　　　違いは問わない。)との出資比率の合計が，10％以上の外国法人

　(ウ)　居住者と共同出資者(居住者，非居住者の違いは問わない。)と
　　　　の出資比率の合計が10％以上の外国法人

　(エ)　居住者が，当該外国法人に対して役員を派遣している(常勤，非

6　なお，銀行および金融商品取引業者等一定の者については，一定の期間内に当事者となり，または媒介，取次ぎもしくは代理をした資本取引について一括して報告することができます(法55条の 3 第 5 項)。

7　外国法令に基づいて設立された法人をいいます(外為令12条 4 項 1 号)。

常勤は問わない。），当該外国法人に対して長期にわたる原材料の供給を行っているかもしくは当該外国法人と製品の売買を行っている，または当該外国法人に対して重要な製造技術を提供している，のいずれかの永続的関係にある外国法人

② 法人の日本国内にある事務所と当該法人の外国にある事務所との間の資金の授受のうち，日本国内の法人による，単なる海外駐在員事務所を除いた外国における支店，工場その他の事業所の設置または拡張に係る資金の支払

例えば，居住者である国内法人がM＆Aまたは投資の一環として，①外国法人の株式を取得し，当該外国法人に対する出資割合が10％以上となるケース（一度に発行済株式の10％を所有するケースのみならず，当該取得分と従前の所有分を合わせて10％以上となるケースを含みます。），②海外子会社の増資新株を引き受けるケース，③海外子会社に対し1年を超える金銭の貸付けを行うケース等は，いずれも対外直接投資に該当することとなります。

外為法令上，「対外直接投資」については，原則として事後報告制が採用されていますが，一定の行為（次の**3.2.2**および**3.2.3**）については許可の取得または事前届出が必要となる点に注意が必要です。

3.2.2 許可が必要となる対外直接投資

概　要
対外直接投資に許可義務が課されることは例外的ですが，現在，ロシア連邦向けの新規の対外直接投資については，経済制裁対象者と関わりなく許可制となっています。日本の法人のロシア連邦に所在する子会社または支店に関するこれらの取引については許可義務が課されている点に注意が必要です。

外為法令上，対外直接投資に該当する行為のうち，日本が締結した条約等の誠実な履行を妨げ，もしくは国際平和のための国際的努力への寄与を妨げることとなる事態が生じ，外為法の目的を達成することが困難になると認めるとき，または日本の平和および安全の維持のために特に必要があり閣議決定が行われ

る等の一定の場合について，財務大臣は許可を受ける義務を課すことができ，その場合には，取引の前に財務大臣の許可を取得する必要があります（法21条1項・2項，外為令11条1項）。具体的には，北朝鮮の核その他の大量破壊兵器関連計画等に関与する者，またはロシア連邦やイラク前政権の政府機関等といった経済制裁対象者との間で行われる，①居住者による非居住者からの証券の取得，②居住者による非居住者のうち経済制裁対象者に対する金銭の貸付けおよび居住者による非居住者に対する金銭の貸付け，③外国における支店等の設置または拡張に係る資金の支払については，事前の許可取得の対象となっており，具体的な内容は告示により規定されています（外国為替及び外国貿易法第二十一条第一項の規定に基づく財務大臣の許可を受けなければならない資本取引を指定する件（平成10年大蔵省告示第99号））。なお，2024年9月現在，ロシア連邦向けの新規の対外直接投資については，経済制裁対象者と関わりなく許可制となっていることから，日本の法人のロシア連邦に所在する子会社または支店に関するこれらの取引については許可申請が必要となることにつき，注意が必要です。

　上記のとおり，外為法上，対外直接投資のうち許可が必要となる取引はかなり限定されているため，通常のM＆Aおよび投資において対外直接投資に係る許可を取得する必要が生じるケースはまれであると思われます。

　許可を要する対外直接投資を行おうとする者は，当該取引の類型に応じ，事前[8]に，**図表1-3-2**の様式に従い，上記行為類型ごとの許可申請書を3通作成し，日本銀行経由で財務大臣に提出しなければなりません（外為令11条3項，外為省令12条1項10号乃至12号，15条1項）。

　なお，外為法令上の各種手続に共通する実務上の留意点については，「**5　外為法令上の各種手続の実務上の留意点**」（本書102頁以下）を参照ください。

8　財務省における審査期間を考慮の上，当該資本取引を行おうとする日より前に提出を行う必要があります。

86　Part I　M&Aおよび投資における外為法の概要

（図表1-3-2）　対外直接投資に係る許可申請書の様式の一覧

取引類型	報告書の様式
上記①に該当する取引	対外直接投資に係る証券の取得に関する許可申請書（外為省令別紙様式第11）
上記②に該当する取引	対外直接投資に係る金銭の貸付契約に関する許可申請書（外為省令別紙様式第12）
上記③に該当する取引	対外直接投資に係る外国における支店等の設置・拡張に係る資金の支払に関する許可申請書（外為省令別紙様式第13）

（注）　様式は日本銀行ウェブサイト「許可申請書様式および記入の手引等」に掲載されています。
　　　https://www.boj.or.jp/about/services/tame/k-down.htm（最終アクセス日：2024年9月20日）

3.2.3　事前届出が必要となる対外直接投資

概　要

　対外直接投資のうち，事前届出が必要な業種は5業種に限定されています。

　外為法上，居住者が，対外直接投資のうち，投資先である外国法人が以下の5つの指定業種のいずれかを営んでいる場合，当該取引が許可の対象になる場合を除き，事前に財務大臣に届出を行う必要があります（法23条1項，外為令12条1項・2項，外為省令21条）。

① 漁業（水産動植物の採捕事業）
② 皮革または皮革製品の製造業
③ 武器の製造業
④ 武器製造関連設備の製造業
⑤ 麻薬等の製造業

対外直接投資がM&Aまたは投資の一環として行われる場合，投資先に対する法務デュー・ディリジェンスの過程またはそれと並行して行われる投資先とのやり取りの中で，投資先に対して指定業種を行っているか確認するのが一般

3 資本取引・対外直接投資・特定資本取引　　87

図表1-3-3　対外直接投資に係る事前届出の様式および期限

取引類型	様式	期限
証券の取得	対外直接投資に係る証券の取得に関する届出書（外為省令別紙様式第17）	証券取得日の前2カ月以内
金銭の貸付け	対外直接投資に係る金銭の貸付契約に関する届出書（外為省令別紙様式第18）	貸付契約締結日の前2カ月以内
支店設置・拡張に係る資金の支払	対外直接投資に係る外国における支店等の設置・拡張に係る資金の支払に関する届出書（外為省令別紙様式第19）	資金の支払日の前2カ月以内

（注）　様式は日本銀行ウェブサイト「届出書様式および記入の手引等」に掲載されています。https://www.boj.or.jp/about/services/tame/t-down.htm（最終アクセス日：2024年9月20日）

的です。対内直接投資等のケースと異なり投資先が外国法人であり，公開情報から投資先の事業内容を確認することにも限界があると想定されますので，投資先に対する確認を行うことがより望ましいと考えられます。

　事前届出を要する対外直接投資を行おうとする者は，当該取引の類型に応じ，**図表1-3-3**の様式および期限に従い，事前届出書3通を作成し，日本銀行経由で財務大臣に提出する必要があります（外為令12条2項，外為省令22条1項）。

　なお，各手続に共通する実務上の留意点については，「**5　外為法令上の各種手続の実務上の留意点**」（本書102頁以下）を参照ください。

　居住者が対外直接投資に係る事前届出を行った場合，当該事前届出に関する財務大臣による審査が行われることとの関係で，当該居住者は，財務大臣が事前届出を受理した日（以下，「届出受理日」といいます。）を起算日として20日間，当該対外直接投資を行うことはできません（以下，「禁止期間」といいま

88　PartⅠ　M&Aおよび投資における外為法の概要

す。）（法23条３項）。ただし，通常の場合は上記「禁止期間」が短縮されるほか，以下の対外直接投資については，届出受理日から当該取引を行うことができます（「即日扱い」）。

① 「開発途上国・地域」向け以外の皮革または皮革製品製造業向け投資
② 「開発途上国・地域」向けの皮革または皮革製品製造業向け投資のうち，居住者の対外直接投資残高が20万USドル相当額以下になるもの

3.2.4　対外直接投資に係る事後報告手続

概　要
対外直接投資については多くの取引が事後報告を要するものまたは事後報告も不要なものとされています。

居住者が上記 **3.2.2** および **3.2.3** に記載の許可または事前届出を要するもの以外の対外直接投資を行った場合，当該居住者は当該対外直接投資に係る事後報告を行う必要がありますが，当該対外直接投資が以下の各行為に該当する場合には，事後報告も不要です（法55条の３第１項，外為令18条の５第１項１号・３号，報告省令５条１項・２項１号）。

① 報告省令で定める小規模な取引（図表１－３－４記載の「証券の取得又は譲渡に関する報告書（報告省令別紙様式第13）」で報告する取引につき１億円相当額以下，「対外直接投資に係る証券の取得に関する報告書（報告省令別紙様式第16）」および「対外直接投資に係る証券の譲渡並びに債権の放棄及び免除に関する報告書（報告省令別紙様式第19）」で報告するものは10億円相当額未満）

② 証券貸借取引（貸付け，貸付けの回収，借入，借入の返済）

③ 海外支店等の設置・拡張，廃止に伴う当該海外支店等への支払および海外支店等からの資金の受領

④ 金銭の貸付け

M&Aおよび投資を行う際，対外直接投資との関係では事後報告が必要かどうかについての検討も重要となります。例えば，国内法人が単独で10％以上の出資割合を有する外国法人（指定業種を営んでいないもの）の株式を株式譲渡

等により取得する行為は，事後報告の対象となりますが，単独での出資割合が10％以上である外国法人の株式の取得については取引価額が10億円未満の場合に事後報告が免除されているため，当該取得に係る譲渡価額が10億円未満であれば事後報告は不要となります。

事後報告を要する対外直接投資を行った者は，当該取引の類型に応じ，**図表1－3－4**の様式および期限に従い，事後報告書1通を日本銀行経由で財務大臣に提出する必要があります（法55条の3第1項，報告省令10条）。

なお，外為法上の各種手続に共通する実務上の留意点については，「**5　外為法令上の各種手続の実務上の留意点**」（本書102頁以下）を参照ください。

図表1－3－4　対外直接投資に係る事後報告の様式および期限

取引類型	様　式（注1）	期　限
①居住者による，居住者と共同出資者（居住者・非居住者のいずれも含みます。）との出資比率の合計が10％以上の外国法人の発行する証券の取得または譲渡 ②居住者による，居住者と永続的な関係にある外国法人（注2）の発行する証券の取得または譲渡	証券の取得又は譲渡に関する報告書（報告省令別紙様式第13）	証券の取得または譲渡した日，または当該取引に係る支払等をした日のいずれか遅い日から20日以内
③居住者による，出資比率が10％以上の外国法人の発行する証券の取得 ④居住者による，居住者と当該居住者の100％出資子会社（居住者・非居住者のいずれも含みます。）との出資比率の合計が10％以上の外国法人の発行する証券の取得	対外直接投資に係る証券の取得に関する報告書（報告省令別紙様式第16）	証券の取得日または当該取得に係る支払等をした日のいずれか遅い日から20日以内

90　Part I　M&Aおよび投資における外為法の概要

| ⑤居住者による，上欄③および④の取引に係る事前届出書（注3）または事後報告書を提出した後における，当該取得証券の非居住者への譲渡
⑥対外直接投資として行った金銭の貸付契約に基づく債権の放棄または免除 | 対外直接投資に係る証券の譲渡並びに債権の放棄及び免除に関する報告書（報告省令別紙様式第19） | 証券の譲渡日または当該譲渡に係る支払等をした日のいずれか遅い日から20日以内
当該貸付債権の消滅日から20日以内 |

(注1)　様式は日本銀行ウェブサイト「報告書様式および記入の手引等（2014年以降適用）」に掲載されています。
　　　　https://www.boj.or.jp/about/services/tame/t-redown2014.htm（最終アクセス日：2024年9月20日）
(注2)　①　居住者が役員（常勤，非常勤は問わない）を派遣している外国法人
　　　　②　居住者が長期にわたる原材料の供給または製品の売買を行っている外国法人
　　　　③　居住者が重要な製造技術を提供している外国法人
(注3)　投資先の事業が外為法規定の指定業種（前記2.2.3：本書43頁以下参照）に該当するかどうかによって，同じ取引態様であっても事前届出が必要なケースと事後報告で足りるケースに分類されることとなります。

3.3 ‖ 特定資本取引

3.3.1　特定資本取引に対する規制

概　要

　「特定資本取引」とは，資本取引に該当する居住者と非居住者との間の金銭消費貸借契約または債務の保証契約のうち，輸出入取引に直接伴うものおよび居住者による非居住者に対する鉱業権や工業所有権の移転に関するものです。

　一定の特定資本取引については，経済産業大臣による許可または経済産業大臣への報告が必要とされています（法24条，外為令14条）。

3 資本取引・対外直接投資・特定資本取引　91

3.3.2　許可が必要となる特定資本取引

概　要

　特定資本取引のほとんどが許可申請不要ですが，経済制裁措置として一定の場合に事前の許可申請が義務付けられています。

　居住者が特定資本取引を行う際に，経済産業大臣による許可が必要となるのは以下の場合とされ，具体的な内容は告示により規定されています（法24条，外為令15条，外国為替令第15条1項の規定により経済産業大臣が指定する外国為替及び外国貿易法第24条1項の許可を要する特定資本取引（2003年5月31日号外経済産業省告示第193号））。

① 当該特定資本取引が何らの制限なしに行われた場合には，日本が締結した条約等の誠実な履行を妨げられ，もしくは国際平和のための国際的努力への寄与を妨げることとなる事態を生じ，外為法の目的を達成することが困難になると認めるとき，または日本の平和および安全の維持のために特に必要があり閣議決定が行われたとき（法24条1項）[9]

② 上記のほか，経済産業大臣が，当該特定資本取引が何らの制限なしに行われた場合には，以下の事態を生じ，外為法の目的を達成することが困難になると認めるとき（法24条2項）[10]

　（ア）　日本の国際収支の均衡を維持することが困難になる場合

　（イ）　日本の通貨の外国為替相場に急激な変動をもたらすことになる場合

　（ウ）　日本と外国との間の大量の資金の移動により日本の金融市場または資本市場に悪影響を及ぼすことになる場合

　許可を要する特定資本取引を行おうとする者は，当該取引の類型に応じ，事前[11]に，許可申請書3通を作成し[12]，経済産業大臣に提出する必要があります（法21条1項・2項，外為令11条3項，外為省令12条1項・2項，15条1項）。

9　経済制裁措置として指定された取引が該当します。

10　2024年9月現在，②に基づき許可対象となっている特定資本取引はありません。

11　経済産業省における審査期間を考慮の上，当該資本取引を行おうとする日より前に提出を行う必要があります。

92　Part I　M&Aおよび投資における外為法の概要

　なお，特定資本取引に係る許可申請については他の各種手続と異なり，日本銀行を経由しないという点に注意が必要です。

　なお，各手続に共通する実務上の留意点については，「**5　外為法令上の各種手続の実務上の留意点**」（本書102頁以下）を参照ください。

3.3.3　特定資本取引の報告

概　要
報告を要する特定資本取引を行った者は，当該特定資本取引の内容，実行の時期その他の政令で定める事項を経済産業大臣に報告する必要があります（法55条の4，外為令18条の6，貿易関係貿易外取引等に関する省令10条2項）。

　特定資本取引が，経済産業省令で定める小規模のものである場合その他当該報告がなされなくても外為法の目的を達成するため特に支障がないものとして経済産業省令で定める特定資本取引に該当する場合には，事後報告は不要とされており，2024年9月現在，特定資本取引の報告が必要とされるケースはありません。

12　様式（「別紙様式第2（第1条関係）特定資本取引許可申請書」）は経済産業省のウェブサイトに掲載されています。
　　https://www.meti.go.jp/policy/external_economy/trade_control/08_others/02_yoshiki/download_yoshiki/tokuteishihon_yoshiki2.pdf（最終アクセス日：2024年9月20日）

4

支 払 等

外為法上，日本・外国間や居住者・非居住者間での支払・支払の受領は「支払等」に該当し，一定の場合（**図表1-4-1参照**）を除き，許可または事後報告の対象となります。大半の支払等については事後報告を行えば足りますが，取引相手や資金使途等によっては許可を要する場合（**4.2**：本書95頁以下参照）があります。許可を要する支払等を行おうとする場合には，事前に「支払・支払の受領許可申請書」または「支払等許可申請書」の提出が求められ，当局による許可についての審査期間も踏まえたスケジュールを立てる必要があります。

事後報告（**4.3**：本書98頁以下参照）は，「銀行等又は資金移動業者を経由する支払又は支払の受領」に関するものと，「銀行等又は資金移動業者を経由しない支払又は支払の受領」に関するものの大きく2種類に分かれますが，特に後者については，提出義務者において該当性の判断や提出を懈怠しないよう注意が必要です。

4.1 │ 支払等に対する規制の対象

概 要
外為法上，許可または事後報告の対象となる「支払等」とは，以下の各類型に該当する支払の授受を指します（法8条，16条1項乃至3項，55条）[1]。

1　なお，その他の支払等規制として，外為法上許可，承認または届出の対象となっている取引または行為について，当該許可等を受けずに行う支払等が禁止されており（法16条5項），また銀行等は，顧客の支払等が外為法上の要件を満たす支払等であることについての確認義務（法17条）を負います。

- 「日本から外国へ向けた支払や外国から日本に向けた支払の受領」
- 「日本および外国において居住者が非居住者との間で行う支払や支払の受領」

　支払，支払の受領には，実際に資金の移動を伴うものに加え，①支払手段と同視しうる，暗号資産，貴金属その他の財産的価値を移転する行為，②証券，動産，不動産に係る権利その他の支払手段以外の財産的価値の移転により債権債務を消滅させる行為（現物決済または代物弁済により債権債務を消滅させる行為および贈与が含まれます。），③相殺および貸借記ならびに当事者間の合意に基づき財産的価値の移転を伴わず債権債務を消滅させる行為も含まれる点に注意が必要です[2]。

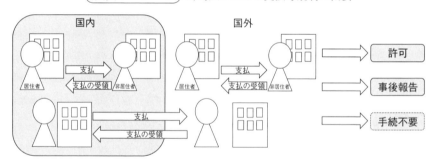

図表1－4－1　外為法における支払等規制の概要

　大半の支払等については事後報告を行えば足りますが，取引相手や資金使途等によっては許可を要する場合があります（次節**4.2**参照）。一方，許可を要する取引ではなく，かつ，報告省令1条に該当する取引（主なものは**図表1－4－2のとおり**）については，事後報告も免除され手続不要となります（法55条，外為令18条の4，報告省令1条）。

2　証券の交換その他現物決済による支払等についても，銀行等または資金移動業者を経由しない支払等に該当し，事後報告を要します（報告省令別紙様式第1および第2）。

4　支払等　95

┌───┐
│ 図表1－4－2　報告が免除される主な支払または支払の受領(注1)（報告省令1条）│
└───┘

少額の支払等

- 1回あたりの支払または支払の受領の実行額（注2）が3000万円（注3）相当額以下の場合
- 非居住者が日本から外国へ向けた支払をする場合
- 非居住者が外国から日本へ向けた支払の受領をする場合
- 居住者が外国にある非居住者との間で行った預金契約に基づく債権の発生，変更または消滅に係る取引に基づく支払等のうち銀行等または資金移動業者を経由しないものを行う場合
- 支払手段および暗号資産以外の財産的価値の交換に伴う債権債務の消滅に係る支払等であって，当該交換に係る財産的価値のいずれもが証券以外の財産的価値であるものを行う場合（注4）

（注1）　M&Aおよび投資の文脈では相対的に適用される頻度が低いですが，その他の取引においては，預金契約に係る支払等（預金契約に基づく債権の発生または消滅に係る取引，預金残高の他行への振替えに基づく支払等）や輸出入代金の支払等（国内で通関手続を行う輸出代金および輸入代金の支払等）も頻繁に適用のある免除要件です。

（注2）　取引の総額ではなく，各支払等の実行額。

（注3）　外国における建設工事に係る資金の受払を海外預金口座（いわゆるプロジェクト口座）で行う場合は月間の支払または支払の受領の合計額で1億円。

（注4）　「支払手段」とは，銀行券，政府紙幣および硬貨，小切手，為替手形，郵便為替および信用状，証票，不特定または多数の者相互間での支払のために使用することができる電子機器等に電磁的方法により入力されている財産的価値ならびに約束手形等をいいます（法6条7号，令2条1項）。したがって，これらの支払手段および暗号資産「以外」の財産的価値（証券以外の財産的価値であるもの）の交換に伴う支払等を行う場合，報告が免除されることになります。

4.2 ‖ 許可を要する支払等

4.2.1　支払等の許可規制

概　要

　外為法上，許可を要する支払等の類型は以下のとおりであり，具体的な対象行為は告示により規定されます（外為令6条1項）。

- 経済制裁措置として行われるもの（法16条1項）
- 国際収支の均衡を維持するためのもの（法16条2項）
- 外為法令の確実な実施を図るためのもの（法16条3項）[3]

　2024年9月現在，法16条2項に基づく規制は実施されておらず，かかる類型による許可を要する行為はありません。法16条1項および3項に基づく規制対象，内容については，対象となる取引が告示により随時変更される可能性があるため，各取引の時点において財務省ウェブサイト等を確認する必要があります[4]。

　支払等に係る許可のフローは，**図表1-4-3**のとおりです。

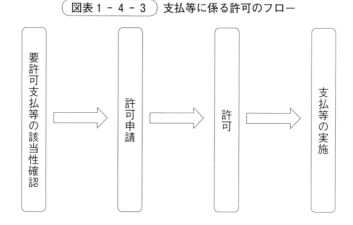

図表1-4-3　支払等に係る許可のフロー

要許可支払等の該当性確認　→　許可申請　→　許可　→　支払等の実施

4.2.2　支払等の許可手続

概　要

　許可を要する支払等を行おうとする場合には，事前に外為省令および貿易

---

[3] 2024年9月現在，居住者による法人格のない海外パートナーシップ（「漁業」，「皮革又は皮革製品の製造業」，「武器の製造業」，「武器製造関連設備の製造業」，「麻薬等の製造業」を行うものに限られます。）への事業活動資金の支払のみが指定されています。
[4] 財務省ウェブサイト「経済制裁措置及び許可手続きの概要」
https://www.mof.go.jp/policy/international_policy/gaitame_kawase/gaitame/economic_sanctions/gaiyou.html（最終アクセス日：2024年9月20日）

> 関係貿易外取引等に関する省令に規定の様式により，許可申請書の提出を行う必要があります（法16条，外為令6条1項，外為省令5条1項，別紙様式第2，貿易関係貿易外取引等に関する省令1条，別紙様式第1）。

　許可申請書には「支払・支払の受領許可申請書」（平成10年3月30日号外大蔵省告示第97号「外国為替及び外国貿易法第十六条第一項又は第三項の規定に基づく財務大臣の許可を受けなければならない支払等」に該当する場合）と「支払等許可申請書」（平成21年7月7日経済産業省告示第229号「外国為替及び外国貿易法第十六条第一項又は第三項の規定に基づく経済産業大臣の許可を受けなければならない支払等」に該当する場合）があります。

　「支払・支払の受領許可申請書」または「支払等許可申請書」の申請方法については大きく2種類あり，①行おうとしている支払等が許可の対象となる支払等の2類型以上に同時に該当し，あわせて許可申請を行おうとする場合と，②許可の対象となる各支払等につき個別に許可を申請する場合に分類されます（外為令6条2項・3項）。①および②のいずれの場合も「支払・支払の受領許可申請書」の提出は，日本銀行経由で財務大臣に対して行う必要があり，報告書の必要通数は3通です（外為省令5条1項）。また，「支払等許可申請書」の提出についても，日本銀行経由で経済産業大臣に対して行う必要があり，報告書の必要通数は2通です（貿易関係貿易外取引等に関する省令1条1項）。

　許可についての審査期間等は定められていませんが，上記①について，財務省における審査期間が必要なため，当該支払等をしようとする日の直前の申請は避ける必要があるとされています[5]。

　各手続に共通する実務上の留意点については，「**5　外為法令上の各種手続の実務上の留意点**」（本書102頁以下）を参照ください。

5　財務省ウェブサイト「支払等の許可申請手続の概要」
　https://www.mof.go.jp/policy/international_policy/gaitame_kawase/gaitame/economic_sanctions/shinsei_1.pdf（最終アクセス日：2024年9月20日）

98 Part I M&Aおよび投資における外為法の概要

4.3 | 事後報告を要する支払等

4.3.1 支払等の事後報告規制

> **概　要**
>
> 　許可を要しない支払等であって，事後報告が免除される支払等（報告省令１条参照）に該当しないものについては，外為法の規定に従い事後報告を行う必要があります（法55条１項）。

　対内直接投資や特定取得に係る外為法上の手続を行った場合でも，さらに支払等の事後報告を要する場合に該当するときは，別途支払等に係る事後報告を要する点に留意が必要です。例えば，対内直接投資に該当する取引に係る支払（例えば，国内会社の株式取得に係る取得代金の支払）について，その額が3000万円相当額以上の場合には，通常，支払等の事後報告を要します。

　事後報告は，「銀行等又は資金移動業者を経由する支払又は支払の受領」に関するものと，「銀行等又は資金移動業者を経由しない支払又は支払の受領」に関するものの２種類に分かれます。また，支払ごとに個別に行う報告（個別報告）と，１カ月間の支払または支払受領につき一括して行う報告（一括報告）があります。銀行等または資金移動業者を経由する支払または支払受領については，取引銀行により報告がなされる，当該銀行等から支払等の事後報告が必要となることについて連絡を受ける，また報告書の提出につき当該銀行等のウェブサイト等において簡便な手続が用意されているなど，取引銀行のサポートを得られる場合も多いものと思われますので，取引銀行と連携して対応することが想定されます[6]。一方，銀行等または資金移動業者を経由しない場合は，特に上記のような連絡等はないため，該当性の判断や提出を懈怠しないよう特に注意する必要があります。

6　当該銀行等から支払等の事後報告が必要となることについて連絡を受けること，また当該銀行等のウェブサイト等において簡便な手続が用意されていることもあります。

4 支払等　99

4.3.2　支払等の事後報告手続

> **概　要**
>
> 　事後報告は，①銀行等または資金移動業者を経由するか否か，②個別または一括報告のいずれとするかで，大きく4類型に分かれ，それぞれ報告書の様式や提出期限等が異なります。

　事後報告を要する資本取引を行った者は，上記種類に応じ，原則として**図表1-4-4**の様式および期限に従い，事後報告書1通を作成し，日本銀行経由で財務大臣に提出する必要があります（法55条1項，外為令18条の4）。

図表1-4-4　支払等に係る事後報告の種類，様式および期限

報告の種類		様　式	期　限
銀行等または資金移動業者を経由しない取引	個別報告	報告省令別紙様式第1	翌月20日まで
	一括報告	報告省令別紙様式第2	翌月20日まで
銀行等または資金移動業者を経由する取引	個別報告	報告省令別紙様式第3	支払等を行った日から10日以内（オンライン報告の場合は20日以内）
	一括報告	報告省令別紙様式第4	翌月10日まで（オンライン報告の場合は翌月20日まで）

　各様式による報告書の記入にあたっては，日本銀行ウェブサイト[7]にある書式・記入の手引を参照すると効率的です。また，日本銀行が「外為法の報告書についてよく寄せられる質問と回答（『支払又は支払の受領に関する報告書』関係)」[8]を公表しています。

　支払等に係る事後報告書においては，取引に係る国際収支項目の確認と取引

7　日本銀行ウェブサイト「『支払又は支払の受領に関する報告書』の報告概要」
　https://www.boj.or.jp/about/services/tame/t-houkoku.htm（最終アクセス日：2024年9月20日）

100 Part I M&Aおよび投資における外為法の概要

にかかる金額の通貨換算を行う必要があるところ，前者については日本銀行ウェブサイト[9]にて公表されている「国際収支項目の内容」で国際収支項目番号が一覧で整理されているため，取引に応じて該当する項目番号を確認する必要があります。また，後者については使用可能なレートが定められているところ（報告省令35条，36条），「財務大臣が定めるところに従い，日本銀行において公示する相場」（いわゆる報告省令レート）として日本銀行ウェブサイト[10]にて公表されているレートを用いることが一般的です。

なお，オンライン報告を利用しない銀行等または資金移動業者を経由する一括報告のみ，その利用には報告しようとする月の開始する日の前日までに財務大臣に対する「支払い等の一括報告をする旨及び開始日」の通知を要します。

支払等に係る事後報告の提出先は，オンライン報告を利用するか否か，銀行等または資金移動業者を経由するか否かにより異なり，**図表 1 - 4 - 5**のとおりです。

銀行等または資金移動業者が窓口の場合には，当該銀行等または資金移動業者によってはそのウェブサイト等において所定事項を入力することにより報告書を作成すること等が可能であり，必要手続については当該銀行等または資金移動業者に確認するのが望ましいです。

各手続に共通する実務上の留意点については，「**5 外為法令上の各種手続の実務上の留意点**」（本書102頁以下）を参照ください。

---

8 日本銀行ウェブサイト「外為法の報告書についてよく寄せられる質問と回答：『支払又は支払の受領に関する報告書』関係」
https://www.boj.or.jp/about/services/tame/faq/data/t_faqetc1.pdf（最終アクセス日：2024年 9 月20日）

9 日本銀行ウェブサイト「国際収支項目の内容」
https://www.boj.or.jp/z/tame/t-redown2014/nregtlist.pdf（最終アクセス日：2024年 9 月20日）

10 日本銀行ウェブサイト「報告省令レート一覧」
https://www.boj.or.jp/about/services/tame/tame_rate/syorei/index.htm（最終アクセス日：2024年 9 月20日）

4　支払等　101

図表1 - 4 - 5　支払等に係る事後報告の窓口

報告の種類		提出先
オンラインシステムを利用する場合		日本銀行 ※銀行等または資金移動業者を経由するか 　否かにかかわらない。
オンラインシステムを利用しない場合	銀行等または資金移動業者を経由する	取引を行った銀行等
	銀行等または資金移動業者を経由しない	日本銀行

5

外為法令上の各種手続の実務上の留意点

本「5　外為法令上の各種手続の実務上の留意点」においては，これまでに解説した各取引類型に関して必要となる手続を総括した上で（**5.1**），実際に手続を行う際の準備（**5.2**），窓口での対応（**5.3**）についてそれぞれ実務上のポイントを解説します。

5.1 ‖ 全　般

> **概　要**
>
> 　本書で取り上げる外為法上の手続には，許可，事前届出，事後報告，実行報告があります。

本書にて紹介したM＆Aおよび投資の文脈で主に必要となりうる外為法上の各種手続は以下のとおりです（実務上頻繁に必要になる手続に下線を付しています）。

- 対内直接投資等，特定取得に係る<u>事前届出</u>，<u>事後報告</u>，<u>実行報告</u>（「**2　対内直接投資等**」；本書14頁以下参照）
- 資本取引に係る許可，事前届出，事後報告（「**3　資本取引・対外直接投資・特定資本取引**」；本書77頁以下参照）
- 支払等に係る許可，<u>事後報告</u>（「**4　支払等**」；本書93頁以下参照）

5 外為法令上の各種手続の実務上の留意点　103

（図表1-5-1）外為法上の各種手続

取引類型（注）		必要手続
対内直接投資等 （外国投資家による国内の会社に対する経営関与を目的とする取引または行為）	指定対象業種を営む会社を対象とする一定の要件を満たす行為	事前届出（2.2.4；本書48頁以下参照）および取引実行後の実行報告（2.2.9；本書66頁以下参照）
	上記に該当しない対内直接投資等	事後報告（2.3；本書67頁以下参照）
特定取得 （外国投資家による，他の外国投資家からの国内の非上場会社の株式または持分の譲受けによる取得）	特定取得の届出に係る業種を営む会社を対象とする行為	事前届出および取引実行後の実行報告（2.4.2；本書74頁以下，2.4.5；本書76頁以下参照）
資本取引（対外直接投資を除く） （国際間の資金の移動を伴う取引または行為）	経済制裁措置として指定された取引等	許可（3.1.2(1)；本書79頁以下参照）
	上記に該当しない資本取引	事後報告（3.1.2(2)；本書80頁以下参照）
対外直接投資 （居住者による，外国法人に対する経営参加のための外貨証券の取得等）	経済制裁措置として指定された取引等	許可（3.2.2；本書84頁以下参照）
	上記に該当せず，かつ一定の業種に該当する対外直接投資	事前届出（3.2.3；本書86頁以下参照）
	上記2つに該当しない対外直接投資	事後報告（3.2.4；本書88頁以下参照）
特定資本取引 （資本取引としての居住者と非居住者との間の金銭消費貸借契約または債務の保証契約のうち，輸出入取引に直接伴うものおよび居住者による非居住者に対する鉱業権や工業所有権の移転に関するもの）	経済制裁措置として指定された取引等	許可（3.3.2；本書91頁以下参照）
	経済産業大臣の指定がなく，現時点では該当なし	事後報告（3.3.3；本書92頁以下参照）

| 支払等 | 経済制裁措置として指定された支払等 | 許可（4.2.2；本書96頁以下参照） |
| | 上記以外の支払等 | 事後報告（4.3.2；本書99頁以下参照） |

(注) 本図表は概要の理解のため簡略化しており，また，例外，免除等を正確に記載したものではないため，個別の取引の該当性ついては，本書の該当箇所と外為法令を参照ください。

　各種手続に共通するのは，法令に従って，①届出等が必要となる要件への該当性の確認，②届出等の免除・例外要件への該当性の確認を行い，まずは届出等の手続の要否を判断した上で，③法令上の様式に従い書面や資料を作成し，④法令に定める手続に従って提出を行う必要があるという点です。

　上記①および②の，届出等が必要とされるまたは免除される要件への該当性の基準については，それぞれ上表記載の参照箇所を参照ください。特に，2019年11月改正による届出等の要件（①）の変更および新たに導入された事前届出免除制度（②）により，対内直接投資等に係る事前届出が不要とならないかという点にも留意する必要があります（前述2.2；本書41頁以下参照）。

　上記③および④はいずれも法令上明確に書面の様式および提出手続が定められており，（最終的には最新の法令の規定[1]に照らした確認が必要ですが）その内容や最新の様式は日本銀行ウェブサイト[2]にて整理されていますので，一覧性・検索の容易性の観点から当該ウェブサイトを適宜参照しつつ手続の準備を進めることが効率的といえます。各種届出等には法令上の期限がありますが，

1　2024年9月現在の様式が掲載されている法令を巻末資料「別紙様式一覧」にて特定していますので参照ください。

2　日本銀行ウェブサイト「外為法に関する手続き」
　https://www.boj.or.jp/about/services/tame/index.htm（最終アクセス日：2024年9月20日）
　　上記ウェブサイトは外為法に関する手続全般についてのものであり，行為類型ごとに様式や提出手続のページが分かれているため，行おうとする行為類型にあわせて該当するページに進む必要があります。また，外為法69条により日本銀行に委任された事務から外れるもの（例えば特定資本取引に係る許可申請）については，日本銀行のウェブサイトに様式が掲載されておらず，法令に掲載された様式を用いる必要があります。

行為類型（書面様式）の判断の誤りや記載内容の不備により当該期限を徒過することがないよう，行為類型該当性や各種手続書面の記載内容等に疑義がある場合は，事前に日本銀行に対し電話もしくはEメールにて照会するまたは弁護士等の専門家に相談することが望ましいといえます。

日本銀行を通じて行う外為法上の届出・報告については，あらかじめ日本銀行外為法手続きオンラインシステム利用申込を行った上で，「日本銀行外為法手続きオンラインシステム」を利用したオンライン提出が可能です[3]。

前記「**2　対内直接投資等**」（本書14頁以下）から「**4　支払等**」（本書93頁以下）においては各手続の内容を個別に説明していますが，以下では各手続に概ね共通する実務上の留意点を説明します。

5.2 ‖ 準　備

> **概　要**
>
> 　外為法上同類型の行為であっても，取引内容等に応じて期限，様式，提出先等が異なる点に注意が必要です。

対内直接投資等につき届出・報告要件[4]を確認する際には，情報不足等により投資先の業種の確認に時間を要することがあります。そのため，投資先が指定業種に該当する事業を営んでいる可能性がある場合には，事前届出を要する可能性（特に，事業所管省庁が当該取引に懸念を示す可能性）を踏まえた上で，いつ頃までに届出（およびそれに先立つ当局への相談）を行う必要があるかな

3　日本銀行ウェブサイト「届出・報告手続きの電子化」
　　https://www.boj.or.jp/about/services/tame/t-denshi/index.htm（最終アクセス日：2024年9月20日）
　　なお，オンライン提出が可能な様式は，日本銀行ウェブサイト「様式別入力方式および入力内容一覧」に記載されています。
　　https://www.boj.or.jp/about/services/tame/t-denshi/t_densi14.pdf（最終アクセス日：2024年9月20日）

4　特定取得，対外直接投資の場合も同様に要件の確認が必要になりますが，以下では特に検討頻度が多く，該当性判断が難しい対内直接投資等を中心に説明いたします。

106　Part I　M&Aおよび投資における外為法の概要

ど，届出書提出が求められる可能性を考慮して対応スケジュールを立てる必要
があります。

　対内直接投資等の投資先の業種が要件となる類型については，実際に投資先
が行っている事業（主たる事業には限りません。）が指定業種に該当するかど
うかが基準となるため[5]，投資先が実際に行っている事業を確認する必要があ
ります。確認方法については，まずは定款や登記情報に記載されている事業内
容や公開情報を確認することが想定されます。また，上場会社の指定業種該当
性については，財務省が参考情報として作成した「本邦上場会社の外為法にお
ける対内直接投資等事前届出該当性リスト」も出発点となります（**2.1.4**
（2）；本書39頁以下参照)。かかる公開情報のみで，対内直接投資等の指定業種
におよそ該当しないことが確認できることもありますが，公開情報だけでは指
定業種に該当する可能性がないとまで判断できない場合には，投資先に対して
指定業種該当性の判断に必要な確認項目を網羅的に記載した質問状を送付する
という手段をとることがあります（**2.1.4**；本書38頁以下および**Part Ⅱ　1.1**
（3）(ii)；本書115頁以下参照)。

　他方，定款や登記情報に記載されている事業内容が指定業種に該当する場合
であっても，投資先が実際には当該事業を行っていなければ，指定業種には該
当しません。そのため，投資先が定款や登記情報に記載されている事業を実際
に営んでいるかに疑問がある場合には，やはり投資先に対し質問状を送付する
等により確認をすることが考えられます。

　外為法上，同類型の行為（例えば，同じ「対内直接投資等」）であっても，
個々の取引の種類に応じて届出書・報告書等の様式や必要通数が異なる場合が
ありますので，注意が必要です。

　日本銀行を経由して行う手続[6]については，日本銀行のウェブサイトにて取

5　「外為法Q&A（対内直接投資・特定取得編）」Q4〈注3〉参照。
6　外為法69条により日本銀行に委任された事務であり，M&Aおよび投資という文脈で
　必要となるものは日本銀行を経由するものが大半です。日本銀行に委任されていない事
　務については他の機関に対し手続を行う必要があり，例えば特定資本取引に係る許可申
　請は主務官庁である経済産業省に対し行う必要があります。

引類型ごとの様式および記入要領が掲載されています。提出書類の作成にあたっては，まず該当する様式を確定の上，記入要領に準拠して記載を行う必要があります。具体的な記載方法に疑義がある場合は，日本銀行に対し電話またはＥメールにて照会するまたは弁護士等の専門家に相談することが考えられます。

5.3 提 出

> **概 要**
>
> 外為法の届出書や報告書の提出は，従来は日本銀行の窓口に書類を提出する方法のみで行われていましたが，近年オンライン申請が導入され，両制度が併存しています。

窓口提出時の注意事項として，各書類提出の際に，形式的な修正の指摘や通数の不足の指摘を受けることが相応にあり，またその確認を待つため窓口に数時間待機することもあります。そのような場合に備えて，実務的には，その場で訂正する用意や提出書類の余部を用意しておくことがあります。

オンライン申請時の注意事項として，初回利用時の事前準備があります[7]。また，本人として提出する場合と代理人として提出する場合（子会社分を含みます。）でアカウントの種類が異なるため，両パターンの提出がある場合には別のアカウントを取得して使い分ける必要があります。形式的な修正の指摘については電話により連絡があり，窓口提出の場合のような窓口で数時間待機をする必要がない点は利点の１つです。

---

7 インターネットに接続可能なパソコンがあれば，無料で利用することができますが，事前準備が必要な点に注意する必要があります。2024年9月現在，事前準備としてまず日銀に対する利用申込書を提出し日銀からユーザID等の交付を受けた後（日銀のQ＆Aによれば申込受付後から交付まで1～2週間ですが，それより早いことも多くあります。），パソコンで「クライアント証明書」を取得する必要があります。ユーザID等を利用して「日本銀行外為法手続きオンラインシステム」にログインし，テンプレートに入力したデータをアップロードすることで迅速に提出をすることができます。同一法人において1アカウントを複数の担当者で利用することができます。

支払等の報告書については，オンライン申請と窓口提出で提出期限が異なります。**4.3**：本書98頁以下を参照ください。

窓口提出の場合には，持参した余部に受付印を押してもらい持ち帰ることができるので，実務的には，受付印付き控えを提出の記録として保管することが多くあります。オンライン申請の場合は，提出済みの申請の確認がシステム上で可能であり，また提出の記録として「到達確認シート」が用意されており，システム上入手することができます。

Part II

ケーススタディ

1

株式取得

1.1 公開買付け

CASE 1

　アメリカ合衆国を設立地とするX社は，日本国内の子会社であるA社を通じて，日本を設立地とし東京証券取引所プライム市場に上場しているY社の株式の過半数を公開買付けにより取得することを検討しています。本ケースについては，Y社も賛同する意向を示しています。Y社は持株会社であり直接的に事業は行っていませんが，産業用ロボットの製造を行っているZ_1社や精密電子機器の製造を行っているZ_2社が子会社として存在しています。

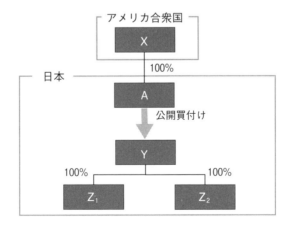

(1) 概 要

　日本の株式会社の株式を直接取得する主体が日本国内の会社であったとしても，当該取得会社が外為法上の「外国投資家」に該当する場合があるため，取得会社の外国投資家への該当性を含め，当該取得取引に係る外為法上の手続の要否について検討を行う必要があります[1]。取得の相手方が日本居住者の場合は主に対内直接投資等に係る事前届出の要否が問題となります。

　また，本ケースでは，A社はY社の株式の過半数を取得することを目指していますが，市場外でまたはToSTNeTを通じて上場株式を取得する場合であって，取得後の株券等所有割合が3分の1を超える場合には，当該取得は公開買付けによらなければなりません（金融商品取引法27条の2第1項）。公開買付けは，公開買付期間を含め金商法等の関係法令上の手続に従って実施する必要があるため，本ケースのように外資系企業が上場会社株式の取得を企図する場合には，少なくとも公開買付規制と外為法上の事前届出の双方に注意した上で，必要手続・所要期間を確認の上，取引スケジュールを検討することが必要になります。

1　上記事例とは異なりますが，外国を設立地とするファンドが日本の株式会社に投資をする場合，日本国内に株式取得主体となる法人（特別目的会社（SPC：Special Purpose Company））を設立した上で，当該SPCを通じて日本の株式会社の株式を取得する例が多くみられます。その場合も，当該SPCに対する外国資本の出資比率によっては当該SPCが外国投資家に該当し，外為法上の手続を履践することが必要です（国内ファンドの場合も同様です。下記1.4参照）。なお，SPCを設立せずに外国ファンドが自ら株式を取得する場合において，仮に事前届出が必要となる場合には，当該ファンド自身が事前届出を行う必要があります（法26条1項4号，27条13項，直投令3条1項7号）。

　2024年3月15日に国会に提出され，同年5月15日に成立した金融商品取引法及び投資信託及び投資法人に関する法律の一部を改正する法律が施行された際には，取得後の株券等所有割合が30％を超える市場外またはToSTNeT取引による取得につき公開買付けが強制されるとともに，取得後の株券等所有割合が30％を超える市場内取引（立合内）による取得についても，原則として公開買付けが強制されることになります。

112　Part Ⅱ　ケーススタディ

（2）　想定取引スケジュール

　本ケースの事例では，実務上，例えば次のようなスケジュールで取引を進行させることが考えられます。

	日　程	手　続
①		Ｙ社グループに対するデュー・ディリジェンス開始（取引に係る各種許認可・届出等の要否の確認を含む）
②	Ｘ－3カ月	Ａ社についての外国投資家への該当性およびＹ社グループの事業の指定業種[2]への該当性の検討（外為法上の事前届出等の要否の確認）
③		取引に係る各国の競争法・外資規制法上の届出要否の検討（注1）
④	Ｘ－2カ月	（外為法）事前届出に係る財務省，事業所管省庁および日本銀行との事前相談開始
⑤	Ｘ－1カ月＋α	（外為法）事前届出書の提出
⑥	Ｘ－1カ月～Ｘ	（外為法）事業所管省庁との質問票のやり取り（必要に応じて）
⑦		（外為法）事業所管省庁からの遵守事項の提示および交渉（もしあれば）
⑧	Ｘ	公開買付けの公表（注2）
⑨	Ｘ＋1日	公開買付けの開始（注2）※予告TOBでない場合
⑩	Ｘ＋1～2カ月	公開買付けの終了　※同上

（注1）　実務上スケジュールに及ぼす影響が大きい事項として，外為法上の事前届出のほか，国内外の競争法上の企業結合届出があります。日本をはじめとする法域では，取引実行より前（日本の場合は少なくとも30日前）に届出を行うことが求められるため，デュー・ディリジェンスにおいては各国における企業結合届出の要否を検討し，必要である場合はスケジュールに反映する必要があります。また，対象会社が外国に子会社や事業を有する場合，直接的には日本国内の取引であっても当該国の外資規制に服する可能性がある点にも注意が必要です（Part Ⅲ参照）。
（注2）　公表のタイミングについては，海外競争法上の企業結合届出の要否によって異なり得ます。国によっては企業結合届出前に取引が公表されていることが求められること

───────────

　2　以下，単に「指定業種」と表記する場合，コア業種，ノンコア業種の別を問わないものとします。

があり，その場合には，公開買付けの公表後，当該国の競争法当局への企業結合届出を行い，そのクリアランスが得られたことを条件に公開買付けを開始すること（いわゆる予告TOB）が一般的です。また，例えば，中国企業が取引当事者でない場合でも，取引当事者ないしそのグループ会社の中国における売上高が一定の基準に該当する場合などに，中国における企業結合届出が必要になる点に注意が必要です。

（注3）公開買付け自体についても，開示書類の作成に関して財務局や金融商品取引所への事前相談が必要な点には注意が必要です。

（注4）Y社グループが日本以外の国においても事業を展開している場合には，当該国の投資規制による影響もありうるため，必要に応じて，現地の法律事務所への確認等を行うことがあります。

　上記のスケジュールのうち，特に④の財務省および事業所管省庁との事前相談およびその後の折衝に必要な期間については，対象会社の行う事業，買収者の属性，買収ストラクチャー等により大きく異なる可能性があるため，個別事案に応じて慎重に検討する必要があります。

　また，外為法上の事前届出は，法令上公開買付け開始前に必ず行わなければならないものではなく，公開買付け開始後に行うこともできますが，事前届出の実施の具体的なタイミングについては，以下のとおり公開買付期間との関係なども考慮しつつ，個別事案ごとに検討・判断する必要があります。

　すなわち，事前届出後30日間の待機期間中に財務省および事業所管省庁の審査が終了しない場合もあるため，公開買付期間（原則として最長60営業日）中に審査が終了することは必ずしも確実とはいえません。仮に公開買付けの期間中に審査が完了しなかった場合，公開買付けの期間を延長する必要が生じます。また，場合によっては外為法上の事前届出に係る審査の結果，株式取得に係るクリアランス[3]が得られ，公開買付けを断念せざるを得なくなる可能性もあり

3　禁止期間は30日間ですが（法27条2項本文），財務大臣および事業所管大臣は，届出内容に照らし特に審査をする必要があると判断した場合を除き，短縮することができるとされています（法27条2項但書）。また，財務大臣および事業所管大臣が，当該事前届出に係る対内直接投資等について①国の安全を損ない，公の秩序の維持を妨げ，または公衆の安全の保護に支障を来すことになるおそれ，または②日本経済の円滑な運営に著しい悪影響を及ぼすことになるおそれの有無等を審査する必要があると判断した場合，最長で届出受理日から5カ月間まで延長されることがあります（法27条3項・6項）。

ます。このような事態となることを防ぐために，財務省および事業所管省庁が取引に懸念を示すことが見込まれるなど，外為法上の事前届出に係る待機期間の完了（クリアランス）までに要する時間を予測することが難しい事案においては，公開買付けの開始前の段階で外為法上の事前届出を実施し（上記スケジュール⑤），待機期間を完了させるか，少なくとも公開買付けの開始前の段階で，財務省事業所管省庁および日本銀行との事前相談（上記スケジュール④）を実施し，クリアランスまでの所要期間のおおよその見通しを得ておくことが望ましいと考えられます。

　これに対し，財務省または事業所管省庁が懸念を示すことが考えにくく，30日の待機期間中に外為法上の事前届出に係るクリアランスが得られる可能性が高いと判断される事案においては，取引スケジュール全体の所要期間の短縮および情報管理の徹底といった観点から，待機期間の終了を待たずに，あるいは事前届出実施に先立ち公開買付けを開始し，公開買付け期間中に待機期間を終了させることも考えられます。ただし，その場合であっても，待機期間の終了は公開買付届出書の訂正事由となるところ，この場合公開買付期間の末日は，当該訂正届出書の提出の翌日から最低10営業日経過した日とする必要があるため，仮に待機期間の終了のタイミングが公開買付期間の末日に近接する場合，公開買付期間の延長が必要となる場合がありうることに留意が必要です。そのため，実務的には，特段の支障がない場合には，公開買付けの開始前にクリアランスが得られるよう事前届出を実施することが望ましく，そのような対応が一般的であるように思われます。

（3）　各手続の解説

（i）　X社によるY社についてのデュー・ディリジェンス開始

　本ケースはY社からも賛同を得ている友好的な取引ですので，X社はY社に対し，自らおよび各種専門家を通じたデュー・ディリジェンスを実施することが想定されます。当該デュー・ディリジェンスにおいては，Y社のビジネス，法務，財務，税務等の分野について，X社自らまたは各専門家が調査を行うこ

とになりますが，外為法上の事前届出を行う必要があるかどうかは，当該取引のスケジュール等にも影響する重要な事項ですので，取引プロセスにおける初期段階において（例えばデュー・ディリジェンスの開始当初において），基本的には法務の専門家である弁護士が検討することになります。具体的な検討項目については，下記(ii)を参照ください。

(ii) 外国投資家への該当性および指定業種への該当性の検討

(a) 外国投資家への該当性の検討

外為法上，①非居住者である個人や②外国法令に基づいて設立された法人その他の団体または外国に主たる事務所を有する法人その他の団体のほかに，③①または②により直接または間接に保有される議決権の合計が50％以上を占める会社等が外国投資家に該当するとされています（法26条1項）。

本ケースに当てはめると，外国（アメリカ合衆国）の法令に基づいて設立されたX社がA社の議決権の全てを保有していますので，A社は③に該当し，外為法上外国投資家となります。

(b) 指定業種への該当性の検討

東京証券取引所に上場しているY社の株主は日本の証券会社に口座を有する日本国居住者が中心であると考えられるところ，上記のとおり，A社は外為法上の外国投資家に該当し，外国投資家による日本国居住者からの株式の取得は対内直接投資等に該当するため[4]，投資先であるY社が行っている事業の内容次第では，本ケースは対内直接投資等の事前届出の対象となる可能性があります。上記(i)のとおり，仮に事前届出が必要となった場合には，取引のスケジュールに影響する可能性があるため，指定業種該当性については初期段階において慎重に検討を行うことが推奨されます。

この点，財務省は，上場会社について，①指定業種以外の事業のみを営んで

---

4 上場会社の1％以上の株式の取得は，対内直接投資等に該当します（法26条2項3号）。

いる会社，②指定業種のうちコア業種以外の事業のみを営んでいる会社，③指定業種のうちコア業種に属する事業を営んでいる会社に分類したリスト（「対内直接投資等事前届出該当性リスト」）（Part I　2.1.4；本書38頁参照）を公表しています。そのため，上場会社の株式取得にあたっては，まずは当該リストを参照して事前届出の要否を確認することができます。もっとも，当該リストに依拠した場合に免責されるものではなく，また，事前届出に関する当局対応を検討する上では指定業種該当性の有無のみならず当該事業の内容（例えば安全保障等の観点から重要な製品や技術を有するか）も重要であるため，とりわけ本ケースのような完全買収事案においては，対象会社が行う指定業種に係る事業の内容についての正確かつ詳細な情報を入手する必要性が高いと考えられます。

　また，本ケースのY社自身は持株会社であり自ら指定業種に属する事業は行っていませんが，外国投資家が日本の上場会社の株式を取得する場合には，投資先（Y社）の子会社が指定業種を行っている場合にも，事前届出が必要となります。そのため，投資先がY社のように持株会社体制を採っており，子会社を通じて多角的に事業を行っている場合，各子会社が行う事業が多岐にわたり，指定業種に該当するかどうかの判断に時間を要する場合がありますので，スケジュールの検討上留意が必要です。

〈本ケース：友好的な取引事例における検討〉

　本ケースでは，Y社の子会社であるZ₁社は，産業用ロボットを製造しているため，指定業種[5]のうちコア業種に該当する可能性が高いと考えられます。また，同じくY社の子会社であるZ₂社は，精密電子機器を製造しているため，製造している製品の用途・性能等によっては，指定業種[6]のうちコア業種に該

---

[5]　指定業種告示（対内直投）別表第二ロボット製造業。なお，産業用ロボットを含む「特定重要物資」関連の事業の指定業種（コア業種）への追加については，Part I　2.2.3；本書43頁以下を参照。

[6]　指定業種告示（対内直投）別表第一の五が参照する輸出貿易管理令別表第一の一から十五または同告示別表第一の六が参照する外為令別表の一から十五に記載するもの。

当する可能性があります。

　事前届出義務を負うのは外国投資家（A社）であるため，指定業種該当性の判断にあたっては，外国投資家自身が事前届出書の提出の要否を検討する必要がありますが，投資検討時点では外部者である外国投資家が発行会社の事業の詳細な内容までは把握することが難しい場合が少なくありません。

　しかし，本ケースの場合は，友好的な取引であることから，デュー・ディリジェンスにおいて投資先に対し情報の開示を求め，必要な情報を取得することが可能と考えられます。

〈参考：非友好的な取引事例における検討〉

　他方で，本ケースとは異なり，投資先が買収者による株式の取得に必ずしも友好的ではない場合（投資先が買収者による株式の取得に無関心な場合を含みます。），実務上は，財務省が公表する上記のリストのほか，投資先企業が開示しているウェブサイトや投資先企業の定款や登記情報に記載されている事業目的等の資料から一次的な検討を行うことになります。もっとも，指定業種への該当性の判断のためには，投資先企業が製造している製品の用途，性能や製法等の専門的，技術的な情報が必要になる場合があることから，公開情報のみでは投資先企業が行っている事業を正確に理解することは困難な場合が多いと思われます。また，指定業種該当性は，定款や登記情報に記載されている事業内容ではなく，実際に発行会社が行っている事業（主たる事業には限りません。）が基準となるため，定款や登記情報等の公開情報のみにより指定業種該当性を正確に判断することは困難です。

　このように，公開情報のみでは発行会社の事業が指定業種に該当するかどうかの判断が困難な場合である一方で，（買収については非友好的であっても）発行会社との間で従前からやり取りがあるなど発行会社にコンタクトをとること自体は可能な場合には，かかる既存のコンタクトを活用して，例えば発行会社に対して指定業種該当性の判断に必要な項目を網羅的に記載した質問状を送付するという手段をとることが考えられます。

発行会社が上記のような質問状の送付を受けた場合，発行会社には回答する義務はなく，また調査に係る発行会社の負担も生じることから十分な回答がなされないことも少なくありません。そのような場合には，買付者としては，財務省，日本銀行または事業所管省庁に事前に相談しつつ，外為法との関係上必要な対応および進め方について確認するなどの対応を検討する必要があります。

(iii) 各国競争法上の届出要否の検討

上記（2）のとおり，取引に係る各国競争法上の届出の要否（特に中国のような取引公表を届出の前提条件とする法域や，一部新興国等の企業結合審査実務が不安定な法域における届出の要否）は，取引スケジュールの検討上きわめて重要です。そのため，取引プロセスにおける初期段階において（例えばデュー・ディリジェンスの開始当初において），基本的には法務の専門家である弁護士が，上記(ii)の外為法上の事前届出の要否と並行して検討することになります。

(iv) 事前届出に係る財務省・日本銀行および事業所管省庁との事前相談

取引に関し外為法上の事前届出を要する場合において，財務省，日本銀行または事業所管省庁への事前相談は法令上義務付けられていませんが，実務上，買収者において事前届出書の記載要領等に不明な点がある場合などには，事前届出書の正式提出に先立ち，あらかじめ日本銀行の担当者に対し事前届出書のドラフトをEメールで送付し，記載事項に不備がないかチェックを受けることがあります（**Part I 5.1**；本書102頁以下および**5.2**；本書105頁以下参照）[7]。

また，財務省や事業所管省庁が取引に懸念を示す可能性が一定程度あると見込まれる事案においては，事前届出書提出後に説明や追加情報の提出を求められ，30日の待機期間中に審査が完了しないリスクを低減させる観点から，事前届出書提出前に財務省や事業所管省庁と事前相談を行い，十分な説明や情報の

---

7 Eメールの送付先については，日本銀行ウェブサイトに掲載の「外為法に関する手続き」の「照会先一覧」に記載されています。

提供を行うことにより，財務省や事業所管省庁の懸念をあらかじめ解消することに努めるといった対応が実務上行われています。

(v) 事前届出書の提出

指定業種の検討の結果，事前届出書の提出が必要と判断された場合には，日本銀行経由で財務大臣および各事業所管大臣に対して事前届出書の提出を行います。事前届出書の提出方法については「Part I　5　外為法令上の各種手続の実務上の留意点」（本書102頁以下）を参照ください。

(vi) 事業所管省庁との質問票のやり取り

安全保障，社会インフラに関連する事業や半導体製造に関連する事業など，事業所管省庁において特に機微性が高いと認識している事業を発行会社が行っている場合[8]を含め，買収者による事前届出書の提出後，事業所管省庁から届出事項に関連する詳細な説明・追加情報の提供を求める質問票の送付を受けることがしばしばあります。

質問票に対し回答をした場合であっても，さらに追加で質問がなされるなど，禁止期間である30日以内に審査が完了しないケースもあります。このような場合，財務大臣および事業所管大臣は禁止期間の延長の手続（法27条3項）をとることもできますが，実務上は，事業所管省庁が，いったん当初の事前届出書を取り下げた上で，事業所管省庁の質問に対する回答や情報の提供を完了した後に，再度事前届出書を提出することを求めることが一般的であるように思われます。

質問票に関するやり取りが完了し事前届出書の再提出を行った場合には，法令上は30日の禁止期間が再提出後から開始することになりますが，既存の質問状のやり取りによって財務省や事業所管省庁の懸念は解消されているのが通常

8　原子力，武器，航空機，人工衛星等の安全保障に関係する事業や，半導体やその製造装置等の日本の産業にとって重要な物資に係る製造技術を保有している事業を行っている場合等が挙げられます。

120 　Part II 　ケーススタディ

事前届出書の届出者に関連する事項	• 届出者の事業内容，事業所の所在地，投資先企業等 • 届出者への直接出資者から最終支配者に至る出資比率等の資本関係および出資者や最終支配者の属性（名称，国籍，業種等）に関する事項 • 届出者のグループ企業および最終支配者のグループ企業の属性（名称，国籍，業種等） • 届出者らによる発行会社の事業への直接関与の意思の有無，内容 • 届出者の発行する潜在株式の有無，種類株式の有無等
届出者による投資目的	• 発行会社の役職員人事への関与の有無の予定 • 取得した発行会社の株式の譲渡予定の有無 • 事業上重要な製品および技術に関する事項について経営に影響を与える目的で議決権行使を行う予定の有無 • 事業上重要な製品および技術について，発行会社が講じている技術流出防止措置を変更する予定の有無
発行会社に関する事項	• 指定業種に該当する製品，技術等の具体的な内容，当該製品の市場シェア，競合他社等の情報 • 発行会社の情報管理体制，技術流出防止措置の内容

図表2－1－1 　事業所管省庁からの質問事項例

であるため，再提出後は30日の期間を待たずに審査が完了する場合も少なくありません。

　なお，事業所管省庁からの質問票の内容は個別事案により異なりますが，例えば**図表2－1－1**に記載するような事項が質問されることがあります。

(vii) 　事業所管省庁からの遵守事項の提示および交渉

(a) 　概要

　届出書への記載および質問票（上記(vi)）のやり取りを通じた回答・情報提供を踏まえ，国の安全等に係る対内直接投資等に該当する懸念を払しょくできない場合，事業所管省庁が，当該届出対象取引に関する遵守事項を届出者に提示

し，届出者がその遵守について届出書上で誓約することを事実上クリアランスの条件とする実務運用がなされています。具体的には，事業所管省庁から誓約事項の草案が提示され，その内容につき届出者との間で折衝・調整が行われた上で，届出書の「3　取得又は一任運用の目的等　（2）　取得又は一任運用に伴う経営関与の方法」（「株式，持分，議決権若しくは議決権行使等権限の取得又は株式への一任運用に関する届出書」（直投命令別紙様式1）参照）の欄に合意された誓約事項（届出書の別紙として添付されます。）を遵守する旨の記載がなされる例が多くみられます。なお，この場合，事業所管省庁から自主的に当初届出の取下げを求められ，誓約事項を含む届出を改めて新規の届出として行うことが実務上多くみられますが，再届出までに行われた審査ややり取りは事実上引き継がれるため，再届出後の審査はスムーズに行われることが多いように思われます。

(b)　遵守事項の例

　事業所管省庁が届出者に対し具体的にいかなる項目・内容の遵守事項の誓約を求めるかはケースバイケースであり，これを網羅的に示すことは難しいものの，典型的な例としては以下のような内容が遵守事項として求められることが多いように思われます。

- 届出者あるいは届出者が選任を企図する役員候補者による，指定業種該当事業の安定的な運営を妨げる行為（例：対象事業の譲渡・廃止等）に関する提案・助言等に関する制限（実行禁止，事業所管省庁の同意取得義務，事業所管省庁への通知・報告義務などが含まれうる。以下本(b)において同じ）
- 指定業種該当事業の一環として行われている政府機関等向けの物資・サービス供給の縮小・廃止等に関する提案・助言等に関する制限
- 指定業種該当事業に係る秘密情報の取扱い・管理に関する提案・助言等に関する制限
- 届出者あるいは届出者が選任を企図する役員候補者による，指定業種該当事業に係る秘密情報へのアクセスの制限
- 届出者あるいは届出者が選任を企図する役員候補者に対する外国政府等

122　Part II　ケーススタディ

による影響の排除

(c)　遵守事項の性質・機能

　当該遵守事項を事前届出書に記載することを拒否した場合に審査結果にどう影響するのかについて，事業所管省庁は明確な立場を示さない場合が多いと思われますが，事業所管省庁の要請に従わない場合には当該投資に係る懸念が解消されないものと判断される可能性が高く，その意味で遵守事項の受入れは事実上審査の通過（クリアランス）の条件として機能しているといえます。そのため，遵守事項を受け入れないまたはその内容につき合意に至らない場合には，クリアランス取得（少なくともその時期）が見通せないことになります。また，事業所管省庁は取引の中止を勧告・命令する権限を有することを踏まえると，取引実行の安定性を確保する観点からは，当該取引の実行を望む限りは，事前届出書に当該遵守事項を記載すること自体は事実上不可避の条件として受諾せざるを得ず，具体的な内容に係る折衝・調整を行うことができるにとどまることが多いと考えられます。なお，本ケースのように外国投資家が過半数の株式取得を目指す場合においては，経営への関与の制限により取引実施の意義自体が損なわれるおそれがあり，当局との交渉の結果，最終的な遵守事項の内容を受け入れられない場合には，事業上取引実施を断念せざるを得ない場合もありうるように思われます。

　なお，仮に取引実行後において，届出者が遵守事項に矛盾抵触する可能性がある事項を行おうとする場合には，事業所管省庁の担当者に事前相談を行う必要があること（遵守事項には反しないと担当官を説得するための十分な説明と根拠資料が必要です。），担当者の判断にも一定の時間を要し，事実上，当該行為の実施につき事業所管省庁の納得が得られるまでは当該行為を実行することができないことには特に留意が必要です。

（4） その他の外為法上の手続

（i） 支払等に係る事後報告

「日本から外国へ向けた支払や外国から日本に向けた支払の受領」または「日本および外国において居住者が非居住者との間で行う支払や支払の受領」に該当する取引が行われる場合には，外為法上，当該支払自体についても許可または事後報告の対象となります（詳細は，**Part I　4.1**；本書93頁以下参照）。本ケースでは，公開買付けに応募した株主が非居住者であるか，またはその時点で外国に所在している場合であって，A社から当該Y社株主への代金の支払額が3000万円を超える場合には，A社において支払等に係る事後報告の実施が必要となります[9]。

　支払等に係る事後報告が必要な場合，①銀行等または資金移動業者を経由するか否か，②個別または一括報告のいずれとするかで，大きく4類型に分かれ，それぞれ報告書の様式や提出期限等が異なる点に注意が必要です（ただし，公開買付けの場合の支払は実務上銀行経由になります。）。事後報告を要する資本取引を行った者は，上記種類に応じ，原則として**図表2－1－2**の様式および期限に従い，事後報告書1通を作成し，日本銀行経由で財務大臣に提出する必要があります（法55条1項，外為令18条の4）。

9　本件は，許可を要する支払等の類型（①経済制裁措置として行われるもの（法16条1項），②国際収支の均衡を維持するためのもの（法16条2項），③外為法令の確実な実施を図るためのもの（法16条3項））には該当せず，支払等について許可は不要であることと前提としています。

124　Part II　ケーススタディ

（図表 2 - 1 - 2 ）支払等に係る事後報告の種類，様式および期限

報告の種類		様 式 (注)	期 限
銀行等または資金移動業者を経由しない取引	個別報告	報告省令別紙様式第 1	翌月20日まで
	一括報告	報告省令別紙様式第 2	翌月20日まで
銀行等または資金移動業者を経由する取引	個別報告	報告省令別紙様式第 3	支払等を行った日から10日以内（オンライン報告の場合は20日以内）
	一括報告	報告省令別紙様式第 4	翌月10日まで（オンライン報告の場合は翌月20日まで）

（注）　様式は日本銀行ウェブサイトから入手できます。

(ii)　対内直接投資等の実行報告

　A社が対内直接投資等に係る事前届出を行うこととなるため，A社は，当該行為を行った日（公開買付けの決済日）から45日以内に，直投命令規定の様式による実行報告書を作成し，日本銀行経由で財務大臣および各事業所管大臣に提出する必要があります（法55条の 8 ，直投令 6 条の 5 ，直投命令 7 条 1 項）。実行報告の詳細については，**Part I　2.2.9**；本書66頁以下を参照ください。

（5）　事前届出を行わなかった場合の罰則

　事前届出が必要であるにもかかわらず，事前届出を行わずに対内直接投資等を行った場合， 3 年以下の懲役もしくは100万円以下の罰金に処され，またはこれらを併科される可能性があります（法70条 1 項22号）。

1.2 免除制度

CASE 2

アメリカ合衆国を設立地とするＸ社は，日本を設立地とし東京証券取引所プライム市場に上場しているＹ社発行済株式総数のうち５％の株式を数年前に市場で取得し保有しています。Ｘ社がＹ社の株式を取得した際は純投資のみを目的としていましたが，近時のＹ社の業績の低迷に懸念を抱いたＸ社は，今般Ｙ社に対して，次の働きかけを行うことを検討しています。Ｙ社は，長距離電気通信業を営んでいます。

A) Ｙ社による自己株式の取得の実施を要求する。

B) Ｘ社の指定する者を取締役として選任することを株主総会の議案として提案する。

C) Ｙ社の取締役会に対し，長距離電気通信事業に係る事業戦略（今後のＭ＆Ａ，投資，事業撤退等の可能性を含む）の方針に関し質問状を送付し，一定期限内の回答を要求する。

(1) 概 要

　外為法上，指定業種を営む上場会社の株式を１％以上取得する場合には，事前届出を行う必要がありますが，一定の免除基準を満たすことを条件として，事前届出書の提出が不要となります。

　本ケースにおいて，Ｘ社は当初純投資のみを目的としてＹ社の株式を５％取得していましたので，仮にかかる取得が外為法の下でなされたとしても，株式の取得の段階では免除基準を充足し，事前届出を行わずに株式を取得することが可能です。ところが，今般Ａ）～Ｃ）の働きかけを行うことを検討しており，このアクションを行うことにより，今後のＹ社株式の追加取得については免除基準を満たさなくなる（すなわち追加取得には事前届出が必要となる）のでは

ないか，検討する必要があります。また，これらの働きかけを行うこと自体に関して，事前届出を行い，クリアランスを得る必要がないかも検討する必要があります。

　なお，外国投資家が証券会社，銀行等の外国金融機関である場合については，コア業種（Part I　2.2.3図表1-2-11；本書46頁以下参照）に該当する事業を営む発行会社への投資についても，広範に事前届出の免除が認められますが（いわゆる「包括免除」，Part I　2.2.5（3）(ii)；本書55頁以下参照），ここでは，本ケースのX社はかかる包括免除は利用できず，一般免除（Part I　2.2.5（3）(iii)；本書58頁参照）のみ利用可能という前提で以下検討を進めます[10]。

　また，指定業種を営む上場会社の議決権を既に1％以上保有している外国投資家がA）～C）の働きかけを行うことが可能かという点については，いわゆる行為時事前届出（Part I　2.1.3（3）；本書33頁以下参照）の観点からの検討も必要になります。こちらについては，後述(5)（本書133頁以下）において検討しています。

（2）　免除基準と上乗せ基準

　株式の取得につき事前届出書の提出が不要となる免除基準（包括免除・一般免除の場合に共通の基準）は，外国投資家において，下記①～③をいずれも遵守することとされています（法27条の2第1項，基準告示（対内直投）2条1号ないし3号）。

> ①　外国投資家自らまたはその関係者が役員（取締役または監査役）に就任しない

10　ただし，過去に外為法違反による刑の執行の終了もしくは外為法に基づく行政処分の違反から5年を経過しない者や国有企業等(外国政府,外国政府機関,外国地方公共団体,外国中央銀行,外国政党その他の政治団体や，これらの機関が一定程度支配権を有している法人およびその役員を含みます。)は一般免除も含めて免除制度を利用できないことは注意が必要です。

② 指定業種に属する事業の譲渡・廃止を株主総会に自らまたは他の株主を通じて提案しない

③ 指定業種に属する事業に係る非公開の技術情報にアクセスしない（同情報の開示の提案または同情報管理に関する社内規則等の変更の提案をしないことを含む）

　他方で，包括免除を利用できない外国投資家において，コア業種を営んでいる会社の株式の取得について事前届出書の提出の免除を受けるためには，上記の免除基準に加えて，上場会社の株式の取得であること，取得後の株式または議決権の割合が10％未満であること，および下記④・⑤の上乗せ基準をも遵守することが必要とされています（法27条の2第1項，基準告示（対内直投）2条4号，詳細については**PartⅠ　2.2.5（2）**：本書54頁以下参照）。

④ コア業種に属する事業に関し，取締役会または重要な意思決定権限を有する委員会に出席しない

⑤ コア業種に属する事業に関し，取締役会等に期限を付して回答・行動を求めて書面で提案を行わない

　本ケースでは，Ｙ社は長距離電気通信業を営んでおり，これはコア業種に該当するものと考えられます（コア業種告示（対内直投）別表四十二号ロ）。そのため，本ケースにおいては，包括免除を利用できないＹ社において事前届出を免除されるためには，一般的な免除基準（上記①～③）だけではなく，上乗せ基準（上記④～⑤）をも遵守すること（およびこれに反する目的を株式取得時点で有しないこと）が必要となります。

　なお，上記免除基準および上乗せ基準は，それ自体は外国投資家が株式取得の実行後に遵守すべき基準であり，（自己の関係者を役員に就任させること，規制対象事業の譲渡等の提案や非公開技術情報へのアクセス等の）当該基準に適合しない行為を実行しなければ基準違反とはなりません。しかしながら，投資実行時点で上記基準に適合しない行為を行うことを目的としている場合は，当該投資は「国の安全等に係る対内直接投資等に該当するおそれが大きいもの

128　PartⅡ　ケーススタディ

として政令で定めるもの」（法27条の2第1項前段，直投令3条の2第2項5号，直投命令3条の2第5項1号乃至3号）に該当し，事前届出免除の対象外となる点に注意が必要です[11]（詳細については**PartⅠ2.2.5（2）**；本書54頁以下参照）。

（3）　各アクションの検討

（ⅰ）　自己株式の取得の実施の要求

近年，ファンドを中心とする機関投資家から，上場会社に対して，株主還元策および株価対策として，自己株式の取得等の施策を実施するよう要求がなされることがあります。

外国投資家が自己株式の取得の実施を要求することは，免除基準および上乗せ基準のいずれにも該当しないため，かかる要求によって免除基準に違反することにはならないと考えられます。また，自己株式の取得の実施を要求することは，行為時事前届出（後述**（5）**参照）の事由にも該当しません。つまり，外国投資家は，事前届出の免除を受けて上場会社の株式を1％以上取得した場合であっても，外為法の違反や新規の事前届出義務を生じさせることなく，自己株式の取得を実施することを要求することができると考えられます。

なお，上記の整理は，自己株式の取得に係る提案・要求それ自体は，「コア業種に属する事業に関」する提案（上記**（2）⑤**）には一般的に該当しないであろうという解釈を前提としていますが，例えば自己株式の取得財源の確保にコア業種に属する事業に関する資産の処分やコア事業に属する事業のカーブアウトあるいはコア事業に属する事業を営む子会社株式の譲渡等を要するなど，具体的な事実関係次第では，それらの資産の処分等との関係で免除基準を充足しない可能性も考えられるため，具体的な提案・要求の実施に際しては慎重な検討を要します。

なお，本ケースからは離れますが，既に事前届出書を提出の上株式を取得し

11　パブリックコメント回答213番

ているケースにおいては，しばしば事業所管省庁から当該会社への投資活動に関して一定の事項を遵守することを誓約するように求められる場合があり（**CASE 1**：本書110頁以下参照），その場合，自己株式の取得を実施するように上場会社に要求することがこの誓約事項に反しないかについても検討（場合によっては事業所管省庁への相談を含む。）を行う必要があります。

(ii) 自己の指定する者を取締役として選任する議案を提出

投資先上場会社の経営・ガバナンス等の改善を理由として，外国投資家が，株主総会において自らの指名する者を取締役として選任することを内容とする議案を提案する（あるいはかかる議案を会社提案に加えることを要求する）事例が近時では珍しくありません。かかる提案または要求行為につき，提案・要求の対象となる取締役候補者の属性次第で，株式取得に係る事前届出免除基準のうち，「外国投資家自ら又はその関係者が役員（取締役又は監査役）に就任しない」こと（上記(2)①）という基準に抵触する可能性があります。なお，当該免除基準の直接の規制対象は「株主総会の議案として提案すること」ではなく，実際にその人物が「取締役として就任する」ことではありますが，仮に当該提案が株主総会で可決されれば，通常確実に同人が発行会社の取締役として就任することになることから，実務上は当該取締役選任議案の提案または要求を行うに先立ち，免除基準への抵触の有無につき検討を行う必要があります。また，外国投資家による株主提案ではなく発行会社が自ら外国投資家の関係者を会社提案として候補者とした場合でも，株主総会において当該候補者が選任されれば当該外国投資家において免除基準を満たさなくなる点にも注意が必要です[12, 13]。

このように，外国投資家の「関係者」の役員就任が，（ア）株式取得に係る

12　そのため，本ケースからは離れますが，外国投資家において，自己の関係者が発行会社の役員に就任することが株式取得の時点で予想される場合は，免除基準を利用できず，株式取得に係る事前届出を行っておく必要があると考えられます（パブリックコメント回答242番参照）。

事前届出の免除基準および（イ）議決権行使に係る事前届出事由に関連します。かかる「関係者」の意義について，詳細は**PartⅠ 2.1.3図表1-2-8**：本書35頁以下のとおりですが，当該取締役の選任議案を（Ⅰ）外国投資家が自らまたは他の者を通じて提出する場合以外（発行会社が提案する場合を含み，「他者提案」といいます。）であるのか，または（Ⅱ）外国投資家が自らまたは他の者を通じて提出する場合（「自己提案」といいます。）[14]であるのかによって定義が異なり，（Ⅱ）自己提案の場合においては，外国投資家の主要な取引先や外国投資家から多額の財産を受領した者に加え，過去1年間において要件に該当した者も含まれるなど，対象範囲が広いことに留意が必要です（**PartⅠ 2.1.3図表1-2-8**；本書35頁以下参照）。詳細は次のとおりです。

　本ケースの場合，Ｘ社が自ら株主提案を行うことを検討していることから，関係者の範囲につき，上記（Ⅱ）の自己提案の場合の広いスコープが適用されることになります。そのため，Ｘ社やその関連会社の役員等の関係者のみならず，外国投資家または関連会社の役職員でない者（例えば外部有識者やプロ経営者）であっても，外国投資家と当該候補者との間に取引関係や金銭その他の財産の授受が存在する（あるいは過去1年以内に存在した）場合[15]には，関係者に該当しうるため，候補者の選定および同人の役員選任に係る提案または要

13　なお，株式取得時に事前届出を行ったか否かにかかわらず，外国投資家（上場会社については1％以上の議決権を保有する場合に限る。）が発行会社の株主総会において，自己の関係者を候補者とする役員選任議案に賛成の議決権を行使する場合は，当該議決権行使に先立ち行為時事前届出が必要となることにも注意が必要です（**PartⅠの2.1(3)**および**PartⅡの1.2(5)**参照）。

14　（Ⅱ）自己提案の場合には，Ｘ社が自ら提案しなくても他の者を通じて提案した場合も含まれるところ，パブリックコメント回答49番および50番において，「外国投資家自らの意思により，他のものに依頼して提案させる場合や，発行会社の取締役会等に対して主体的に働きかけを行った結果として形式上は会社提案議案が株主総会に提出されるような場合等，実質的には自らの意思および発案，自らの行動の発動を契機として提案が行われる場合」は「他のものを通じて」提案された場合に該当するとの解釈が示されています。そのため，形式的には会社または他の株主が役員選任議案の提案を行った場合でも，（Ⅱ）自己提案として広範な「関係者」のスコープが適用されうる点に注意が必要です。

1　株式取得　　131

求の実施にあたっては，慎重な調査・検討が求められます。

(iii)　質問状の送付および回答の要求

　株主が経営陣による経営手法に不満や疑問点がある場合に，経営陣の考えを理解し，今後の議決権行使等の判断材料にする等の目的で，当該株主から経営陣（取締役会等）に対して質問状を送付し，それに対して回答を求めるといったコミュニケーションを図ることがあります。かかるコミュニケーションの実施自体は，必ずしも株式取得に係る事前届出の免除基準に抵触するものではないと考えられます。

　しかしながら，Y社のようにコア業種に属する事業を営んでいる会社については，上記(2)のとおり，株式取得に係る事前届出免除に係る上乗せ基準の1つとして，「コア業種に属する事業に関し，取締役会等に期限を付して回答・行動を求めて書面で提案を行わない」ことが定められているため，本ケースにおける「Y社の取締役会に対し，長距離電気通信事業に係る事業戦略（今後のM&A，投資，事業撤退等の可能性を含む。）の方針に関し質問状を送付し，一定期限内の回答を要求する」というX社のアクションはこの上乗せ基準に抵触するものと考えられます。

　そのため，質問内容がコア業種に属する事業に関するものである限り[16]，X社

15　財務省「外国為替および外国貿易法の関連政省令・告示改正について」（2020年4月24日）において，東京証券取引所のガイドラインにおいて独立役員になることができない者の定義を援用するとされていますが，同取引所が定める「独立役員の確保に係る実務上の留意事項」（2024年4月改訂版）においても明確な基準は示されていません。そのため，外国投資家と役員候補者との間に主要な取引関係や多額の財産の授受が存在するかの判断にあたっては，個別の事実関係に基づき当該候補者と外国投資家との間の経済的依存度や影響力の有無・大きさ等を分析の上，当該候補者について外国投資家からの独立性が確保されているかという観点から判断する必要があり，ケースバイケースの検討を要するものと考えられます。

16　パブリックコメント回答175番において，「『コア業種に属する事業に関し，取締役会等に期限を付して回答・行動を求めて書面で提案を行わない。』については，コア業種に属する事業にかかわるものは須らく該当することになります。」との見解が示されており，コア業種に属する事業への関連性については幅広に解釈・判断されるものと考えられる点に注意が必要です。

としては，形式的にも実施的にも期限を付しているとはみられない形での質問
状とする[17]，または面会の場を設けて口頭での質疑応答を行うなど，上記上乗
せ基準に反しない形での質問を行うか，あるいは，当該質問状の送付に先立ち
株式の追加取得に係る事前届出を行い財務省および事業所管省庁のクリアラン
スを得た上で質問状の送付を行う必要があります。

（4） 免除基準または上乗せ基準に違反した場合

　仮に免除基準および上乗せ基準に該当するとして事前届出を行わずにＹ社の
株式を取得した後，免除基準または上乗せ基準に違反する行為を行った場合，
必要な事前届出書の提出を行っていなかったことになるため，3年以下の懲役
もしくは100万円以下の罰金に処され，またはこれらを併科される可能性があ
ります（法70条1項22号）。

　なお，株式取得時においては免除基準ないし上乗せ基準を遵守する意向を有
していたものの，取得後において意向が変わった場合においては，①行為時事
前届出の対象となる行為（例えば，自己の関係者の役員選任に係る議決権行
使）については，その際に行為時事前届出を行うことで，適法に実施すること
ができます。これに対し，②行為時事前届出の対象とならないが免除基準また
は上乗せ基準に抵触する行為（例えば，株式取得時は想定していなかったが，
コア業種に属する事業に関し重要な意思決定権限を有する委員会に自らの役員
を出席させることを要求することにした場合等が挙げられます。）を行う意向
が取得後に生じた場合の取扱いは外為法令上明確に規定されていません。

　この点，実務的な対応策としては，当該行為の実施に先立ち株式の追加取得
を理由とする取得時事前届出を行い，当該届出において免除基準または上乗せ
基準に抵触する行為の実施意向を明示した上で，事業所管省庁の審査をクリア

17　パブリックコメント回答256番等によれば，「明確な日時等が明示されていない場合で
あっても，実質的には期限を付していることと同等であると解される場合にはこれに該
当することになります。」とされており，上記上乗せ基準に反しない形での質問とする
ためには，質問書の具体的な記載内容につき慎重に検討する必要がある点に注意が必要
です。

することが考えられます。必要に応じて事業所管省庁に相談することも含め，慎重に検討，対応する必要があります。

（5） 行為時事前届出

外国投資家が，規制対象事業を営む上場会社の議決権を1％以上保有している状態で（下記①については取得時に事前届出を実施した上で議決権の50％以上を保有している場合を除く。），次の行為を行う場合には，その行為の実行に先立ち事前届出を行い，クリアランスを取得する必要があります（詳細についてはPartⅠ 2.1.3（3）：本書33頁以下参照）。

① 外国投資家自らまたはその関係者が役員（取締役または監査役）に就任することについて，株主総会において同意（賛成）すること

② 指定業種に属する事業の譲渡・廃止を株主総会に自らまたは他の株主を通じて提案し，同意すること

そのため，本ケースにおいても，Ｘ社が指定する取締役候補者がＸ社の関係者（上記(3)(ii)参照）である場合，株主総会における議決権行使に先立ち，行為時事前届出を行って，クリアランスを得る必要があります。

仮にＸ社がかかる行為時事前届出を行わずに上記各議案について賛成の議決権行使を行った場合，それ以降に当該外国投資家が行う同一の対象会社に係る対内直接投資等（今後の同社株式の追加取得等）は，国の安全等に係る対内直接投資等に該当するおそれが大きいものとされるため，事前届出の免除を受けることができなくなります（法27条の2第1項，直投令3条の2第2項5号，直投命令3条の2第5項5号，詳細についてはPartⅠ 2.2.5：本書53頁以下参照）。

1.3 スクイーズアウトによる完全子会社化

CASE 3

　英国（グレートブリテン及び北アイルランド連合王国）を設立地とするX社は，東京証券取引所プライム市場に上場しており，船舶用エンジンの製造を行うY社を完全子会社とする取引を実施することにしました。X社は既にY社の株式を25％保有し持分法適用関連会社としています。

　このたび，X社はY社を完全子会社化することを決定しました。その手法として，まず公開買付けにより他の少数株主からY社株式を取得することで，X社の持株比率を3分の2以上まで上昇させた上で，さらに株式併合の手続を行うことにより，残る少数株主についてもスクイーズアウトすることを予定しています。

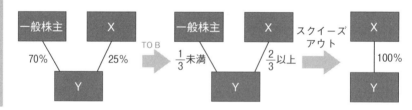

(1) 概　要

　上場子会社の完全子会社化を実施する場合，まず公開買付けを実施して一定数の株式を取得することにより株式の保有割合をスクイーズアウトが可能な水準まで上昇させた上で，(a)株式等売渡請求（会社法179条以下乃至179条の10）または(b)親会社以外の株主の株式数が1株未満となる比率による株式併合（会社法180条以下乃至182条の6）の方法により，残存している少数株主をスクイーズアウトすることが一般的です。X社は外国投資家であるため，公開買付けによる株式取得について事前届出が必要ですが，その詳細は**CASE　1**（本

書110頁以下）を参照ください。

　公開買付けによりＸ社がＹ社の総議決権の90％以上に相当する株式を所有することになった場合は，Ｘ社はＹ社の特別支配株主に該当するため，Ｘ社以外のＹ社株主の全員に対して，その保有するＹ社株式を売り渡すよう請求することができます（会社法179条）。他方で，公開買付け後にＸ社がＹ社の総議決権の90％以上に相当する株式を所有しない場合，株式等売渡請求を行うことはできないため，スクイーズアウトの手法として株式併合を用いることになり，Ｙ社の株主総会特別決議により承認を受けることが必要となります。以下では，株式併合によるスクイーズアウトの場合を想定しています。

　なお，スクイーズアウトに先行して公開買付けが行われる場合，**CASE　1**で検討したとおり公開買付けにより他の株主からＹ社の株式を取得する点について対内直接投資等に該当します。さらに公開買付け完了後に株式併合によるスクイーズアウトを行う場合，以下に述べるとおり，スクイーズアウト手続におけるＹ社の株式の取得が対内直接投資等に該当し得ます。

　もっとも，完全子会社化取引においては，対象会社の全ての株式取得を目的として，公開買付けとスクイーズアウトは一体として行われることが想定されており，公開買付けが成立した後で，スクイーズアウトによる株式取得についてクリアランスが得られないという事態は避ける必要があります。そのため，実務上は，公開買付けに先立ち，スクイーズアウトによる取得（すなわち，Ｙ社の全株式の取得）についてもあわせて事前届出を行い，クリアランスを得ることになると考えられます。

（2）　想定取引スケジュール

　本ケースの事例では，実務上，例えば次のようなスケジュールで取引を進行させることが考えられます（次頁参照）。

	日　程	手　続
①	Ｘ－２カ月	（外為法）事前届出に係る財務省，事業所管省庁および日本銀行との事前相談の開始
②	Ｘ－１カ月＋α	（外為法）事前届出書の提出
③		（外為法）事業所管省庁との質問票のやり取り（必要に応じて）
④		（外為法）事業所管省庁からの遵守事項の提示および交渉
⑤	Ｘ	公開買付けの公表
⑥	Ｘ＋１日	公開買付けの開始
⑦	Ｘ＋１～２カ月（Ｙ）	公開買付けの終了
⑧	Ｙ＋数日	（Ｙ社）臨時株主総会の基準日設定公告開始（注1）
⑨	Ｙ＋１週間	（Ｙ社）公開買付けの決済日
⑩	Ｙ＋約１カ月	（Ｙ社）臨時株主総会の招集通知（注2・3） （Ｙ社）事前開示書類備置開始
⑪	Ｙ＋約２カ月	（Ｙ社）臨時株主総会（株式併合の承認決議）
⑫	Ｚの20日前まで	（Ｙ社）株主宛通知・公告
⑬	Ｚの３営業日前	Ｙ社株式の上場廃止
⑭	Ｙ＋約３カ月（Ｚ）	株式併合の効力発生
⑮	Ｙ＋約３カ月	（Ｙ社）端数相当株式の売却に係る裁判所への許可申立て（注4）
⑯	Ｙ＋約４カ月	裁判所による端数相当株式の売却許可決定
⑰	Ｙ＋約４カ月～	端数相当株式の決済・売却代金の交付

（注１）　基準日の２週間前から実施する必要があります（会社法124条３項）。
（注２）　株主総会の２週間前までに送付する必要があります（会社法299条１項）。
（注３）　招集通知は基準日における株主宛に送付する必要があるところ，実務上，基準日における株主を確定するために基準日から一定の日数を要します。
（注４）　申立書に端数について記載する必要がありますが，端数の計算に一定の日数を要する場合があります。

1　株式取得　　137

(注5)　公開買付けについても，財務局や金融商品取引所への事前相談が必要な点には注意
　　　　が必要です。
(注6)　Y社が日本以外の国においても事業を展開している場合には，当該国の投資規制に
　　　　も注意が必要となるため，必要に応じて，現地の法律事務所への確認等を行う必要が
　　　　あります。

(3)　留意点

(i)　株式併合による株式の取得

　株式併合の比率はX社以外のY社株主の株式数が1株未満となるように設定
されるため，株式併合後に1株以上の株式を取得するのはX社のみとなります。
この点，X社は外国投資家ですので，当該株式の取得は対内直接投資等に該当
しますが，株式の併合により発行される株式の取得については，外為法令上事
前届出は不要とされています（法27条1項，直投令3条1項5号）[18]。

(ii)　端数株式の売却に伴う株式の取得

　X社以外のY社株主に対しては，株式併合の結果生じる1株未満の端数の合
計数に相当する数の株式を裁判所の許可を得て売却した代金を交付することに
なります（会社法235条1項，同条2項が準用する234条2項）。各株主に交付
される1株あたりの代金は，先行する公開買付けにおける1株あたりの価格と
同額になるよう設定されるのが通常です。

　端数株式の売却先（取得者）については，(a)親会社（本ケースであればX
社）とする場合と，(b)発行会社（本ケースであればY社）とする場合の両パ
ターンがあります。前者の場合には，当該X社によるY社の端数株式の取得は，
外国投資家以外の株主からの取得の場合，対内直接投資等に該当しますが，上
記のとおり，実務上は，スクイーズアウトによる取得についても公開買付けに

18　なお，スクイーズアウトの手法として株式売渡請求を用いる場合には，残存している
　　少数株主からY社の株式を取得することとなりますので事前届出が必要となるように思
　　われますが，上記のとおり，公開買付けを実施する段階でその後の株式売渡請求まで見
　　越して，Y社の全株式を取得する前提で事前届出を行うことが想定されますので，改め
　　て株式売渡請求を行う際に事前届出を行う必要があるケースは例外と考えられます。

先立つ事前届出においてあわせてクリアランスを得ることになると考えられますので，別途の事前届出は不要となるケースが多いと考えられます[19]。

(iii) 特定取得への該当性

上場会社の株式の取得は特定取得の対象とならないため（法26条3項），公開買付けによる取得は，取得の相手方が外国投資家であっても，特定取得には該当しません。

他方で，裁判所が端数売却を許可する時点ではY社は上場廃止となっているのが通常であるため，端数売却に伴う取得については，取得の相手方（株式併合により交付されるY社株式が1株未満の端数になる者）が外国投資家である場合，特定取得に該当し，特定取得に係る事前届出が必要となるようにも思われますが（法28条1項），X社が公開買付けを行った段階で最大100％のY社株式の取得を目的とする事前届出を経ていることから，再度特定取得に係る事前届出は不要と考えられます[20]。

（4） 事前届出を行わなかった場合の罰則

事前届出が必要であるにもかかわらず，事前届出を行わずに対内直接投資等または特定取得を行った場合，3年以下の懲役もしくは100万円以下の罰金に処され，またはこれらを併科される可能性があります（法70条1項22号乃至25号）。

19　なお，発行会社（本ケースであればY社）が端数株式を取得する場合（会社法234条4項）には，対内直接投資等には該当しますが，事前届出は不要とされています（直投令3条1項12号，直投命令3条2項3号ハ）。

20　X社が公開買付けを行う段階において提出する事前届出書の「その他の事項」欄に，スクイーズアウトの過程で裁判所の売却命令を通じて外国投資家から取得する端数株式が含まれうる旨を記載する必要があります。

1.4 ┃ ファンドによる非上場会社の買収

CASE 4

(ⅰ) 国内の投資会社であるA社は，ファンドを組成して，非上場の国内法人
    であるB社の全株式をその株主から取得することとしました。B社は人
    工透析機器を製造販売しています。

(ⅱ) A社が設立した買収ビークル（買収SPC）であるC社は，B社の株主と
    の間でB社の全株式を譲り受ける旨の株式譲渡契約を締結しました。

(ⅲ) A社は，B社株式の買収資金を集めるため，投資事業有限責任組合契約
    に関する法律に基づき，A社を業務執行組合員，国内投資家であるYお
    よび外国投資家であるZを組合員とする投資事業有限責任組合Xを組成
    しました。

(ⅳ) B社株式の譲渡実行の直前に，C社（買収SPC）は，X（ファンド）を
    引受先とする第三者割当増資に加え，国内金融機関からの借入によって
    買収資金を調達し，B社株式の譲受を実行しました。なお，Xは，国内
    投資家であるYおよび外国投資家であるZからの出資によりC社への増
    資に係る資金を調達しました（その結果，Xに対する外国投資家Zの出
    資比率は50％以上となりました。）。

(ⅴ) 株式譲渡の実行後，C社を存続会社，B社を消滅会社とする合併が行わ
    れました。

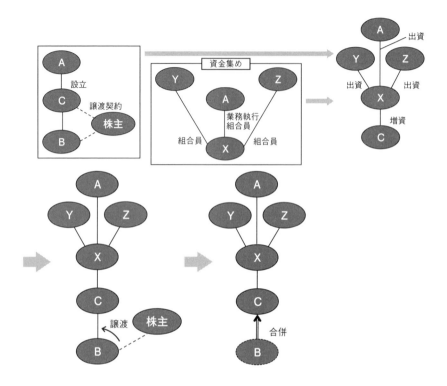

(1) 概　要

　国内外の投資家からの出資により国内の会社を買収する場合，外国投資家の出資の仕組みおよび比率に応じて，想定される各フェーズにおいて，下記のとおり外為法上の手続が必要となり得ます。

(2) 想定取引スケジュール

　本ケースの事例では，実務上，例えば次のようなスケジュールで取引を進行させることが考えられます。

	日　程	手　続
①		対象会社に係るデュー・ディリジェンス開始（取引に係る各種許認可・届出等の要否の確認を含む）

②	X－3カ月	• 出資の仕組みおよび比率の検討（XおよびB社の外国投資家への該当性を含む） • 対象事業の指定業種への該当性の検討（外為法上の事前届出の要否の確認）
③		取引に係る各国競争法・外為規制法上の届出要否の検討
④	X－1カ月	C社の設立
⑤	X－2～4週間 （注1）	（外為法）事前届出に係る財務省，事業所管省庁および日本銀行との事前相談
⑥	X	（B社・C社）取引に係る契約（株式譲渡契約）締結
⑦	X～数日	（外為法）事前届出書の提出
⑧	X＋数日～数週間	• （外為法）事業所管省庁との質問票のやり取り（必要に応じて） • （外為法）事業所管省庁からの遵守事項の提示および交渉（もしあれば）
⑨	X～クロージング	• 取引（対内直接投資等）に係る財務省および事業所管省庁のクリアランス（取引承認）の取得 • 取引に係る各国競争法・外為規制法上の届出～各国当局の審査～クリアランス（取引承認）の取得 • XがA社からC社設立時株式を譲受け • Xが第三者割当増資によりC社の株式を引受け
⑩	Y（クロージング）	株式譲渡の実行
⑪	Y～吸収合併効力発生日	（外為法）事前届出書の提出～審査～クリアランス（注2）
⑫	Y～吸収合併効力発生日	合併に係る会社法上の手続の実施（注3）： • （C社）株主総会決議による吸収合併契約承認（注4） 　※クロージング前日までに • （B社・C社）債権者異議申述公告・個別催告 　※クロージングの1カ月前までに • （B社・C社）事前開示書面備置　※同上 • （B社）株主向け通知・公告

142　Part II　ケーススタディ

| | | ※クロージングの20日前までに |
| ⑬ | Y＋1.5カ月 | 吸収合併の効力発生 |

（注1）　事前相談に要する時間はB社が行う事業の国の安全保障や産業戦略上の重要性等の
　　　　要素により異なります。
（注2）　C社によるB社の株式取得により実質的に買収は完了しているため，合併に係る届
　　　　出の審査は当初の届出よりも短期間で済む場合が多いと考えられます。
（注3）　B社が株券発行会社である場合は株券提出公告および株主・登録質権者に対する株
　　　　券提出通知が必要になります。
（注4）　B社はC社の完全子会社であるため略式合併の要件を満たし株主総会決議による承
　　　　認は必要ありません。

（3）　外国投資家によるファンド（投資事業有限責任組合）への出資

　外為法26条2項各号および直投令2条16項各号が定める「対内直接投資等」
は，いずれも会社その他の法人が発行する株式，持分等またはその議決権その
他の権限を取得または合意する行為であり，法人格を有しないファンドの出資
持分を取得する行為は含まれていません。そのため，外国投資家であるZによ
るXへの出資は，対内直接投資等に該当せず，事前届出または事後報告は不要
であると考えられます。

（4）　ファンドによる買収SPCの増資引受け

　外国投資家が非上場会社の株式を取得する場合には，当該株式取得に係る事
前届出または事後報告を行う必要があります（上場会社と異なり1株の取得か
ら届出が必要になります。）。本ケースにおいて，Xは，（A社に加えて）国内
投資家であるYおよび外国投資家であるZから出資を受け，C社の発行する株
式を引き受けているため，Xが外国投資家に該当する場合は，当該C社株式の
引受けにつき事前届出または事後報告が必要となります。

　この点，Xは，国内法に基づいて組成された投資事業有限責任組合ですが，
仮にXの業務執行組合員が外国投資家である場合や，外国投資家である組合員
による出資の金額がXの総組合員による出資の金額の50％以上である場合にお

いて一定の要件を満たす場合は，Xが外国投資家に該当します（外為法26条1項4号）。この点，上記**CASE 4**(iv)のとおり，Xは国内の投資会社であるA社を業務執行組合員として組成されたファンドであるものの，XによるC社への増資実行に先立ちYおよびZから追加出資を受けた時点で外国投資家による出資比率が50％以上となり，外国投資家に該当しています。そのため，外国投資家であるXによるC社株式の増資引受けによる取得について，事前届出または事後報告が必要となります。

　この点，C社はSPCであり，Xによる増資引受けの時点では指定業種を営んでおらず，またB社の株式も取得していないことを強調すれば，Xの増資引受けによるC社の株式取得については，事前届出は不要であり事後報告で足りるとの整理も理論的には考え得るところです。しかしながら，近年の実務取扱いとしては，①XによるC社の増資引受けの時点ではすでにB社株式の取得に係る最終契約が締結され，その実行もほぼ確実になっていること，また，②この時点でC社の株式取得に係る事前届出を実施しておくことで，その後のC社役員の選任に係る議決権行使につき事前届出を不要とできることからこの時点でのC社への増資引受けによる株式取得についてXが事前届出を行う取扱いが一般的であるように思われます。

　なお，A社はC社設立時にC社の設立時発行株式を取得していますが，Xは，C社によるB社買収の実行に先立ち，A社から当該C社株式を譲り受けて取得することが想定されます。かかるX（ファンド）によるC社（SPC）の設立時株式の譲受け取得の時点でXが外国投資家に該当している（ZのXに対する出資比率が50％以上である）場合，これについても事前届出または事後報告が必要になるため，注意が必要です。

（5）　SPCによる国内会社の株式取得

　外為法上，外国投資家が，指定業種を営む非上場会社の株式を取得する場合には，当該株式取得に係る事前届出を行う必要があります（ただし，当該非上場会社がコア業種以外の指定業種のみを営む場合，届出免除の可能性がありま

す。Part I 2.2.5；本書53頁以下参照)。上記(4)のとおり，Xが外国投資家に該当するため，Xによりその全株式を保有されるC社も外国投資家に該当します。そして，2020年6月改正により，高度管理医療機器に係る製造業が指定業種のうちコア業種として追加されており，本ケースのB社が行う人工透析機器の製造業は指定業種（コア業種）に該当すると考えられます。

　そのため，本ケースにおいても，C社がB社の株式を取得するのに先立ち，C社において，B社株式の取得に係る事前届出を実施し，事業所管省庁のクリアランスを取得しておく必要があります。なお，事前届出書提出時点ではXによる増資引受けは未了でありC社の株主はA社（外国投資家ではない）である場合も，B社株式取得前の時点までに株主が外国投資家になる予定である旨や当該外国投資家の情報を事前届出書に注記することにより届出が可能であると考えられます。

　また，B社株式の取得の実行前の段階で，①X（ファンド）によるC社（SPC）への増資実行に係る事前届出と，②C社（SPC）によるB社（対象会社）株式の取得に係る事前届出（上記(4)）をあわせて行うことが実務上想定されることは上記(4)のとおりです。

(6)　SPCと事業会社の合併

　買収SPCを用いた企業買収において，金融機関から買収資金の一部の借入を行う場合，買収SPCが借入人となりますが，買収SPC自体は返済原資となるキャッシュフローを有しないため，買収実行後に買収SPCと事業会社を合併することを金融機関から求められることがあります。本ケースにおいても，買収SPCであるC社はB社を消滅会社とする合併を行う予定となっています。

　外為法においては，外国投資家が居住者から吸収合併により事業を承継する行為は対内直接投資等に該当します（法26条2項8号）。そのため，本ケースにおいても，C社においては，当該吸収合併の効力発生（それによるB社の指定業種に係る事業の承継）に先立ち，事前届出を行う必要があります。

（7） 取締役の選任に係る届出の要否

　C社によるB社株式の取得完了後においては，B社（C社とB社の合併完了後においては合併後のC社）の経営のため，X（ファンド）ないしA社（投資会社）が，自らの関係者を新たにB社（合併完了後はC社）の取締役または監査役として選任することが想定されます。その場合，B社またはC社の株主総会の決議により対象者を取締役または監査役とする旨の選任議案を可決する必要がありますが，外国投資家が，自らの関係者が指定業種を営む投資先会社の役員（取締役または監査役）に就任することについて株主総会において同意（賛成）する場合には，かかる議決権行使に先立ち事前届出（行為時事前届出）を行い，クリアランスを取得する必要があります（直投令2条11項1号）。ただし，C社の株式取得について事前届出を行った上で議決権の50％以上を保有している場合は，行為時事前届出は不要となります（直投令3条1項12号，直投命令3条2項7号イ）。なお，本件とは事案が異なりますが，B社を合併存続会社とする場合には，XはB社の株式取得についての事前届出を実施していないため，合併後のB社に対するXの議決権行使に際して，上記の行為時事前届出の免除によることができない点には注意が必要です。

　まず，①C社とB社の合併完了前におけるB社の役員選任については，C社がB社の株主総会において議決権行使を行うところ，C社はB社株式を取得する時点で事前届出を行った上でB社の議決権の全てを保有していることから，C社がB社の株主総会において取締役選任議案につき賛成の議決権を行使すること（書面決議（会社法319条）に係る同意を含みます。）は，行為時事前届出の対象となりません。

　次に，②合併完了後におけるC社の役員選任については，XがC社の株主総会において議決権行使を行うことになります。この点，上記(4)のとおり，XがC社株式を取得する時点において取得時事前届出を実施しておくことが実務上一般的と考えられ，その場合には，XによるC社の株主総会における議決権行使に関して事前届出は不要となります。他方で，もしXがC社株式を取得す

る時点において取得時事前届出を実施していなかった場合には，Xはかかる C社の株主総会における議決権行使に先立ち，Xの関係者を取締役または監査役として選任する議案に賛成することについて事前届出を行い，クリアランスを取得する必要があると考えられますので，注意が必要です。

（8） 事前届出を行わなかった場合の罰則

事前届出が必要であるにもかかわらず，事前届出を行わずに対内直接投資等を行った場合，3年以下の懲役もしくは100万円以下の罰金に処され，またはこれらを併科される可能性があります（法70条1項22号乃至25号）。

1 株式取得　　147

1.5 外国法人の買収

CASE 5

　日本を設立地とし，食品製造業を営むＡ社は，現在，その事業をスペイン王国その他のEU諸国に拡張するため，スペイン王国を設立地とし，食品製造業を営む非上場会社のＸ社について，Ｘ社の株式の100％をＸ社の株主であるＸ社の創業家一族より新たに30億円相当額の対価（ユーロ建）で取得することを予定しています。

(1) 概　要

　居住者が，外国における事業活動に参加するために，出資比率が10％以上となる外国法人の発行する株式，出資持分等の証券（法６条１項11号）を取得する場合（今回株式を取得することにより出資比率が10％以上となる場合を含みます。）には，外為法上の「対外直接投資」（法23条２項，外為令12条４項，外為省令23条）に該当し，許可申請（法21条１項・２項，外為令11条１項），事前届出（法23条１項，外為令12条１項・２項，外為省令21条）または事後報告（法55条の３第１項，外為令18条の５，報告省令５条，10条）が要求される場合があります（詳細については，**Part I 3.2**：本書83頁以下参照）。

　日本を設立地とするＡ社は「居住者」に該当し（法６条１項５号），スペイン法人のＸ社は外国法人に該当します。株式取得後のＡ社によるＸ社の出資比率は10％以上となり，また，Ａ社は，食品製造事業をスペイン王国に拡張するためにＸ社の株式を取得するものですので，外国（スペイン王国）における事業活動に参加する目的を有すると認められるため，Ａ社がＸ社の株式を取得する行為は「対外直接投資」に該当し，各種の手続規制を受けることになります。

148 Part II ケーススタディ

（2） 想定取引スケジュール

本ケースの事例では，実務上，例えば次のようなスケジュールで取引を進行させることが考えられます。

	日　程	手　続
①		対象会社に係るデュー・ディリジェンス開始（取引に係る各種許認可・届出等の要否の確認を含む）
②	X－3カ月	● 出資の仕組みおよび比率の検討 ● 対象事業の指定業種への該当性の検討（外為法上の事前届出の要否の確認） ● スペイン法その他各国法上の外資規制・手続の要否の確認
③		取引に係る各国競争法上の届出要否の検討（Part II　1.1（2）(注1)；本書112頁参照）
④	X	（A社・株主）取引に係る契約（株式譲渡契約）締結
⑤	X～クロージング	取引に係る各国競争法上の届出～各国競争法当局の審査～クリアランス（取引承認）の取得
⑥	Y（クロージング）	株式譲渡の実行
⑦	Y－1カ月	● （外為法）事後報告の提出（20日以内） ● （スペイン法）事後届出の提出（30日以内）

（3） 各手続の解説

（i） A社によるX社についてのデュー・ディリジェンス開始

対内直接投資等のケースと同様に，本ケースについても，A社はX社に対し，自らおよび各種専門家を通じたデュー・ディリジェンスを実施することが想定されます。当該デュー・ディリジェンスにおいては，X社のビジネス，法務，財務，税務等の分野について，X社自らまたは各専門家が調査を行うことになりますが，外為法または投資先の外資規制に基づく許可申請や届出等を行う必要があるかどうかは，当該取引のスケジュール等にも影響する重要な事項です

ので，取引プロセスにおける初期段階において検討することになります。具体的な検討項目については，下記(ii)を参照ください。

(ii) 対外直接投資に係る許可申請，事前届出または事後報告の要否の検討

(a) 許可申請の要否の検討

外為法上，国際平和や日本全体の国際収支の均衡の観点から指定された，北朝鮮の核関連計画等に関与する者等制裁対象者との間で行われる対外直接投資を行おうとする居住者は，事前に財務大臣の許可を取得する必要があります（法21条1項・2項，外為令11条1項）[21]。対外直接投資について許可申請が必要となる場合はきわめて限定的であるため，通常のM&A案件で許可申請が必要になることは少ないと思われます。もっとも，2024年9月現在，ロシア連邦向けの新規の対外直接投資については経済制裁対象者と関わりなく許可制となっていることから，日本の法人のロシア連邦に所在する子会社または支店に関するこれらの取引については許可申請が必要となることにつき，注意が必要です（**Part I 3.2.2**；本書84頁以下参照）。

本ケースの場合も，食品製造業を営むスペイン法人であるX社の株式の取得は，食品製造事業をスペイン王国に拡張する目的で行う取引であり，財務大臣の許可が必要となる上記の例外的な取引には該当しないため，許可申請は不要です。

(b) 指定業種への該当性（事前届出の要否）の検討

対外直接投資が事前の許可申請の対象にならない場合，外為法上，投資先である外国法人が以下の5つの指定業種のいずれかを営んでいる場合，居住者は，事前に財務大臣に届出を行う必要があります（法23条1項，外為令12条1項・2項，外為省令21条）。具体的には，デュー・ディリジェンスにおいて以下の

21　許可の対象となる取引は「外国為替及び外国貿易法第二十一条第一項の規定に基づく財務大臣の許可を受けなければならない資本取引を指定する件」（平成10年3月大蔵省告示第99号）によって定められています。

150　Part II　ケーススタディ

5つの指定業種のいずれかを行っているかどうかについて質問をする必要があります。デュー・ディリジェンスを現地の法律事務所に依頼する場合，現地の法律事務所は，日本の外為法に基づく対外直接投資規制を認識していない場合が少なくなく，現地の法律事務所に対して具体的な指示をせずにいると対象会社が当該指定業種を営んでいるかについての確認が漏れてしまう場合もあると思われます。あらかじめ現地の法律事務所に指示をしておくか，または直接対象会社に質問するなどして，確認漏れのないようにする必要があります。

①　漁業（水産動植物の採捕事業）
②　皮革または皮革製品の製造業
③　武器の製造業
④　武器製造関連設備の製造業
⑤　麻薬等の製造業

本ケースでは，投資先であるX社が営む食品製造業は，上記の指定業種のいずれにも該当しないため，財務大臣への事前届出の提出は不要です。

(c)　事後報告の要否の検討

居住者が許可申請および事前届出が不要とされる対外直接投資を行った場合であって，一定の規模の証券の取得や譲渡等を行う場合には，財務大臣への事後報告を行う必要があります（法55条の3第1項，外為令18条の5，報告省令5条，10条）。居住者による，出資比率が10％以上となる外国法人の発行する証券の取得や譲渡の場合，10億円相当額以上の取引であれば，事後報告の対象となります。

本ケースの場合，A社は株式取得対価としてX社の株主に対して30億円相当額のユーロを支払うため，事後報告の対象となります。事後報告の提出にあたっては，株式の取得日または当該取得に係る支払等をした日のいずれか遅い日から20日以内に，「対外直接投資に係る証券の取得に関する報告書（報告省令別紙様式第16)」を提出する必要があります。

1　株式取得　　151

(iii)　支払等に係る事後報告の検討

居住者が日本から外国へ向けて行う支払および居住者による外国から日本に向けた支払の受領については，貨物の輸出入代金に係るものを除き，外為法上「支払等」に該当し，当該支払自体が許可または事後報告の対象となります（詳細については，**PartⅠ「4　支払等」**：本書93頁以下参照。法8条，16条，55条）。

本ケースでは，取得相手となるＸ社の株主が非居住者であるか，または取得の時点で外国に所在している場合，株式取得の対価としての30億円相当額のユーロの支払は，「居住者が非居住者との間で行う支払」に該当します。その場合，1回あたりの支払額が3000万円相当額を超える場合には，Ａ社において支払等に係る事後報告の実施が必要となります（外為令18条の4第1項1号，報告省令1条。支払等に係る事後報告の種類，様式および期限については，**PartⅡ　1.1（4）図表2‐1‐2**：本書124頁参照）。

(iv)　外資規制・手続の検討

対外直接投資を行う場合には，日本国内の外為法上の規制に加えて，現地弁護士と適宜連携の上，投資先国（本ケースではスペイン王国）その他の外国における外資規制の有無および手続の要否についても検討することが必要です[22]。

（4）　事後報告を行わなかった場合の罰則

対外直接投資または支払等に係る事後報告をせずに，あるいは虚偽の報告をして，対外直接投資または支払等を行った場合，6月以下の懲役または50万円以下の罰金に処され，あるいはこれらを併科される可能性があります（法71条2号・3号）。

22　現地法上の正確性・具体的な内容については現地弁護士による確認が必要ですが，日本貿易振興機構（JETRO）ウェブサイトで主要各国の外資規制の概要が日本語でまとめられているため，初期的段階での検討においてはこれを参考にすることも考えられます。

2

ジョイントベンチャー（JV）

CASE 6

　アメリカ合衆国を設立地とするX社は，日本を設立地とするY社との間で日本における合弁会社であるZ社を設立することとしました（X社とY社の持株比率は49：51）。Z社は車両用通信装置の開発・製造を行うことを合弁事業の目的としています。

　Z社の設立当初は，Z社からY社に対して車両用通信装置の開発等を委託する形で事業化を進めてきましたが，設立から1年後，合弁事業について将来の成長がある程度見込めるようになったことから，X社およびY社は，Z社における事業化をさらに進めることとしました。これに関連して，(i)Z社が株式を新規発行してその全てをX社に割り当てる（X社からの現金出資による第三者割当増資）とともに，(ii)Z社の新規発行株式を分割対価として，Y社からZ社に対して当該車両用通信装置開発の事業を吸収分割の形で切り出し移転・承継させることになりました。なお，上記(i)および(ii)については，これらの実行後におけるX社とY社のZ社株式の持株比率が従前どおり（X：Y＝49：51）維持される取引条件とされました（①）。

　上記①から1年後，X社から派遣されてZ社の取締役に就任していたAが退任し，新たにX社の取締役であるBをZ社の取締役として派遣することとなったので，Z社の臨時株主総会を開催し，Bを取締役として選任する議案に賛成をすることとなりました（②）。

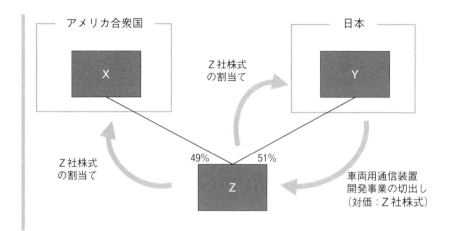

(1) 概　要

　新規に合弁事業を開始する場合，はじめから合弁会社に当該事業運営に必要な全てのリソースを集中させるのではなく，設立した合弁会社から合弁の当事会社（株主）に対して開発等の一部業務を委託する形で事業を開始し，当該事業について一定の成功の見込みが立った段階で，合弁の当事会社の事業リソースを事業譲渡や吸収分割等の方法により合弁会社に（追加で）承継させることがあります。このような段階的な方式で合弁事業を実施・推進する場合において，合弁会社に出資する会社が外国投資家に該当する場合には，想定される合弁事業化各進行フェーズにおいて，下記のとおり外為法上の手続が必要となりえます。

(2) 合弁会社の設立

　外為法上，指定業種を営む非上場会社の株式を取得する場合には，当該株式取得に係る事前届出を行う必要があります（上場会社と異なり1株の取得から届出が必要になります。）。また，株式取得に係る事前届出は，設立済の会社の株式を取得する場合だけではなく，新規に設立する会社の株式を原始取得する場合にも必要であり，その場合の事前届出書の提出時期は，会社設立登記の日

の前6カ月以内とされています[1]。

　本ケースのZ社は車両用通信装置の開発・製造を目的として設立された会社であり，車両用通信装置の製造は無線通信機械器具製造業として指定業種（ノンコア業種）に該当すると考えられます。そのため，本ケースにおいても，X社とY社が共同でZ社を設立するのに先立ち，外国投資家であるX社において，Z社の設立時株式の取得に係る事前届出を実施し，事業所管省庁のクリアランスを取得しておく必要があります。

　なお，未上場会社の株式を取得する場合であっても，免除制度を利用することにより事前届出書の提出が不要となる場合がありますが，本ケースの場合，合弁会社であるZ社の役員について，X社およびY社がそれぞれ指名することが想定されますので，免除基準を満たさず，免除制度を利用することはできないと考えられます（免除制度の詳細は**Part I 2.2.5**；本書53頁以下を参照）。

（3）　増資および事業承継

　本ケースにおいては，Z社の設立・事業開始から1年が経過した時点で，Z社における事業化をさらに進めるにあたり，Z社が株式を新規発行して，そのすべてをX社に割り当てること（第三者割当増資）を予定していますが（上記CASE 6 ①(i)），事前届出により株式を取得することができる期間は届出日から6カ月間であるため，X社において，Z社の設立時発行株式の取得に係る届出日（事前届出書の提出日）から6カ月以上経過した後に再度当該第三者割当増資によりZ社の株式を取得する場合には，事前届出も再度行う必要があります。

　また，本ケースにおいては，上記第三者割当増資と同時に，Z社はY社から吸収分割の方式により，車両用通信装置開発事業の承継を行う予定となっています。

　外為法においては，外国投資家が居住者から吸収分割により事業を承継する

1　「外為法Q&A（対内直接投資・特定取得編）」Q11

2　ジョイントベンチャー（JV）　　155

行為は対内直接投資等に該当しますので（法26条2項8号），本ケースにおいても，吸収分割承継会社であるＺ社が外国投資家である場合には，当該吸収分割による事業承継について，同社による事前届出が必要となります。

　本ケースにおいては，内国法人であるＹ社がＺ社の株式および議決権の50％超を保有していますので，Ｚ社の役員の過半数が非居住者であるなどの事情がない限り，Ｚ社は外国投資家には該当せず（外国投資家の定義については**Part Ⅰ　2.1.2**：本書18頁以下参照），吸収分割自体についての事前届出は不要となります。

　もっとも，本ケースにおいて仮にＸ社に対する上記第三者割当増資の効力が上記吸収分割の効力発生よりも先に生じ，これにより一時的にでもＸ社によるＺ社株式の保有割合が50％以上となる場合には，吸収分割の効力発生時点でＺ社が外国投資家に該当し，吸収分割についても事前届出が必要という帰結になりかねないため，取引のストラクチャーを検討する上で留意が必要です。

（4）　新たな取締役の選任

　合弁会社を設立する場合には，合弁契約（株主間契約）において，出資比率等の一定の基準に基づいて各出資者（各株主）がそれぞれ一定数の取締役を指名する権利を定めることが一般的です。本ケースにおいても，このような規定に基づきＸ社が指名する取締役Ａが就任していたところ，Ａが何らかの事情で退任することとなったため，Ｘ社が合弁契約に基づき新たに取締役を指名することとなったものと考えられます。

　この点，Ｘ社とＹ社の2社が合弁会社であるＺ社の全株式を保有してはいるものの，このような合弁会社においても取締役を新たに選任するためには，Ｚ社の株主総会の決議によりＢを取締役とする旨の取締役選任議案を可決する必要があります（ただし，Ｘ社およびＹ社という全株主の同意に基づく書面決議（会社法319条）として行う場合が少なくありません。）。

　そして，外国投資家が株式取得についての事前届出を行った場合でも，次の行為を行う場合には，その行為の実行に先立ち事前届出（行為時事前届出）を

156 Part II ケーススタディ

行い，クリアランスを取得する必要があります。

① 外国投資家自らまたはその関係者が役員（取締役または監査役）に就任することについて，株主総会において同意（賛成）すること

② 指定業種に属する事業の譲渡・廃止を株主総会に自らまたは他の株主を通じて提案し，同意すること

本ケースにおいて，新取締役候補者であるBはX社の役員であるため，同社の関係者に該当します。そして，X社が保有しているZ社の議決権は50％に満たない（すなわち，取得時に事前届出を実施した上で議決権の50％以上を保有している場合における届出免除（**Part I 2.1.3(3)**：本書33頁以下参照）は適用されない[2]）ことから，X社がZ社の株主総会においてBの選任議案につき賛成の議決権を行使すること（書面決議（会社法319条）に係る同意を含みます。）は，上記①の行為時事前届出の対象となると考えられます。

そのため，X社としては，当該役員選任に係る株主総会の開催日または書面決議の日付までの間に，Bを取締役として選任する議案に賛成することについて事前届出を行い，クリアランスを取得しておく必要があります。

この点，事前にAの退任時期が判明している場合には，そのスケジュールに合わせて事前届出およびクリアランスの取得を済ませた上でBの選任を行うことで，特段問題は生じないものと思われます。

これに対し，Aの退任がAの死亡，体調不良等により突発的に発生した事態である場合には，速やかな後継者の選任の要請と行為時事前届出の必要性との相克が生じうることになります。すなわち，欠員の補充およびX社指名取締役数とY社指名取締役数の均衡維持の観点から，本来直ちに後継者Bを選任するニーズがあるものの，事前届出・クリアランス取得が完了するまではX社が議決権行使をできず，株主総会の書面決議（会社法319条）による選任が行えないという問題があります。そのためX社としては，可能な限り速やかに事前届出を行いクリアランスを取得した上で，Z社においてBを取締役として選任す

---

2 なお，上記①の場合に限っては，仮にX社が株式取得について事前届出を行った上でZ社の議決権の50％以上を保有している場合は，行為時事前届出は不要となります（直投令3条1項12号，直投命令3条2項7号）。

る決議（書面決議）を行わせることになる点に留意が必要です。とはいえ，この場合にはX社が指名する取締役の交代にすぎず，Xが新たにZ社の支配権を取得するものではないため，財務省および事業所管省庁による審査は迅速に完了する場合が多いことが想定されます。

（5）　事前届出を行わなかった場合の罰則

　事前届出が必要であるにもかかわらず，事前届出を行わずに対内直接投資等を行った場合，3年以下の懲役もしくは100万円以下の罰金に処され，またはこれらを併科される可能性があります（法70条1項22号乃至25号）。

3

ベンチャー・スタートアップ投資

CASE 7

　Y氏が創業したスタートアップ企業であるX社は，顧客に対してAIテクノロジーを用いたウェブサイトへのアクセス情報の収集・解析サービスを提供しています。X社は，国内ファンドであるA，国内の個人投資家であるB，海外ファンドであるCから株式発行により資金調達を実施することにしました。それぞれと協議した結果，株式発行後の出資比率は以下を予定しています。

　Y：70％
　A：20％
　B：5％
　C：5％

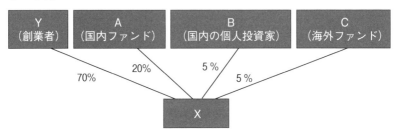

3　ベンチャー・スタートアップ投資　159

（1）概　要

　非上場会社の株式取得は対内直接投資に該当するため（法26条2項1号），指定業種を営む非上場会社が海外の投資家から出資を受ける場合には，外国投資家による外為法の事前届出が必要になります（ファンドの外国投資家該当性については，**CASE 4**：本書139頁以下参照）。この点，非居住者等[1]をGP（業務執行組合員）とするファンドであるCは外国投資家に該当します。

　加えて，国内事業者をGPとするファンドであるAについても外国LP（有限責任組合員）の出資比率が50％以上となる場合は外国投資家にあたる（法26条1項4号）ため留意が必要です。

（2）想定取引スケジュール

	日　程	手　続
①	X－1カ月	対象事業に係るデュー・ディリジェンス開始（取引に係る各種許認可・届出等の要否の確認を含む）
②		X社の外国投資家への該当性および対象事業の指定業種への該当性の検討（外為法上の事前届出等の要否の確認）
③	X－2～4週間	（外為法）事前届出に係る財務省，事業所管省庁および日本銀行との事前相談（注1）
④	X	最終契約（投資契約・株主間契約・総数引受契約）の締結
⑤	X＋数日	（外為法）事前届出書の提出
⑥	X＋数日～数週間	（外為法）事業所管省庁との質問票のやり取り（必要に応じて）
⑦		（外為法）事業所管省庁からの遵守事項の提示および交渉（もしあれば）
⑧	X～クロージング	取引（対内直接投資等）に係る事業所管省庁のクリアランス（取引承認）の取得

1　「非居住者等」の定義については，**Part I 2.1.2（4）**：本書26頁以下を参照ください。

⑨	X〜クロージング	株式発行に係る会社法上の手続の実施： （X社）株主総会決議による株式発行の承認（注2） （X社）株主総会決議（注3）による総数引受契約締結の承認
⑩	Y	株式発行（クロージング）
⑪	Y＋2週間以内	株式発行に係る登記

（注1）　事前相談に要する時間はX社が行う事業が国の安全保障や産業戦略上の重要性等の要素により異なりうるため，あくまで目安となります。
（注2）　本ケースにおける新規発行株式として新たに優先株式等の種類株式を設計し，発行する場合は株主総会決議による定款変更の承認も必要となります。
（注3）　X社が取締役会設置会社である場合は，取締役会決議

（3）　指定業種への該当性

　2019年5月改正によりIT関連業種が指定業種に追加されたため，多くのテクノロジー企業への投資について外為法上の事前届出が必要になりました（指定業種については**Part I 2.2.3**；本書43頁以下参照）。事前届出の手続は外国投資家が届出主体として行う必要があるものの，届出に必要な情報の多くは発行会社が提供する必要があるため，発行会社が事前届出業を営む場合には，あらかじめ発行会社から外国投資家に届出に必要な情報や出資のスケジュールを伝え，払込日までにクリアランスが完了するよう外国投資家において届出準備を進めてもらう必要があり，発行会社と外国投資家の間で連携することが重要です。

　なお，ベンチャー・スタートアップ企業の場合，自社の事業が指定業種に該当するかを把握していない可能性もあるところ，資金調達に際して外国投資家（いわゆる国内系の投資ファンドでも，LP出資の50％以上が外国投資家によるために外為法上の外国投資家に該当するケースがあるので特に注意が必要です）による投資の可能性が浮上した段階で，法律事務所等のアドバイザーの助言を受けておくことが望ましいものと考えられます。

　また，本ケースにおいて，交渉の最終段階になって新たな外国投資家Dの追

加参加が決まった場合には，Ｄの出資につき短期間でクリアランスを得る必要があるところ，既に外国投資家Ｃの出資についてクリアランスが得られている場合には当局の審査が短期間で完了する場合も少なくありません。そのため，発行会社がＣに提供した情報パッケージをＤにも提供することや，Ｃの出資に係る届出の際の留意点を申し送りすることなど，発行会社の側においてＤによる届出の準備期間およびクリアランス取得期間を最短化するための工夫をすることが考えられます。

（4） 事前届出における実務上の留意点

事前届出に係る届出書においては，取得後の出資比率を記載する必要があるところ，スタートアップ投資においては複数の投資家との間で同時並行的に出資を協議および交渉するのが通常であり，投資実行の直前まで投資家の出資の可否および比率が確定しないことも少なくありません。例えば，Ｃが取得比率を５％とする事前届出を提出し，クリアランスを得ていたにもかかわらず，その後Ａから予定された出資を受けられないこととなった場合には，予定どおりＣが出資した場合のＣの出資比率は6.25％となり，事前届出により許可された取得の範囲を超えてしまうため，改めて事前届出が必要になってしまいます。

この点，事前届出においては必ずしも確定的な出資比率や議決権比率を記載する必要まではないとされており，最大見込みを記載して許可を得ることも実務上許容されているため，当初届出の際に，一定程度余裕のある出資比率を記載しておくなどの工夫の余地があります。他方で，当初からあまりに高い取得比率を設定してしまうと事前届出の審査が長引いてしまうおそれもありうることから，発行会社としては，外国投資家を含む資金調達においては，各投資家とのコミュニケーションを十分に行い，投資実行の見込みを正確に予測することが重要であると考えられます。

（5） 事前届出を行わなかった場合の罰則

事前届出が必要であるにもかかわらず，事前届出を行わずに対内直接投資等

を行った場合，3年以下の懲役もしくは100万円以下の罰金に処され，または
これらを併科される可能性があります（法70条1項22号乃至25号）。

4

組織再編

4.1 合併

CASE 8

　オーストラリア連邦を設立地とするX社は，日本における子会社であるA社とB社を合併（A社が存続会社，B社が消滅会社）させることにしました。合併対価はA社の株式を予定しています。A社はX社の完全子会社ですが，B社はX社と内国会社であるY社（非上場）との合弁会社（出資比率はX：Y＝51：49）であり，合併後の新A社の出資比率はX：Y＝70：30となります。A社とB社はいずれも情報処理サービス業を行っています。

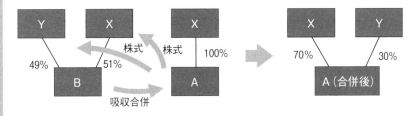

（1）概　要

　外国投資家による合併による内国法人からの事業の承継は対内直接投資等に該当します（法26条2項8号）。また，情報処理サービス業は，2019年5月改正による指定業種の拡大により指定業種に含まれました[1]（**Part I 2.2.3**；本

書43頁以下参照）。外国会社であるX社にその株式のすべてを保有されるA社は外国投資家に該当しますので、A社が内国会社であるB社から合併により事業を承継することについては外為法上の事前届出が必要になりえます。

（2）　想定取引スケジュール

	日　程	手　続
①	X－2〜4週間 （注1）	（X社・A社）（外為法）事前届出に係る財務省、事業所管省庁および日本銀行との事前相談
②	X	（X社・Y社・A社・B社）取引に係る契約（統合契約および合併契約）締結
③	X＋数日	（X社・A社）（外為法）事前届出書の提出
④	X＋数日〜数週間	（X社・A社）（外為法）事業所管省庁との質問票のやり取り（必要に応じて）
⑤		（X社・A社）（外為法）事業所管省庁からの遵守事項の提示および交渉（もしあれば）
⑥		（X社・A社）取引（対内直接投資等）に係る財務省、事業所管省庁のクリアランス（取引承認）の取得
⑦	X〜クロージング	合併に係る会社法上の手続の実施（注2）： ●（B社）株主総会決議による吸収分割契約承認（注3） 　※クロージング前日までに ●（A社・B社）債権者異議申述公告・個別催告 　※クロージングの1カ月前までに ●（A社・B社）事前開示書面備置 　※同上 ●（B社）株主向け通知・公告 　※クロージングの20日前までに
⑧	クロージング	吸収合併の効力発生

1　ただし、2019年11月改正により、自社、関係会社および自社と同種の事業を行う他の会社のために実施される等の一定の要件を満たすものについては、指定業種から除外されています。

（注１）　事前相談に要する時間はＡ社およびＢ社が行う事業が国の安全保障や産業戦略上の重要性等の要素により異なります。
（注２）　Ｂ社が株券発行会社である場合は株券提出公告および株主・登録質権者に対する株券提出通知が必要になります。
（注３）　Ａ社はＸ社の完全子会社であるため略式合併の要件を満たし株主総会決議による承認は必要ありません。

（3）　合併対価としての株式取得

　Ａ社とＢ社の合併により，Ｂ社の株主であるＸ社にはＡ社の株式が交付されます。そのため，Ｘ社によるＡ社株式の取得について，外為法上の事前届出が必要です（法26条2項1号）。

（4）　事前届出を行わなかった場合の罰則

　事前届出が必要であるにもかかわらず，事前届出を行わずに対内直接投資等を行った場合，3年以下の懲役もしくは100万円以下の罰金に処され，またはこれらを併科される可能性があります（法70条1項22号乃至25号）。

4.2 一部事業のカーブアウト取引①：吸収分割および新会社株式の取得

CASE 9

フランス共和国を設立地とするX社は，日本の精密機器メーカーY社（東京証券取引所プライム市場上場）より，航空機向け部品製造事業の一部（「対象事業」）を譲り受けることとし，具体的には，(i)Y社がその新設子会社であるA社（非上場，Y社が株式を100％保有）を受け皿会社として対象事業を吸収分割の方法により承継させた上で，(ii)X社がY社よりA社の全株式を相対譲渡により取得することを予定しています。

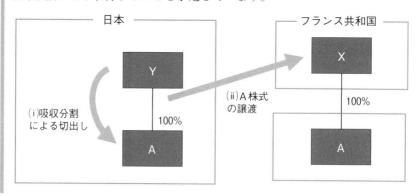

（1） 概　要

外為法上，指定業種を営む非上場会社の株式を取得する場合には，対内直接投資等として事前届出を行う必要があります（上場会社と異なり1株の取得から必要になります。）（法26条2項1号）。本ケースのA社（非上場会社）は，Y社の航空機向け部品製造事業を承継してこれを営むことになるところ，航空機向け部品の製造は，指定業種（コア業種）に該当すると考えられます（**PartⅠ 2.2.3**：本書46頁以下参照）。

そのため，本ケースにおけるX社およびY社は，取引スケジュールの検討において，対内直接投資等に係る事前届出の準備およびその審査に要する期間についても考慮する必要があります（下記（2）参照）。

（2） 想定取引スケジュール

本ケースの事例では，実務上，例えば次のようなスケジュールで取引を進行させることが考えられます。

	日 程	手 続
①		（X社）対象事業に係るデュー・ディリジェンス開始（取引に係る各種許認可・届出等の要否の確認を含む）
②	X－3カ月	（X社）X社の外国投資家への該当性および対象事業の指定業種への該当性の検討（外為法上の事前届出等の要否の確認）
③		（X社）取引に係る各国競争法・外資規制法上の届出要否の検討
④	X－2〜4週間	（X社）（外為法）事前届出に係る財務省，事業所管省庁および日本銀行との事前相談
⑤	X	（X社・Y社）取引に係る契約（株式譲渡契約）締結・公表
⑥	X＋数日	（X社）（外為法）事前届出書の提出
⑦	X＋数日〜数週間	（X社）（外為法）事業所管省庁との質問票のやり取り（必要に応じて）
⑧		（X社）（外為法）事業所管省庁からの遵守事項の提示および交渉（もしあれば）
⑨	X〜クロージング	（X社）取引（対内直接投資等）に係る財務省および事業所管省庁のクリアランス（取引承認）の取得
⑩		（X社）取引に係る各国競争法・外資規制法上の届出〜各国当局の審査〜クリアランス（取引承認）の取得

		吸収分割に係る会社法上の手続の実施：
⑪	X〜クロージング	・（Y社・A社）吸収分割契約の締結 ・（Y社）株主総会決議による吸収分割契約承認（注） 　※クロージング前日までに ・（Y社・A社）債権者異議申述公告・個別催告 　※クロージングの1カ月前までに ・（Y社・A社）事前開示書面備置　※同上 ・（Y社・A社）株主向け通知・公告 　※クロージングの20日前までに
⑫		（Y社）吸収分割に係る労働契約承継手続の実施： ・各事業所の労働者代表との事前協議 ・対象事業に従事する労働者との個別協議 ・対象事業に主として従事する労働者およびそれ以外の承継対象労働者への通知／労働組合への通知
⑬	クロージング	・吸収分割の効力発生 ・株式譲渡の実行（クロージング）

（注）　当該吸収分割がY社にとって簡易分割に該当する場合は，株主総会決議による承認は必要ありません。

（3）　留意点

（i）　事前届出のタイミング

　上記のとおり，外国投資家が指定業種を営む非上場会社の株式を取得する場合には，対内直接投資として事前届出を行う必要があります。本ケース取引においても，X社はA社の株式譲渡の実行（クロージング）までに事前届出を行い，財務省および事業所管省庁のクリアランス（取引承認）を経る必要があります。

　この点，本ケースにおいては，取引契約の締結から株式譲渡の実行までの間に吸収分割を通じた対象事業のカーブアウト・承継に係る諸手続が必要となり，一定の期間を要することが想定されます。そのため，対内直接投資等に係る事前届出〜財務省および事業所管省庁のクリアランスの取得についても，同期間

中に行うことが想定されます。とはいえ，とりわけ本ケースのようなコア業種に属する事業への投資案件においては，取引契約の締結・取引公表に先立ち財務省，事業所管省庁および日本銀行への事前の相談（上記(2)）を行い，届出後の審査における留意点や審査の難易についてあらかじめ見通しを得ておくことが必要と考えられます。

(ii) 吸収分割議案の提案・同意に係る事前届出規制

なお，上記(2)のとおり，本ケースにおいては，対象事業の吸収分割契約につきY社の株主総会における承認を得る必要があります。これに関して，上場会社の議決権を1％以上保有する外国投資家が，当該上場会社の指定業種に属する事業の譲渡（吸収分割による承継の場合を含む）に係る議案を自らまたは他の株主を通じて株主総会に提出し，当該議案に同意する行為については，外国投資家において事前届出が必要とされています。

そのため，指定業種に属する事業の譲渡に関する議案が会社提案として提案された場合に，外国投資家が当該議案に賛成することは対内直接投資等には該当しませんが，自らまたは他の株主を通じて指定業種に属する事業の譲渡に関する議案を提案した場合には対内直接投資等に該当し，事前届出が必要となる点に留意が必要です（**Part I 2.1.3(3)**：本書33頁以下参照）。

この点，対象事業の吸収分割がY社にとって簡易分割に該当せずY社の株主総会による承認決議が必要である場合，当該吸収分割契約の承認議案については，Y社の株主総会に付議されることが想定されます。本ケースはX社とY社の合意による友好的取引として行われる想定であるところ，仮にX社がY社の議決権を1％以上保有しているとしても，かかる吸収分割議案の株主総会への付議が会社提案として行われる場合，X社が「他の株主を通じて」提出したものとは解されず，したがってX社において行為時事前届出が必要になるものではないと考えられます。

（4） 事前届出を行わなかった場合の罰則

　事前届出が必要であるにもかかわらず，事前届出を行わずに対内直接投資等を行った場合，3年以下の懲役もしくは100万円以下の罰金に処され，またはこれらを併科される可能性があります（法70条1項22号乃至25号）。

4.3 一部事業のカーブアウト取引②：事業譲渡

CASE 10

ドイツ連邦共和国を設立地とするX社は，日本の電子機器メーカーY社（非上場，X社とは資本関係なし）から，そのY社が日本国内の工場において営む半導体製造事業（「対象事業」）を，自らの日本子会社（X社が株式の100％を保有）であるA社にて譲り受けることとしました。具体的には，事業譲渡の方法により，Y社が対象事業をA社に対して譲渡することを予定しています。

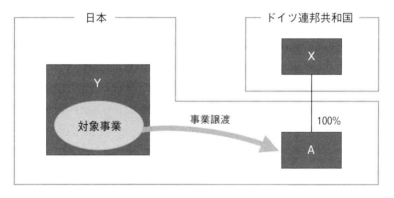

(1) 概　要

　外国投資家による合併，吸収分割または事業譲渡による居住者からの指定業種に属する事業の承継は対内直接投資等に該当します（法26条2項8号）。外国会社であるX社にその株式の全てを保有されるA社は外国投資家に該当しますので，A社が内国会社であるY社から事業譲渡により事業を承継することについては外為法上の事前届出が必要になり得ます。

172　Part II　ケーススタディ

（2）　想定取引スケジュール

　本ケースの事例では，実務上，例えば次のようなスケジュールで取引を進行させることが考えられます。

	日　程	手　続
①	X－3カ月	（X社・A社）対象事業に係るデュー・ディリジェンス開始（取引に係る各種許認可・届出等の要否の確認を含む）
②		（X社・A社）A社の外国投資家への該当性および対象事業の指定業種への該当性の検討（外為法上の事前届出等の要否の確認）
③		取引に係る各国競争法・外資規制法上の届出要否の検討
④	X－2～4週間	（X社・A社）（外為法）事前届出に係る財務省，事業所管省庁および日本銀行との事前相談
⑤	X	（Y社・A社）取引に係る契約（事業譲渡契約）締結
⑥	X＋数日	（A社）（外為法）事前届出書の提出
⑦	X＋数日～数週間	（A社）（外為法）事業所管省庁との質問票のやり取り（必要に応じて）
⑧		（A社）（外為法）事業所管省庁からの遵守事項の提示および交渉（もしあれば）
⑨	X～クロージング	（A社）取引（対内直接投資等）に係る財務省および事業所管省庁のクリアランス（取引承認）の取得
⑩		（A社）取引に係る各国競争法上の届出～各国競争法・外資規制法当局の審査～クリアランス（取引承認）の取得
⑪		事業譲渡に係る会社法上の手続の実施： （Y社）株主総会決議による事業譲渡の承認 ※「事業の重要な一部の譲渡」（会社法467条1項2号）に該当する場合

⑫	X～クロージング	事業譲渡に係る承継対象権利義務の移転手続の実施： ● （Y社）各種契約および債権債務の承継に係る取引相手方の個別同意の取得 ● （Y社）労働契約の承継に係る承継対象従業員の個別同意の取得等
⑬	クロージング	事業譲渡の実行

（3） 事前届出のタイミング

　上記のとおり，外国投資家が内国会社から指定業種を含む事業の譲受けを行う場合には，対内直接投資として事前届出を行う必要があります。本ケースの取引においても，事業譲渡の実行（クロージング）までに届出を行い，事業所管省庁のクリアランスを経る必要があります。

　この点，本ケースの取引においては，上記(2)のとおり譲渡対象権利義務の個別の移転手続が必要となり，事業譲渡の対象となる契約・取引の数によっては相当の期間を要することが想定されます。そのため，対内直接投資等に係る事前届出～財務省および事業所管省庁のクリアランスの取得についても，同期間中に行うことになる場合が多いものと考えられます。ただし，外為法上の事前届出に係るクリアランスの取得にも相当程度の時間を要することが見込まれる場合や，そもそもクリアランスの取得見込みについて何らかの懸念が存するようなケースでは，事業譲渡契約の締結前に事前届出を実施して，早期のクリアランス取得を目指すことも考えられます。

　とりわけ本ケースの対象事業のようなコア業種に属する事業（**Part Ⅱ　1.1**(**3**)(ii)(b)；本書115頁以下参照）への投資案件においては，取引契約の締結・取引公表に先立ち財務省，事業所管省庁および日本銀行への事前の相談（上記(**2**)）を行い，届出後の審査における留意点や審査の難易についてあらかじめ見通しを得ておくことが望ましく，その結果次第では上記のとおり事業譲渡契約締結に先立ち事前届出を行う選択肢もあるものと考えられます。

（4） 事前届出を行わなかった場合の罰則

　事前届出が必要であるにもかかわらず，事前届出を行わずに対内直接投資等を行った場合，3年以下の懲役もしくは100万円以下の罰金に処され，またはこれらを併科される可能性があります（法70条1項22号乃至25号）。

4.4 株式交換

CASE 11

　イタリア共和国を設立地とするＸ社は，日本を設立地とする自社の100％子会社であるＹ社を有しており，Ｙ社は日本を設立地として東京証券取引所プライム市場に上場している株式会社（外国投資家には該当しない）であるＡ社との間の日本における合弁会社として，皮革製品の製造業を営むＺ社を有しています（Ｙ社とＡ社の持株比率は50：50）。今般，Ｘ社はＡ社との間で日本での合弁事業の再編を図るべく，Ｙ社を株式交換完全親会社，Ｚ社を株式交換完全子会社とする株式交換を実施することとしました。株式交換の実施後のＹ社の持株比率は，Ｘ社75％，Ａ社25％となります。

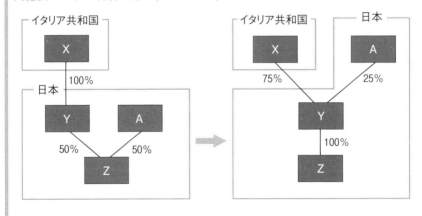

（1）概　要

　外国投資家による指定業種を営む非上場会社の株式取得は１株から対内直接投資等または特定取得に係る事前届出が必要です（法26条２項１号，27条１項または26条３項）。既存株主からの株式の譲受けが対内直接投資等か特定取得のいずれかに該当するかは，株式を外国投資家から譲り受ける場合（特定取

得）かそうでないか（対内直接投資等）によって区別されます（対内直接投資等の意義については**Part I 2.1.3**：本書30頁以下を，特定取得の意義については**Part I 2.4.1**：本書72頁以下をそれぞれ参照）。

外国会社であるＸ社にその全株式を保有されるＹ社は外国投資家に該当するため（法26条１項３号），Ｙ社が株式交換によりＡ社から非上場会社であるＺ社の株式を取得することは外為法上対内直接投資等に該当し，当該取得につき事前届出が必要になります[2]。

（2） 想定取引スケジュール

本ケースの事例では，実務上，例えば次のようなスケジュールで取引を進行させることが考えられます。

	日　程	手　続
①		（Ｙ社・Ａ社）対象事業に係るデュー・ディリジェンス開始（取引に係る各種許認可・届出等の要否の確認を含む）
②	Ｘ－３カ月	（Ｙ社）Ｙ社の外国投資家への該当性および対象事業の指定業種への該当性の検討（外為法上の事前届出等の要否の確認）
③		（Ｙ社・Ａ社）取引に係る各国競争法・外資規制法上の届出要否の検討
④	Ｘ－２～４週間	（Ｙ社）（外為法）事前届出に係る財務省，事業所管省庁および日本銀行との事前相談
⑤	Ｘ	（Ｙ社・Ｚ社・Ａ社）取引に係る契約締結
⑥	Ｘ＋数日	（Ｙ社）（外為法）事前届出書の提出

2　本件ではＡ社は外国投資家ではない（外国投資家によるＡ社の株式保有割合が50％未満である）場合を前提としていますが，仮にＡ社が外国投資家である場合には，外国投資家間の株式の移転として，特定取得の問題となります。また，その場合であって，Ｙが指定業種を営む場合，Ａ社はＹ社株式の取得について対内直接投資等の事前届出が必要になります。

	X＋数日〜数週間	（Y社）（外為法）事業所管省庁との質問票のやり取り（必要に応じて）
⑦		
⑧	X＋数日〜数週間	（Y社）（外為法）事業所管省庁からの遵守事項の提示および交渉（もしあれば）
⑨		（Y社）取引（対内直接投資等）に係る財務省および事業所管省庁のクリアランス（取引承認）の取得
⑩		（Y社・A社）取引に係る各国競争法・外資規制法上の届出〜各国当局の審査〜クリアランス（取引承認）の取得
⑪	X〜クロージング	株式交換に係る会社法上の手続の実施： （Y社・Z社）株式交換契約の締結 ● （Y社・Z社）株主総会決議による株式交換の承認 　※クロージング前日までに ● （Y社・Z社）事前開示書面備置 ● （（Y社・Z社）債権者異議申述公告・個別催告）（注） ● （Y社・Z社）株主向け通知・公告 　※クロージングの20日前までに
⑫	クロージング	株式交換の効力発生

（注）　Y社がZ社の発行する新株予約権付社債を承継する場合，またはY社が株式交換の対価としてY社の株式以外の財産を交付する場合等を除き，債務者異議申述公告，個別催告はY社・Z社ともに不要です。

（3）　留意点

（i）　指定業種への該当性の検討

　Z社が営んでいる皮革製品の製造業は指定業種（ノンコア業種）とされており，本ケースに際して事前届出が必要な場合はスケジュールへの影響があり得ます。この点，事前届出の実施主体は外国投資家（X社）であるため，発行会社（Z社）の営む事業が指定業種に該当する場合は，あらかじめ発行会社から外国投資家に事前届出に必要な情報を共有し，早めに事前届出準備を進めてもらう必要があります。

178　PartⅡ　ケーススタディ

(ii)　株式交換の対価選択による手続の差異

　株式交換において，株式交換完全子会社（本ケースのＺ社）の株主に対して交付される対価は柔軟に決定することが可能であり（会社法768条１項２号），株式交換完全親会社（本ケースのＹ社）の株式，株式交換完全親会社の親会社（本ケースのＸ社）の株式，現金等を対価とすることが考えられます。

　本ケースにおいて，株式交換の対価としてＹ社の株式を交付する場合，株式交換の効力発生日をもってＡ社がＺ社の株式と引換えにＹ社の株式を取得するため，Ｚ社の株主構成における外国投資家の保有割合および株式交換比率によっては，株式交換効力発生後のＹ社の株主構成における外国投資家の保有割合が低下することになります。この点，本ケースにおいては，Ａ社が外国投資家でないことを前提としても，株式交換後のＹ社を構成する外国投資家の持株比率は75％（つまり50％以上）であるため，Ｙ社の外国投資家該当性には影響はありませんが，仮に株式交換によりＸ社を含む外国投資家のＹ社株式の保有比率が50％を下回ることとなった場合，Ｙ社は外国投資家に該当しないことになります。

　もっとも，その場合であっても，株式交換の効力発生によりＹ社がＺ社の株式を取得するタイミングと，株式交換の対価としてＺ社株主がＹ社株式を取得する（Ｙ社が外国投資家に該当しなくなる）タイミングは同時（株式交換の効力発生時）であり，両者には前後関係はないため，Ｙ社がＺ社株式を取得する時点でＹ社が外国投資家に該当しなくなるか否かは定かではありません。

　そのため，株式交換契約の効力発生後にＹ社が外国投資家に該当しなくなる条件にて株式交換を行う場合でも，株式交換契約締結時点（株式交換の効力発生前）においてＹ社が外国投資家である以上，事前届出は行っておくことが必要と考えられます。

(iii)　株式交換効力発生後の留意点

　また，Ｘ社は外国投資家であるため，Ｙ社の株主総会においてＸ社の関係者を役員候補者とする議案について賛成の議決権を行使する場合，株主総会まで

に行為時事前届出を提出し，クリアランスを得る必要がある可能性があります（関係者の範囲については**Part I　2.1.3（3）**；本書33頁以下参照）。もっとも，X社が過去にY社の株式を50％以上取得した時点で対内直接投資に係る事前届出を提出しクリアランスを得ている場合は不要となります（**Part I　2.1.3（3）**；本書33頁以下参照）。

　また，X社が株式交換効力発生後もY社の議決権の50％以上を保有することから，Y社も外国投資家であるため，Z社の株主総会においてY社の関係者を役員候補者とする議案について賛成の議決権を行使する場合，株主総会までに行為時事前届出を提出し，クリアランスを得る必要がある可能性があります。もっとも，Y社が過去にZ社の株式を50％以上取得した時点で対内直接投資に係る事前届出を提出しクリアランスを得ている場合は不要となります。

（4）　事前届出を行わなかった場合の罰則

　事前届出が必要であるにもかかわらず，事前届出を行わずに対内直接投資等を行った場合，3年以下の懲役もしくは100万円以下の罰金に処され，またはこれらを併科される可能性があります（法70条1項22号乃至25号）。

4.5 株式移転

CASE 12

オランダ王国を設立地とするＸ社は，海運業を営む日本の上場会社であるＹ社の発行済株式の15%を保有しています。Ｙ社は，日本を設立地とし東京証券取引所プライム市場に上場している株式会社であり同じく海運業を営むＺ社（外国投資家には該当しない）との間で，共同株式移転を行い，新たに日本の持株会社となるＡ社を設立する方法により経営統合を実施することとしました。共同株式移転の実施後，Ａ社におけるＸ社の株式保有割合は10%未満となります。また，Ａ社は株式移転の効力発生日に東京証券取引所プライム市場に上場することを予定しています。

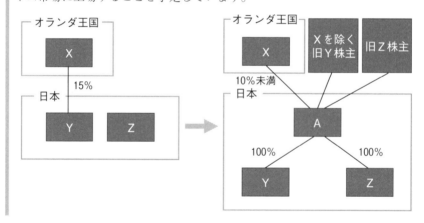

（1） 概　要

　株式移転は，単独または複数の株式会社について，その発行済株式の全部を新たに設立する株式会社に取得させる組織再編行為であり（会社法2条32号），主として複数の株式会社（株式移転当事会社）の共同完全親会社として持株会社を新設し，もって持株会社方式による経営統合を実施するために利用されま

す（共同株式移転）。共同株式移転が実施されると，株式移転当事会社（本ケースではY社およびZ社）の株主は，株式移転の効力発生日において新設される持株会社（本ケースではA社）の株式を対価として割り当てられ，これを取得することになります。

（2） 事前届出の必要性

本ケースでは，外国会社（外国投資家）であるX社の投資先であるY社がZ社との間で共同株式移転を行うことにより，共同持株会社であるA社を設立し，海運業に関する経営統合を実施することが目的となっており，この共同株式移転の結果，X社を含むY社の既存株主とZ社の既存株主は，いずれもA社の株式を株式移転の対価として取得し，A社の株主となります。

株式移転により新設されるA社は，その設立時点から指定業種（ノンコア業種）である海運業を営んでいるY社およびZ社を子会社として有することになるため，外国投資家がA社の株式を取得する場合には，取得時事前届出を行い，クリアランスを得る必要があります。この点，X社は，株式移転の効力発生により保有していたY社株式に代わって株式移転対価としてA社の株式を取得することとなりますので，株式移転の効力発生までに取得時事前届出を行い，クリアランスを取得しておく必要があります。

また，株式移転の効力発生時点でA社はY社およびZ社の全株式を取得することになるところ，当該時点におけるA社の株主全体に占める外国投資家の割合が（X社および他の外国投資家株主との合計で）50％以上となる場合，A社はその時点で外国投資家に該当することになるため（法26条1項3号），A社によるY社およびZ社の株式の取得は，外為法上対内直接投資等に該当し，当該取得につき事前届出が必要になる可能性があります。もっとも，A社は株式移転の効力発生日に上場会社となるため，後述のとおり，対内直接投資等に係る届出または報告が不要となることがあります。

182　Part II　ケーススタディ

（3）　想定取引スケジュール

　本ケースの事例では，実務上，例えば次のようなスケジュールで取引を進行させることが考えられます。

	日　程	手　続
①	X－3カ月	（Y社・Z社）対象事業に係るデュー・ディリジェンス開始（取引に係る各種許認可・届出等の要否の確認を含む）
②		（X社・Y社・Z社）取引に係る各国競争法・外資規制法上の届出要否の検討
③	X	（Y社・Z社）株式移転計画作成
④	X＋数日	（X社）（外為法）事前届出書の提出
⑤	X＋数日〜数週間	（X社）（外為法）事業所管省庁との質問票のやり取り（必要に応じて）
⑥	X＋数日〜数週間	（X社）（外為法）事業所管省庁からの遵守事項の提示および交渉（もしあれば）
⑦	X〜クロージング	（X社）株式取得（対内直接投資等）に係る財務省および事業所管省庁のクリアランスの取得
⑧		（Y社・Z社）取引に係る各国競争法・外資規制法上の届出〜各国当局の審査〜クリアランス（取引承認）の取得
⑨		株式移転に係る会社法上の手続の実施： ●（Y社・Z社）株主総会決議による株式移転計画の承認（注）　※クロージング前日までに ●（Y社・Z社）事前開示書面備置 ●（Y社・Z社）株主向け通知・公告 　※クロージングの20日前までに
⑩	クロージング	（Y社・Z社）株式移転の効力発生 （A社）設立およびY社・Z社の株式取得 （X社）A社の株式取得

（注）　上記のほか，統合会社（株式移転の場合新設される持株会社）における米国居住者の
　　　株式保有割合が10％を超える経営統合を行う場合，米国証券法に基づき，米国証券取引

委員会（SEC）へのForm F-4と呼ばれる開示書類の作成・提出が必要となります。詳細については米国法の問題であり割愛しますが，その作成・提出にあたっては，実務上，米国法弁護士に依頼の上書面作成の準備・手続を行う必要があり，また当事会社が従前においてIFRSに基づく財務諸表を作成していない場合には過年度分を含む財務諸表のIFRSへのコンバージョンが必要となるなど，多大な準備期間・費用を要することが想定されます。そのため，もしForm F-4の作成・提出が必要な場合には，取引全体のスケジュールに多大な影響を与えることが想定されるため，当事会社としては取引の検討の初期段階において，その要否および必要な場合の準備期間等について検討することが求められます。

（4） 留意点

（i） 事前届出のタイミング

本ケースにおいては，Ｘ社によるＹ社の株式保有割合は15％にとどまることから，Ｘ社がＹ社との間で資本業務提携を行っているなどの事情がなく，単なる一投資家としてＹ社株式を保有しているにすぎない場合には，本取引の検討・準備についてはＸ社に事前に知らせることなくＹ社とＺ社の間で進められることが想定されます。その場合，Ｘ社が本取引について知るのは，最も遅い場合，Ｙ社とＺ社の間で最終契約が締結され，本取引が公表されるのと同時になることもありえます。かかる場合には，Ｘ社は，株式移転の効力発生によるＡ社株式の取得について，本取引の公表後，株式移転の効力発生日までの間に取得時事前届出を行いクリアランスを取得することになります。もっとも，下記(ii)のとおり，Ｘ社において取得時事前届出の免除を利用できる場合には，届出は不要となります。

（ii） 届出免除の利用可能性

上記（2）のとおり，Ａ社の子会社であるＹ社およびＺ社が指定業種（ノンコア業種）である海運業を営むため，Ｘ社によるＡ社の株式取得（株式移転の効力発生による取得）については，原則として取得時事前届出が必要となりますが，Ｘ社において，取得時事前届出の免除を利用できる場合には，事後報告で足りることとなります（免除制度については，**Part I 2.2.5**；本書53頁以下を参照）。

これに対し，例えばX社の関係者がA社の取締役または監査役に就任するような場合（関係者の範囲については**Part I　2.1.3（3）**；本書33頁以下参照），X社は免除制度を利用することができず，対内直接投資に係る事前届出が必要となります。関連して，X社の関係者のA社の取締役または監査役への選任に関して，X社自身がA社の株主総会に当該選任議案につき賛成の議決権を行使する場合には，かかる議決権行使につき行為時事前届出が必要となります（この場合の関係者の範囲についても**Part I　2.1.3（3）**；本書33頁以下を参照）。

(iii)　特定上場会社等に該当する場合

本件において，Y社およびZ社における外国株主の比率次第では，株式移転効力発生後のA社においても，X社を含む外国投資家がその議決権の50％以上を保有することになる可能性があります。その場合，上記**（2）**のとおり，A社自身が外国投資家に該当しても，A社が上場会社である場合は，対内直接投資等に係る届出または報告が不要となることがあります（法26条1項3号）。

すなわち，上場会社である国内企業が外国投資家に該当する場合であっても，その外国株主のうち，特定の外国投資家またはその子会社による出資比率および議決権比率がいずれも10％未満である場合[3]（つまり外国機関投資家等が国内上場の株式を分散保有しているケース）には，当該上場会社は「特定上場会社等」に該当し，同社による国内会社の株式取得等に関しては，対内直接投資等に係る届出または報告が不要とされます（外為法27条1項，直投令3条1項6号）。この点，本ケースにおいては，株式移転効力発生後のX社のA社に対する株式保有割合は10％未満となるため，X社以外にA社株式の10％以上を保有する外国投資家がいない場合には，A社は特定上場会社等に該当し，Y社株式およびZ社株式の取得について対内直接投資等に係る届出または報告はいずれも不要となります。

3　密接関係者の保有分も合算されます。

Part III

海外の投資規制と経済安全保障上の留意点

186　Part III　海外の投資規制と経済安全保障上の留意点

1

米　国

1.1 ‖ 米国における外資規制の概要

　米国では，対内直接投資のうち，法定の類型に該当する一部の取引が米国政府の審査の対象となります。米国政府による審査の結果，米国の国家安全保障を損なうおそれがある取引と判断された場合には，米国政府から当事者に対して取引の中止や国家安全保障上のリスクを軽減する措置の実施が命ぜられることになります。

　当事者による米国政府への届出は，原則として任意で行うとされていますが，審査の対象となる取引の中でも特に国家安全保障に対する影響が大きい類型の取引を行う当事者には，例外的に事前届出が義務付けられ，当該義務に違反した当事者には，罰金が科されることがあります。他方，審査の対象ではあるものの，そのような類型に該当しない取引を行う当事者は，届出をする義務はありませんが，任意に届出を行うことで，事後的な審査による取引への影響を回避する（いわばセーフハーバー）ことができ，実務上は任意の届出も多く行われています。

主な関係法令	2018年外国投資リスク審査現代化法
	（FIRRMA：Foreign Investment Review Risk Modernization Act)
	― 米国における対内直接投資を規制する法律
	― 対米外国投資委員会の権限を強化

	FIRRMA施行規則 （FIRRMA's implementing regulations at 31 C.F.R. Parts 800-802） ― 審査の対象となる取引や事前届出の義務が課される取引の類型等について詳細に規定
主な規制執行機関	対米外国投資委員会 （**CFIUS**：Committee on Foreign Investment in the United States） ― 外国人の投資による米国国家安全保障への影響を監督する省庁間委員会
その他手続に関するキーワード	外国人 （Foreign Person） ― ①外国国民，②外国政府，③外国企業，または④外国国民，外国政府もしくは外国企業が支配権を行使し，もしくは行使することができる企業
	TID米国事業 （TID U.S. Business） ― 重要技術，対象投資重要インフラ，米国民の個人情報等を扱う米国事業の総称
	対象支配権取引 （Covered Control Transaction） ― 米国事業に対する外国の支配をもたらす外国人との取引
	対象投資 （Covered Investment） ― TID米国事業に対する外国人による投資
	対象不動産取引 （Covered Real Estate Transaction） ― 一定の不動産に対する外国人による投資
	例外投資家 （Excepted Investor） ― 例外的にCFIUSによる審査の対象外となる外国人

（注） 本書で頻出のものについては**太字**の略称で引用した。

188 Part III 海外の投資規制と経済安全保障上の留意点

1.2 関係法令および規制執行機関

1.2.1 関係法令等

　米国における対内直接投資は，主に，2018年外国投資リスク審査現代化法（FIRRMA）およびFIRRMA施行規則によって規制されています。

1.2.2 制度設立の経緯・背景

　米国における対内直接投資は，2018年にFIRRMAが成立するまで，外国投資および安全保障法（FINSA：Foreign Investment and National Security Act of 2007）により規制されていました。FINSAの下では，対米外国投資委員会（CFIUS）は，米国事業に対する外国の支配をもたらす外国人との取引（後記1.3.2(1)参照）のみを審査しており，審査の対象となる取引の範囲は限定的でした。しかしながら，中国が軍民融合戦略や「中国製造2025」といった政策を進め，これらの政策を実現させるための1つの手段として米国への投資を増大させていることに対する懸念などを背景に[1]，FIRRMAが成立し，対内直接投資の管理制度が強化されました。

　具体的には，FIRRMAの成立により，CFIUS が審査の対象とする取引の範囲が拡大され，一部の取引には事前届出を義務付ける制度が導入されるなど，CFIUSの審査権限が強化されました。また，2024年4月11日には，CFIUSの調査や法執行の権限を強化する規則案が公表され，今後，CFIUSの権限がさらに強まる可能性が出てきています。

1.2.3 規制執行機関

　CFIUSは，外国人の投資による米国国家安全保障への影響を監督する省庁

1　渡井理佳子『経済安全保障と対内直接投資』（信山社，2023年）109頁

間委員会です。CFIUSの正規の委員とCFIUSを監督する機関は，以下のとおりです。なお，CFIUSを監督する機関は，必要に応じてCFIUSの活動に参加することもあります。

CFIUSの 正規の委員	議決権を 有する委員	● 国土安全保障長官 ● 商務長官 ● 国防長官 ● 国務長官 ● 司法長官 ● エネルギー長官 ● 米国通商代表部の長 ● 科学技術政策局の長
	議決権を 有しない委員	● 労働省 ● 国家情報長官
CFIUSを監督する機関		● 行政管理予算局 ● 経済諮問委員会 ● 国家安全保障会議国家経済会議 ● 国土安全保障会

　CFIUSは，主にFIRRMA，FIRRMA施行規則に従って，外国人による一定の類型の投資について審査し，対内直接投資の管理制度を運用しています。

1.3 || 外資規制制度

1.3.1 「外国人」

　米国における対内直接投資規制は，**外国人**による投資に適用されます。「外国人」とは，①外国国民，②外国政府，③外国企業，または④外国国民，外国政府もしくは外国企業が支配権を行使し，もしくは行使することができる企業をいいます。ただし，外国企業については，その企業の持分の過半数を最終的に米国籍の者が保有している場合には「外国人」にあたらないとされています。

190　Part III　海外の投資規制と経済安全保障上の留意点

1.3.2　審査対象取引

　CFIUSが審査権限を有する取引は，以下の３つの類型の取引です。

（1）　米国事業に対する外国の支配をもたらす外国人との取引（以下，「対象支配
　　権取引」といいます。）
（2）　TID米国事業（重要技術，対象投資重要インフラ，米国民の個人情報等を扱
　　う米国事業）に対する外国人による投資（以下，「対象投資」といいます。）
（3）　一定の不動産に対する外国人による投資（以下，「対象不動産取引」といい
　　ます。）

　なお，これらの類型の取引に該当しない場合であっても，事後的な権利変更
により対象支配権取引，対象投資または対象不動産取引となる可能性がある場
合やCFIUSの審査を回避するように設計または意図された取引は，CFIUSに
よる審査の対象となります。
　FIRRMAが成立するまでは，CFIUSによる審査の対象は，米国事業の外国
の支配をもたらす取引（対象支配権取引）のみに限定されていましたが，FIR-
RMAによってその範囲が拡大し，外国人による支配が及ばない取引（対象投
資および対象不動産取引）もCFIUSによる審査の対象となりました。
　以下では，上記（1）～（3）の各類型の取引について解説します。

（1）　対象支配権取引

　「対象支配権取引」とは，**米国事業**に対する外国の**支配**をもたらす外国人と
の取引をいいます。

（i）　米国事業

　「米国事業」とは，支配者の国籍に関わりなく米国内の州際通商に従事して
いる全ての企業（米国企業に限りません。）を指しており，米国内の州際通商
に従事していない企業は審査の対象外です。

(ii) 支 配

対象支配権取引の該当性を判断する上で，特に重要となる概念が「支配」です。「支配」とは，発行済株式の議決権の過半数もしくは支配的な少数の保有，取締役会への参加，議決権の代理行使，種類株式，契約上の取決めまたはその他の方法を通じて，直接または間接に，**企業に影響を与える重要な事項を判断，指示または決定する権限**（行使のいかんは問われません。）を指すとされており，「支配」をもたらす投資にあたるかは，投資計画の個別具体的な事情を踏まえて判断されます。

FIRRMA規則には，上記「支配」の定義における「企業に影響を与える重要な事項」の具体例が示されており，下記事項に関する判断，指示または決定する権限を有することになる場合には，「支配」が認められるとされています。

〈支配が認められるとされる権限〉
- 重要な資産の売却
- 組織変更
- 合併または解散
- 生産，運営，研究開発の施設の閉鎖，移転または重大な変更
- 大規模な支出または投資
- 株式または負債の発行
- 配当金の支払
- 予算の承認
- 新規事業の選択
- 重要な契約の締結，終了または不履行
- 重要な非公開情報の管理に関する決定
- 役員等の任命または解任
- 重要な技術，機密技術または米国政府の機密情報にアクセスする従業員の任命または解任
- 上記事項に関する企業の定款その他文書の変更

192　Part III　海外の投資規制と経済安全保障上の留意点

（2）　対象投資

（i）　対象投資の概要

「対象投資」とは，対象支配権取引に該当しない取引であって，外国人に**下表①～③のいずれかの行為を許容**することになる**TID米国事業**に対する外国人による投資をいいます。

①	TID米国事業が保有する重要な非公開の技術情報へのアクセス
②	TID米国事業の取締役会または同等の機関の構成員の地位もしくはオブザーバーになることまたはこれらの者の指名権
③	以下のいずれかに関するTID米国事業の実質的な意思決定への関与（株式の議決権行使による関与を除く） 　• 重要技術の使用，開発，取得または公表 　• 対象投資重要インフラの管理，運営，製造，または供給 　• TID米国事業により保持または収集された米国市民のセンシティブ個人データの使用，開発，保管，取得または公表

（ii）　TID米国事業

　対象投資の該当性を判断する際には，投資の対象となる事業が「TID米国事業」であるかを検討することになります。「TID米国事業」は，①「重要技術（Critical **T**echnologies）」，②「対象投資重要インフラ（Covered Investment Critical **I**nfrastructure）」，③「機微個人データ（Sensitive Personal **D**ata）」を扱う事業から構成されており，以下では，事業ごとに「TID米国事業」の要件を解説します。

①　重要技術

　「重要技術」を生産，設計，試験，製造，組立または開発する事業は「TID米国事業」に該当します。

　「重要技術」とは，以下のa.～f.に定める技術をいいます。

a.	国際武器取引規則（ITAR：the International Traffic in Arms Regulations ）における米国軍需リスト（USML：United States Munitions List ）に含まれる防衛製品または防衛サービス
b.	輸出管理規制（EAR：Export Administration Regulations ）における通商管理リスト（CCL：Commerce Control List ）に含まれる品目であって，国家安全保障，化学兵器および生物兵器の拡散，核不拡散またはミサイル技術に関連する理由で国際輸出管理レジームにより管理されるもの，または地域の安定または秘密の聴取に関連する理由で管理されるもの
c.	外国の原子力活動の支援を規制する10 C.F.R. §810で指定された，特別に設計され，準備された原子力設備，部品，構成部品，材料，ソフトウェアおよび技術
d.	原子力設備および物質の輸出入を規制する10 C.F.R. §110で指定された，原子力施設，設備および物質
e.	薬剤および毒素について規制する7 C.F.R. §331, 9 C.F.R. §121，または42 C.F.R. §73で指定された，指定の薬剤および毒素
f.	2018年輸出規制改革法（ECRA：Export Control Reform Act of 2018）により管理される新興技術および基盤技術（emerging and foundational technologies）

（注） ECRAで管理される新興技術および基盤技術は，NSTC（National Science and Technology Council）によって特定されており，2024年2月にアップデートされたリストが公表されました。

　　National Science and Technology Council, Critical and Emerging Technologies List Update（2024年2月）

　　　https://www.whitehouse.gov/wp-content/uploads/2024/02/Critical-and-Emerging-Technologies-List-2024-Update.pdf（最終アクセス日：2024年9月30日）

② 対象投資重要インフラ

　「対象投資重要インフラ」には，通信，電力，石油ガス，水道，金融，防衛，空港，港湾の分野における合計28種のシステムまたは資産が指定されています。上記システムまたは資産には，それぞれ1つ以上の特定機能（所有，運営，供給，サービス提供または製造）が割り当てられており，割り当てられた特定機能のうち1つでも実施する事業は，「TID米国事業」に該当します。

194　Part III　海外の投資規制と経済安全保障上の留意点

③　機微個人データ

米国市民の「機微個人データ」を直接または間接に維持または収集する事業は，「TID米国事業」に該当します。

「機微個人データ」とは，以下（A）または（B）のいずれかのデータをいいます。

（A）　以下の米国事業が保持または収集する識別可能データ（注1）
a.　国家安全保障等に責任を負う米国の行政機関等を対象とした製品またはサービスを提供する事業
b.　FIRRMA規則が定める10のカテゴリー（注2）の識別可能データを，FIRRMA規則が定める基準時の時点で，100万人分を超える個人について維持または収集している事業
c.　FIRRMA規則が定める10のカテゴリーの識別可能データを，100万人分を超える個人について維持または収集する事業目的を有し，かつ，米国事業の主要な製品またはサービスの一部として当該データが統合される事業
（B）　個人の遺伝子検査の結果であって，識別可能データに該当する情報

（注1）　識別可能データとは，個人の身元を識別または追跡するために使用できるデータを意味します。
（注2）　10のカテゴリーには，個人の信用情報，健康状態に関する情報，非公開の電子通信，GPS等の地理位置情報データ，指紋等の生体登録データ，米政府職員のセキュリティクリアランスに関する情報などが含まれます。

(iii)　例外投資家による投資

「対象投資」に該当する場合であっても，「例外投資家」による投資は，例外的に審査の対象にはなりません。

「例外投資家」には，CFIUSが指定した「例外国」の国民[2]および政府が含まれ，「例外国」には，オーストラリア，カナダ，英国およびニュージーランドが指定されています。また，例外国の国民および政府以外の企業による投資であっても，当該企業および親会社のいずれもが以下の基準を全て満たす場合には，「例外投資家」となります。

2　例外国の国民であることだけでなく，例外国でない外国の国民でないこと（二重国籍でないこと）も求められます。

1 米 国 195

(図表 3 - 1 - 1) 例外投資家の要件（例外国の国民および政府以外の場合）

項目	基　準
設立	例外国の法律に準拠して設立されたか，米国において設立されている（以下，「設立基準」といいます。）
営業所	例外国または米国に主たる営業所を有する（以下，「営業所基準」といいます。）
機関	取締役会またはこれに準ずる機関の構成員およびオブザーバーの各75%以上が米国または例外国の国民である
支配権	当該企業の発行済株式の議決権の10%以上を保有し，当該企業の利益を得る権利の10%以上を保有し，当該企業が解散した場合に当該企業の資産を得る権利の10%以上を保有し，またはその他の方法により当該企業に対する支配権を行使しうるのが，（A）例外国の国民，（B）例外国の外国政府，または（C）設立基準および営業所基準を満たす企業である
最低例外所有権(注)	当該企業の最低例外所有権を保有するのが，（A）外国人ではない，（B）例外国の国民，（C）例外国の外国政府，または（D）設立基準および営業所基準を満たす企業である

(注) 「最低例外所有権」とは，①証券が主に例外国または米国の取引所で取引されている企業については，その議決権の過半数，その利益の過半数を有する権利および解散した場合に資産の過半数を取得する権利を意味し，②証券が主に例外国または米国の取引所で取引されていない企業については，その議決権の80%以上，その利益の80%以上の権利および解散した場合に資産の80%以上を取得する権利を意味します。

　ただし，上記の条件を満たす場合であっても，過去に米国の行政機関から一定の処分を受けた外国人などは「例外投資家」とは認められません。

（3）　対象不動産取引

　「対象不動産取引」とは，原則として，**以下のいずれかに該当する取引**をいいます。

- 外国人による対象不動産（後記1.3.2（3）(ii)参照）の購入，賃借，または使用権の取得であって，特定財産権（後記1.3.2（3）(i)参照）のうち，3つ以上を外国人に付与することになる取引
- 外国人が対象不動産に関して有する権利の変更により，特定財産権のうち3つ以上を外国人に付与することになる取引

(i) 特定財産権

「特定財産権」とは，①不動産へ物理的にアクセスする権利，②他者が不動産へ物理的にアクセスすることを排除する権利，③不動産を改良または開発する権利，④固定のもしくは動かせない構造または物体を不動産に付加する権利のことをいいます。

(ii) 対象不動産

まず，空港，港湾施設の不動産が「対象不動産」として規制の対象となります。具体的には，大規模ハブ空港，年間の累計積載着陸重量が12.4億ポンドを超える空港，共用使用空港，商業戦略港湾，トン数，コンテナ数またはばら積み数で上位25位以内の港がこれにあたります。

また，軍事施設とその周辺の不動産も「対象不動産」として規制の対象となります。対象となる軍事施設は，FIRRMA規則の別表Aのパート1～4に列挙されており，施設の性質に応じて審査の対象となる不動産の範囲が定められています（例えば，パート1に列挙された軍事施設の場合，施設の境界から1マイルの範囲内の区域の不動産が規制の対象になります。）。2024年7月には，別表Aのパート1に新たに59の軍事施設を追加する規則案が提案されており，対象不動産の範囲が拡大する可能性が高いです[3]。

3　U.S. Department of the Treasury, Treasury Issues Proposed Rule to Expand CFIUS Coverage of Real Estate Transactions Near Military Installations
https://home.treasury.gov/news/press-releases/jy2449（最終アクセス日：2024年9月30日）

(iii)　審査の例外

　対象不動産に関する取引であっても，単一の住宅ユニット，市街化区域内の不動産，一定の条件を満たす複合施設内の商業スペースの購入等は審査の対象外となります。

　また，対象投資の「例外投資家」の場合と同様に，外国人が「例外不動産投資家」に該当する場合には，審査の対象になりません。なお，「例外不動産投資家」の要件は，「例外投資家」（前記 **1.3.2（2）**(iii)参照）と同様です。

1.3.3　届　出

　CFIUSは，取引の当事者による届出を端緒として取引の審査を開始します[4]。届出は，原則として当事者が任意に行うものですが，FIRRMAの成立によって，外国人による取引のうち国家安全保障に対する影響が大きい類型の取引には，事前届出が義務付けられることになりました。なお，届出の方法には，「通知」と，通知より簡易な方式である「申告」がありますが，事前届出義務に基づく届出では，申告で足りるとされています[5]。

（1）　事前届出が義務付けられる取引

　事前届出が義務付けられる取引は，①外国政府が関わる取引と，②重要技術に関わる取引とに大別され，それぞれ以下のような場合に，事前届出が必要となります。なお，対象不動産取引は事前届出の義務の対象となりません。

4　CFIUSは，取引の当事者による届出がなくても，職権により審査を開始することもできます。

5　法令上，申告に代えて通知を行うことも可能です。CFIUSは，取引の当事者から簡易な方式である申告があった場合に，より詳細な情報の収集を目的として，通知の提出を命じることができることから（後記 **1.3.3（2）**(ii)参照），取引の当事者は，実務上，事後的な通知の要求によって取引プロセスが遅延するリスクを避けるために，当初から通知を行うことがあります。

①外国政府が関わる取引	②重要技術に関わる取引
例外国でない外国政府が直接または間接に49%以上の議決権を保有する外国企業によって，TID米国事業の議決権の25%以上を取得される取引	重要技術を生産，設計，試験，製造，製作または開発するTID米国事業の取引であり，取引によって当該重要技術に関わるTID米国事業を支配することになる者等に対して当該重要技術を輸出等が行われるとしたら米国規制当局の承認が必要となる取引

　上記①および②に該当する取引を行う場合であっても，例外的に事前届出が不要となる場合があります。例えば，米国人がジェネラルパートナーである等，一定の要件を満たした投資ファンドによる投資は，事前届出が免除されます。そのほかにも，重要技術に関わる取引では，EARにおける3つの許可例外の対象になる場合には事前届出が不要とされる等，いくつかの例外が認められています。

（2）届　出

　審査の対象となる取引を行う当事者は，取引完了の前後を問わず，任意にCFIUSに届出を行うことができます。ただし，事前届出が義務付けられる取引を行う当事者は，取引の完了日の30日前までに，CFIUSに届出をしなければなりません。

　届出の方法には，①「通知」と，②「申告」による方法があります。「申告」は「通知」よりも簡易な方式となっています。いずれの方法による場合でも，取引の当事者が共同で行うものとされており，通知書または申告書には，外国投資家，米国事業および取引に関する情報等を記載しなければなりません。また，届出の手数料は，通知による届出の場合，30万米ドルを上限として取引価額に基づき計算されます。他方，申告による届出の場合には，届出手数料は発生しません。

(i) 通知に対する審査

　CFIUSが取引の当事者から通知を受理すると，審査が開始されます。CFIUSによる取引の審査は，1次審査と2次審査の2段階で構成されています。1次審査では，CFIUSが通知書を受領した時から45日以内に，審査を終了して取引を承認するか，2次審査に移行するかが判断されます。

　2次審査に移行するのは，①取引が米国の安全保障を損なう危険がありこれが軽減されていない場合，②外国政府が関与するFIRRMAに規定された要件を満たす投資である場合，③重要インフラの外国人による支配をもたらす投資である場合，④CFIUSが指定する主導機関（後記1.3.5参照）が2次審査を推奨し，CFIUSが承認した場合とされています。2次審査では，CFIUSによって最長60日間の調査が実施され，審査を終了して取引を承認するか，大統領に報告するかが判断されます。

　CFIUSが大統領への報告を行った場合，大統領は15日以内にその取引に関する決定を行うこととされています。大統領は，①外国人が国家安全保障を損なう行動に出る可能性があると信じるに足る証拠があり，②国家緊急経済権限法以外の法律が大統領に国家安全保障を確保する権限を与えていない場合には，取引の中止を命令することができます。

(ii) 申告に対する回答

　取引の当事者は，通知よりも簡易な書式で行われる「申告」によってCFIUSに届出をすることができます。CFIUSは，申告を受領した日から30日以内に，取引の当事者に対して以下のいずれかの回答をしなければなりません。

- 通知を提出するよう要求する
- 申告によっては審査を完了することができないこと，および当事者に通知書を提出することができることを伝える
- 取引に対する正式な審査（通知に対する審査）を一方的に開始する
- 取引の承認を通知する

申告による届出と通知による届出を比較すると，申告は通知よりも審査期間が短く，書式が簡易であるとのメリットがあります。他方で，申告に基づいて取引を承認することはできないとされた場合には，改めて通知を提出しなければならず，かえって取引の承認を得るまでに長い期間を要する結果となる可能性があることや，一方的に正式な審査が開始されてしまうリスクがあることに注意が必要です。

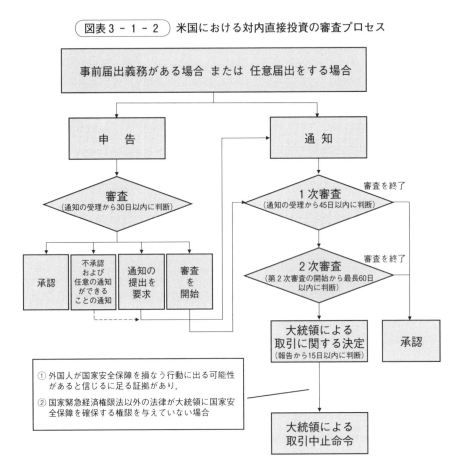

図表3－1－2　米国における対内直接投資の審査プロセス

（注）　一般的な流れを簡略化して示したものです。個別の案件における具体的な手続や所要期間は手続を行う国の担当機関または専門家にご確認ください。

1.3.4 審査基準

CFIUSは，「米国の国家安全保障を損なうおそれがあるかどうか」という基準で取引の審査を行います。

(1) 考慮要素

CFIUSが，「米国の国家安全保障を損なうおそれがあるかどうか」を判断する際には，以下の事項が考慮されます。これらの考慮要素は，法令，議会決議（Sense of Congress），大統領令（Executive Order）によって定められています。

図表3－1－3　審査における考慮要素

50 U.S.C. §4565(f)	1. 国防上の要請のために必要とされる国内生産
	2. 人材，製品，技術，材料，その他の供給品およびサービスの利用可能性を含む，国防上の要請を満たすための国内産業の能力および生産力
	3. 外国人による国内産業および商業活動の統制が，国家安全保障上の要請を満たすために必要な米国の能力および生産力に及ぼす影響
	4. テロ支援，ミサイル，生物兵器等の拡散，潜在的な地域的軍事的脅威が懸念される国として認定された国への軍事物資，装備，または技術の販売に及ぼす潜在的な影響
	5. 国家安全保障に影響を与える分野における米国の国際的な技術的優位性に及ぼす潜在的な影響
	6. 主要なエネルギー資産を含む米国の重要インフラに及ぼす潜在的な国家安全保障関連の影響
	7. 米国の重要技術に及ぼす潜在的な国家安全保障関連の影響
	8. 取引の結果，米国事業が外国政府によって支配される可能性の有無
	9. （米国事業が外国政府によって支配される可能性がある場合）核

		不拡散管理体制の遵守状況，テロ対策への協力の実績等の当該外国と米国の関係，軍事技術の移転または転用可能性
	10.	米国のエネルギー源およびその他の重要な資源，材料の必要性に関する長期的な見通し
	11.	大統領またはCFIUSが，一般的にまたは特定の審査や調査に関連して適切と判断するその他の要因
議会決議 （FIRRMA §1702(c)）	12.	特別懸念国による重要技術または重要インフラの獲得を目的としているか
	13.	重要インフラ，エネルギー資産，重要材料または重要技術の支配，取引傾向の潜在的な影響
	14.	外国人投資家の米国の法令の遵守状況
	15.	国家安全保障上の要請を満たすための米国の能力に影響を及ぼす米国の産業および商業活動の支配をもたらすか
	16.	米国市民の機微個人データが悪用されて国家安全保障を脅かすおそれがあるか
	17.	サイバーセキュリティの脆弱性を悪化ないし創出させ，または外国政府が悪意のあるサイバー利用活動に関与する新たな能力を獲得する可能性が高いか
大統領令 14083号	18.	米国の国家安全保障に影響を及ぼす重要な分野のサプライチェーンの強靭化への影響（上記3.の具体化）
	19.	国家安全保障に影響を与える分野における米国の技術的優位性への影響（上記5.の具体化）
	20.	特定の分野または技術への投資傾向
	21.	サイバーセキュリティの確保
	22.	米国人の機微個人データの保護

　このように，CFIUSが「米国の国家安全保障を損なうおそれがあるかどうか」を判断する際には，米国の国家安全保障，重要な技術およびインフラ等に関する影響，外国政府の関与ならびに外国政府との関係性等，さまざまな観点から検討されることになります。

（2）　大統領令

2022年9月15日に公布された大統領令14083号には，審査において重点的に考慮すべき5つの要素（以下に示す①～⑤の要素）が挙げられており，これらは(i)従前の考慮要素を具体化したものと，(ii)新たな考慮要素を追加するものに分けられます。

(i)　従前の考慮要素を具体化した要素

① 大統領令は「外国人による国内産業および商業活動の統制が，国家安全保障上の要請を満たすために必要な米国の能力および生産力に及ぼす影響」（考慮要素3）に関して，CFIUSに対し，取引が必要に応じてサプライチェーンの強靱性に与える影響を考慮することを求めています。国家安全保障にとって不可欠な分野として，マイクロエレクトロニクス，人工知能，バイオテクノロジー，バイオマニュファクチャリング，量子コンピューティング，高度なクリーンエネルギー（バッテリー蓄電と水素など），気候適応技術，重要な材料（リチウムと希土類元素），食料安全保障に影響を与える農業産業基盤の技術等を挙げています。

② また，「国家安全保障に影響を与える分野における米国の国際的な技術的優位性に及ぼす潜在的な影響」（考慮要素5）に関して，国家安全保障にとって不可欠な分野として上記分野を指摘した上で，CFIUSに対し，これらの分野における米国の国際的な技術的優位性に与える影響を考慮することを求めています。

(ii)　新たに追加された要素

③ 大統領令は，特定の分野または技術への投資が増加していく場合には，当該特定の分野または技術への一連の投資によって，国家安全保障を害する技術移転が促進されるなどのリスクがあるとして，CFIUSに対し，個々の取引について，関連する取引との関係を踏まえて審査することを

求めています。

④ 次に，外国人による投資によって米国のサイバーセキュリティが損なわれることがないように，CFIUSに対し，国家安全保障を脅かす外国人によるサイバー侵入や他の悪質なサイバー活動を実現させる可能性について考慮することを求めています。特に，機密データの保護や完全性を損なう目的で行われた活動，米国の選挙，米国の重要インフラ，国防産業基盤，その他のサイバーセキュリティに関する国家安全保障上の優先事項に干渉する目的で行われた活動，スマートグリッドを含む重要なエネルギーインフラの破壊に関する活動でないかの検討が重要視されています。

⑤ さらに，データが個人または個人のグループを監視，追跡，標的化するための強力なツールとなっていることから，CFIUSに対し，米国市民の機密データ（健康や生物学的データを含みます。）にアクセスまたはこれを保管する米国の事業への投資に，米国の国家安全保障を脅かす可能性のある外国人が関わっていないかを検討することを求めています。

1.3.5 リスク軽減措置

CFIUSまたはCFIUSが指定する主導機関は，取引によって生じる国家安全保障上のリスクを軽減するために，取引の当事者との間で条件を交渉し，条件を課し，または合意をし，これを執行することができます（以下，「リスク軽減措置」といいます。）。主導機関には，案件の性質に応じて，1つまたは複数の行政機関がCFIUSにより指名されます。主導機関は，リスク軽減の合意に向けた交渉や後述のリスク軽減措置に関する合意の遵守状況等のモニタリングにおいて重要な役割を担っています。

リスク軽減措置の内容は取引の性質に応じてさまざまですが，CFIUSが公表する年次報告書では，以下のような条件が交渉され，または課されたとされています。

- 特定の知的財産，営業秘密または技術情報の移転または共有を禁止または制限すること
- 米国政府またはその請負業者との既存または将来の契約，米国政府の顧客情報およびその他の機密情報を処理するためのガイドラインおよび条件を設けること
- 特定の技術，システム，施設または機密情報には，アクセス権を与えられた者のみがアクセスできるようにすること
- 特定の施設，設備および業務が米国内のみに設置されていることを保証すること
- データ保管場所の変更について，米国政府への事前通知を必要とし，米国政府から異議がない場合にのみ変更できること
- 特定の人員の採用と雇用を制限すること
- 米国政府が承認したセキュリティオフィサーおよび取締役会メンバーの任命，セキュリティポリシー，年次報告書，独立監査に関する要件等の外国からの影響を制限し，コンプライアンスを確保するための仕組みを確立すること
- 外国人が米国事業を訪問する前に，保安担当官，第三者監視員または関連する米国政府関係者に通知し，承認を得ること

1.3.6　モニタリング

　CFIUSは，主導機関を通じて，リスク軽減措置に関する合意の遵守状況等のモニタリングを行っています。CFIUSが公表する年次報告書によれば，モニタリングのために，以下のような手段が採られています。なお，当事者がリスク軽減措置の条件に違反した場合には，CFIUSによる再度の審査が行われたり，罰金が科されたりする可能性があります（後記 1.3.7 参照）。

- 企業による米国政府機関への定期的な報告
- 米国政府機関によるオンサイトのコンプライアンスレビュー
- 第三者による監査またはモニタリング（リスク緩和措置の条項に規定されている場合）
- 異常または違反が発見された，またはその疑いがある場合の調査および是正措置

206　Part III　海外の投資規制と経済安全保障上の留意点

1.3.7　エンフォースメント・罰則

　CFIUSの審査に係る一定の手続違反等に対しては，罰則が設けられています。具体的には，以下の違反行為に対して罰金が科される可能性があります。

図表3－1－4　違反行為と罰則

違反行為	罰　則
通知または申告に重要な虚偽や不記載があった場合，または虚偽の認証（certification）を行った場合	25万米ドル以下の罰金
義務的届出がなされなかった場合	25万米ドルまたは取引価額のいずれか高い金額を超えない金額の罰金
リスク軽減措置の重要な条項，条件に違反した場合	25万米ドルまたは取引価額のいずれか高い金額を超えない金額の罰金

　また，2022年10月には，CFIUSからエンフォースメントおよび罰則に関するガイドライン[6]が公表されています。同ガイドラインは，罰則を決定する際の考慮要素を示しており，説明責任を果たした程度，米国の国家安全保障を損なった程度，故意または過失の有無，違反した期間の長短，是正に向けた取組みの内容，過去のコンプライアンス遵守状況などが考慮されるとしています。さらに，2024年4月には，CFIUSの執行権限や罰則を強化することなどを内容とする規則案が発表されており，執行および罰則に関する制度改正の動きに注視する必要があります[7]。

6　U.S. Department of the Treasury, CFIUS Enforcement and Penalty Guidelines
　　https://home.treasury.gov/policy-issues/international/the-committee-on-foreign-investment-in-the-united-states-cfius/cfius-enforcement-and-penalty-guidelines（最終アクセス日：2024年9月30日）

7　U.S. Department of The Treasury, Treasury Proposes Regulatory Update to Sharpen and Enhance CFIUS Procedures and Enforcement Authorities to Protect National Security
　　https://home.treasury.gov/news/press-releases/jy2246（最終アクセス日：2024年9月30日）

1.3.8 審査の実績

CFIUSによる審査実績は，毎年，年次報告書により公表されています[8]。以下では，2023年の審査実績を見ていきます。

(1) 届 出

2023年の申告，通知の件数は以下のとおりです。比較のため，2022年の実績も示しています。

図表3-1-5 CFIUSに対する届出の件数

届出の種類	申告		通知	
年度	2022	2023	2022	2023
件数	154件	109件	286件	233件

2023年の申告は109件であり，36件が届出義務の対象でした。国別の申告件数はカナダが13件と最も多く，続いて日本（11件），フランス（11件），英国（10件），オーストラリア（7件），韓国（7件）の順でした。また，2023年度の通知は233件であり，国別では中国が33件と最も多く，続いてアラブ首長国連邦（22件），英国（19件），シンガポール（19件），カナダ（16件），日本（15件），ドイツ（14件）の順でした。

(2) 審 査

(i) 申告に対する審査

申告に対するCFIUSの審査の概要は，前記1.3.3(2)(ii)のとおりです。

109件の申告のうち，取引が承認されたのは83件（約76％）でした。次に，

8　年次報告書は以下のウェブサイトで公開されています。
U.S. Department of The Treasury, CFIUS Reports and Tables
https://home.treasury.gov/policy-issues/international/the-committee-on-foreign-investment-in-the-united-states-cfius/cfius-reports-and-tables（最終アクセス日：2024年9月30日）

CFIUSが取引の当事者に対して通知による届出を要求したのは20件（約18％）でした。その他，6件（約6％）の申告に対し，申告によっては審査を完了することができない（通知が必要である）旨が回答されています。

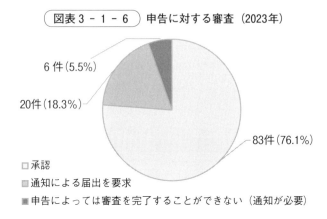

図表3－1－6　申告に対する審査（2023年）

(ii) 通知に対する審査

233件の通知のうち，2次審査に進んだのは，128件でした。また，CFIUSは，35件に対してリスク軽減措置を課した上で取引を承認しています。当事者により取り下げられた通知は57件でした。このうち14件は，商業上の理由により，または，CFIUSが当事者に対し，取引に係る国家安全保障上の懸念をリスク軽減措置によって解消できないと伝えた後に，もしくは，当事者がCFIUSの提案したリスク軽減措置が受け入れられないとの理由により，撤回されています。また，撤回された通知のうち43件では，再度，通知が行われました。

(iii) 届出がされなかった取引の審査

2023年には，国家安全保障上の懸念を生じさせる可能性があるにもかかわらず届出がなされなかった取引として，60件の取引が正式な審査の対象とされました。このうち，CFIUSは，13件の取引について，当事者に届出を行うよう要求しています。2023年の届出の件数は2022年と比較して減少したにもかかわ

らず（**図表3−1−5**参照），CFIUSから当事者に届出を行うよう要求された取引の件数は2022年の11件から増加しました。CFIUSは，2023年には数千件の届出がされなかった取引について検討したと公表しており，当事者が届出を行わなかった場合に，CFIUSによって事後的に取引の審査が行われ，取引に影響を及ぼす可能性は高まってきているといえます。

(iv) 罰 則

2023年には，リスク軽減措置の重要な条項に違反があったとして，当事者に罰金が科された事例が4件ありました。これらの事例では，2022年10月に公表された「エンフォースメントおよび罰則に関するガイドライン」（前記**1.3.7**参照）に基づいて判断されたとのことです。CFIUSが発足してから2022年までの約50年の間に罰則が適用された事例はわずか2件であることを踏まえると，違反行為に対する執行のリスクは従来と比較して飛躍的に高まっています。

1.4 ‖ 実務上の留意点

CFIUSによる審査の対象となる取引のうち，事前届出が義務付けられる取引は一部の取引に限られますが（前記**1.3.3（1）**参照），CFIUSは，事前届出の義務の対象でない取引に対しても，職権により審査を開始することができます。そのため，CFIUSの審査の対象ではあるものの，事前届出の義務の対象ではない取引を行う当事者は，事前届出を行わなかった場合には，CFIUSによって事後的に取引の審査が行われて，取引の解消を命じられるなどのリスクを負うことになります。実際に，CFIUSは，2023年に，届出を行わなかった13件の取引の当事者に対して通知をするよう命じました（前記**1.3.8（2）**(iii)参照）。

このような事後的な審査のリスクを回避するため，取引の当事者は，CFIUSに対して任意に届出をして，審査の開始を求めることができます。そして，審査の結果，CFIUSが取引を承認した場合には，CFIUSは，特段の事情（届出

内容に重大な虚偽がある場合等）がない限り，承認された取引の再審査を行うことができなくなります。

　そこで，CFIUSの審査の対象ではあるものの，事前届出の義務の対象ではない取引を行う当事者は，このような米国の対内投資の管理制度を踏まえて，取引が事後的に審査される可能性，届出のコスト，取引のスケジュールなどを勘案し，CFIUSに対して事前に任意の届出をすべきか否かを判断することが求められます。

2 英　国

2.1 | 英国における外資規制の概要

英国では，2021年に体系的な法整備があり，法所定の業種を営む投資先に関する一定の類型の取引について事前の届出義務が定められました。

内閣府担当大臣は，国家安全保障に対する脅威の観点から審査が必要と判断した取引について，取引を禁止したり，取引の実行に際して一定の条件を課したりする権限を有しています。また，内閣府担当大臣は，届出義務がない取引についても審査する権限を有しており，届出義務がない取引について任意に届出を行うか，慎重な検討が求められます。

また，制度上，定期的な見直しも予定されていることから，法令・ガイダンスなどのアップデートの状況をフォローしておくことが重要です。

主な関係法令	2021年国家安全保障・投資法（NSI法） （National Security and Investment Act 2021） － 2021年に制定された英国企業への投資規制を定めた法律
	2021年国家安全保障・投資法規則（NSI法規則） － NSI法と同様に英国企業への投資規制を定めた法規則
	2002年企業法 （The Enterprise Act 2002） － 企業結合審査に関して定めており，NSI法の制定・施行前はM&A取引等に関する安全保障の審査根拠となっていた法律

212　Part III　海外の投資規制と経済安全保障上の留意点

主な規制執行機関	内閣府投資安全保障局 （ISU：Investment Security Unit within the Cabinet Office） －　内閣府に設置された，NSI法に基づく投資審査を統括する機関
	内閣府担当大臣 （Secretary of State in the Cabinet Office） －　NSI法に基づく投資審査の審査権限を有する大臣
その他手続に関するキーワード	コールイン（call-in）通知・審査 －　審査対象取引について，国家安全保障に対する脅威またはそのおそれがあると判断された際に出される通知および通知後に行われる審査

（注）本書で頻出のものについては**太字**の略称で引用した。

2.2 関係法令および規制執行機関

2.2.1　関係法令等

　英国では，2021年国家安全保障・投資法（NSI法）および2021年国家安全保障・投資法規則（NSI法規則）が制定され，2022年1月4日より，NSI法およびNSI法規則に基づいて投資規制が行われています。NSI法は，**2.2.2**で後述のとおり，英国内外からの投資に適用されますが，英国外からの投資との関係では外資規制としての性格を有するといえます。

　後述のとおり，内閣府担当大臣は，特定の取引について審査（コールイン）権限を有するところ，英国政府は，いかなる場合に当該審査が行われるかについて，ステートメント（以下，「本ステートメント」といいます。）を公表しています[1]。

　また，英国政府は，NSI法に関するガイダンスを発行しており[2]，投資規制を検討する際には，当該ガイダンスを参照することも重要です。

　なお，英国政府は2023年11月13日，義務的届出を必要とする範囲などの検討，通知および審査の手続の向上，ガイダンスその他の公表資料の充実化などを図

るべく，NSI法に基づく審査枠組みに関して意見募集手続（Call for Evidence）を開始しており，2024年4月18日に意見募集の状況を発表しました。意見募集の結果を踏まえて，2024年5月21日に本ステートメントやガイダンスの更新が行われています。また，2024年夏頃を目途に**2.3.3**で後述の指定業種の改訂に関するパブリックコメントを求める予定であり[3]，加えて，2024年秋に制定予定の法令に義務的届出の免除要件を定めるか否か検討することも明らかにされています。そのほか，2024年内にオンライン届出システムや審査運用のプロセスを改善することも検討されています。これらの検討内容いかんによっては各種改正・改訂がなされる可能性があり，この点にも留意する必要があります。

2.2.2　制度設立の経緯・背景

NSI法の施行前は，英国の投資規制は2002年企業法（以下，「02年企業法」といいます。）に基づく企業結合審査の一環として行われてきました。もっとも，実務界からは，02年企業法に基づく審査では，審査の対象が企業結合審査における売上・市場シェア要件などを充足する取引に限定されることから，英国の国家安全保障に対するリスクを十分に捕捉できないのではないかとの懸念が呈されていました。そこで，英国企業に対する投資に関する英国政府の審査権限を強化し，英国の国家安全保障を図るため，NSI法が制定・施行されました（なお，02年企業法で審査対象とされていたメディアの多様性，金融システ

1　Department of Business, Energy and Industrial Strategy (BEIS), Notice: National Security and Investment Act 2021: Statement for the purposes of section 3, 21 May 2024：
　　https://www.gov.uk/government/publications/national-security-and-investment-statement-about-exercise-of-the-call-in-power/national-security-and-investment-act-2021-statement-for-the-purposes-of-section-3--2 （最終アクセス日：2024年9月25日）

2　National Security and Investment: Market Guidance May 2024：
　　https://www.gov.uk/government/publications/national-security-and-investment-nsi-act-market-guidance-notes/national-security-and-investment-market-guidance-may-2024 （最終アクセス日：2024年9月25日）

3　2024年9月25日時点で，パブリックコメントの募集は実施されていません。

214 Part III 海外の投資規制と経済安全保障上の留意点

ムの安定性，公衆衛生上の緊急事態への対処などに影響を及ぼす取引については，NSI法の施行後も02年企業法が適用されます。）。

2.2.3 規制執行機関

NSI法の管理・監督は，内閣府内の投資安全保障局が担当しています。内閣府担当大臣にコールイン通知を含めた広い権限が認められています。

2.3 ‖ 外資規制制度

2.3.1 制度の特徴

NSI法においては，英国国籍の買収者も規制の対象とされており，外国投資家に限らず審査が行われるという点が特徴的です。また，投資先（以下，「対象会社」といいます。）が営む事業分野および活動の内容によっては，対象会社が英国内に子会社等の拠点を有していない場合でもNSI法の審査対象となる可能性がある点にも留意する必要があります。

2.3.2 審査対象取引

NSI法に基づく審査対象となる取引の類型は，(1)対象会社の支配の取得および(2)取得の対象となる資産（以下，「対象資産」といいます。）の支配の取得の2類型です。

かかる支配の取得には，直接的に取得する場合のみならず，間接的に取得する場合（例えば，審査対象となる対象会社の親会社の全株式を取得することにより，間接的に対象会社の親会社となる場合）が含まれる点に留意が必要です。

(1) 対象会社の支配の取得

対象会社の支配の取得については，具体的には，以下①から③のいずれかの場合に該当することをいいます。

①	取得者が保有する対象会社の株式等または議決権の比率が25%以下から25%超, 50%以下から50%超, または75%未満から75%以上に増加する場合
②	取得者が対象会社の議決権の取得により, 対象会社の事業に関する一切の決議事項を可決または否決することができる場合
③	取得者が対象会社の経営方針に重大な影響を有するに至る場合

（2） 対象資産の支配の取得

　これに対して, 対象資産の支配の取得は, 対象会社の資産の取得により対象会社の支配の取得の規制の適用を回避する行為を捕捉することを目的として設けられた類型です。具体的には, 以下①または②のいずれかの場合に該当することをいいます。

| ① | 対象資産の取得により, 取得者が対象資産を利用できるようになる, または取得前よりも利用できる範囲が広がる場合 |
| ② | 対象資産の取得により, 取得者が対象資産の利用方法を指示もしくはコントロールすることができるようになる, または取得前よりも取得者が対象資産の利用方法を指示もしくはコントロールすることができる範囲が広がる場合 |

　なお, 対象資産の支配の取得の「対象資産」には, 不動産や動産に加えて, 一定の無形資産, 具体的には, 経済的価値を有するアイデア, 情報または技術（例：企業秘密, データベース, ソースコード, ソフトウェアなど）も含まれます。

2.3.3　届出対象取引

（1）　義務的届出

　NSI法に基づく審査対象となる取引のうち, 前記**2.3.2（1）**（対象会社の支配の取得）の①または②に該当する取引が, 特定の事業分野において一定の活動を行う対象会社について行われる場合, 取得者は当該取引の実行前にISUに対して届出を行う義務があります（以下, かかる届出を「義務的届出」といい

216 Part III　海外の投資規制と経済安全保障上の留意点

ます。)。

　NSI法規則は，義務的届出の対象となる以下の事業分野（合計17種類。以下，総称して「指定業種」といいます。）および活動の内容を個別具体的に定めています[4]。

- 先端素材
- 先端ロボット技術
- 人工知能
- 民生用原子力
- 通信
- コンピュータ・ハードウェア
- 政府への重要サプライヤー
- 暗号認証
- データ・インフラストラクチャー
- 防衛
- エネルギー
- 軍事および軍民両用品目
- 量子技術
- 人工衛星および宇宙技術
- 緊急サービスへの重要サプライヤー
- 合成生物学
- 運輸

　他方で，NSI法に基づく審査対象となる取引のうち，前記 **2.3.2 (1)**（対象会社の支配の取得）の③に該当する取引や， **2.3.2 (2)**（対象資産の支配の取得）に該当する取引は義務的届出の対象外とされています。

4　なお，NSI法規則については，同規則上，内容の定期的な見直しおよび見直しの結果を踏まえた報告書の公表が義務付けられており，初回の報告書は2025年１月４日までに公表される見込みです。

（2） 任意的届出

　取得者は，義務的届出の対象外の取引についてもISUに対して任意に届出を行うことができます（以下，かかる届出を「任意的届出」といいます。）。

　内閣府担当大臣は，義務的届出の対象外の取引についても審査（コールイン）を行う権限を有しており，審査の結果，実行前の取引について取引を禁止することや，実行後の取引について解消などの措置を命じることもできます。取得者は，かかる権限行使に起因する取引の不確実性を排除するため，取引の実行前に任意的届出を行うことを検討することになります。

2.3.4　審査基準

　内閣府担当大臣は，NSI法に基づく審査対象となる取引について，当該取引が英国の国家安全保障に対する脅威となるまたはそのおそれがあると合理的に疑う場合には，取得者に対して通知（以下，「コールイン通知」といいます。）を行い，審査（コールイン）を開始することができます。

　本ステートメントは，内閣府担当大臣がコールイン通知に係る決定に際して考慮する要素として，**（1）** ターゲットリスク，**（2）** 取得者リスク，および**（3）** 支配リスクの3点を挙げています。

（1）　ターゲットリスク

　ターゲットリスクは，対象会社または対象資産が国家安全保障に対する脅威となる方法で使用されるまたは使用されるおそれがあるかに関連するリスクです。当該リスクの評価にあたっては，対象会社や対象資産の指定業種との密接関連性（近接性）に起因する国家安全保障に対する脅威といった事項が考慮されます。

（2）　取得者リスク

　取得者リスクは，取得者が国家安全保障に対する脅威となるまたはそのおそ

れを生じさせる特性を有しているかに関連するリスクです。特性の具体的な例として，取得者の業種，技術力，および英国の国家安全保障に対する脅威となるまたはそのおそれがあるエンティティとの関連性が挙げられています。また，本ステートメントでは，当該リスクの評価における考慮要素として以下が例示列挙されています。

- 取得者の最終的な支配者
- 取得者の既存の保有持分，およびそれが国家安全保障に対する脅威とみなされうるか
- 取得者およびその最終的な支配者と，国家安全保障に関連する犯罪もしくは違法行為または国家安全保障上の懸念を惹起する活動との関連性

（3） 支配リスク

支配リスクは，取得者が対象会社または対象資産について取得する支配権の程度に関連するリスクです。

なお，本ステートメントには設例が紹介されており，当該設例によれば，以上の要素を総合的に考慮することが想定されていると窺えます。もっとも，実際に取引の禁止などが明示された事例の公表文をみると，内閣府担当大臣の判断過程の詳細が示されているわけではないため，公表事例において，いずれのリスクが決定的な要素として考慮されたのかといった点は必ずしも明らかではない点に留意する必要があります。

2.3.5 手数料

NSI法に基づく届出については，義務的届出または任意的届出のいずれの場合でも，手数料の支払は要しません。

2.3.6 審査プロセス

前記 2.3.3 のとおり，NSI法に基づく届出には，大別して義務的届出および任意的届出の 2 種類が存在します[5]。両者で届出（オンライン上のポータル

2 英 国 219

経由で実施）の様式こそ異なりますが，審査プロセスは同様です。

（1） 届出の時期

　届出の時期についてNSI法に具体的な規定はありませんが，ガイダンスでは，国家安全保障に対する脅威等について英国政府が適切な評価が可能となるよう，手続を進める誠実な意思がある場合に届出を行うことが適切であるとされています。ガイダンスは，そのような意思が裏付けられる具体的な事情として，①Head of Terms[6]などの予備的合意書が存在すること，②資金調達の手配がなされていること，③取締役会レベルで取引の検討がされていること，④公開買付けの場合には，申込みの意思またはその可能性を公表する場合などを挙げています。

　他方で，届出に不備や不足がある場合には，情報提供要求がなされ，これによって手続の完了が遅延するおそれがある，コールイン通知の交付の判断に必要な情報が記載されていないことを理由として届出が受理されない，届出後の事情変更を理由として届出の再提出（やり直し）を求められるといった不利益が生じる可能性も示唆されていることから，届出の時期については慎重な検討が必要です。

　義務的届出が必要となる取引の場合，クリアランスを得るまで当該取引の実行が禁止されるため，届出の時期については，取引のクロージング時期および後述の審査期間を考慮した上で届出を行う必要があります。他方で，任意的届出を行う取引の場合，クリアランスを得る前に当該取引を実行することは妨げられないものの，取引の解消などを命じられた場合にはこれに従う必要があるため，実務上，取引の実行は，クリアランスの取得後とすることが安全といえます。

　5　なお，厳密には，NSI法に基づく届出には，義務的届出を行う必要があった取引について義務的届出を懈怠した場合の様式が別途定められていますが，詳細は割愛します。

　6　英国契約法上の基本合意書をいい，一般に法的拘束力を持ちません。

（2） 届出受理および届出審査

　届出が行われた後，内閣府担当大臣において形式的な届出受理の判断を行います。届出を受理した場合，内閣府担当大臣は，届出受理日から30営業日以内に，届出の対象となった取引による国家安全保障に対する脅威またはそのおそれの有無について検討を行います。かかる脅威またはそのおそれがないと判断する場合には，内閣府担当大臣はクリアランスを発出します。

　他方で，かかる脅威またはそのおそれがあるとの合理的な疑いが生じる場合には，内閣府担当大臣はコールイン通知を行い，審査を開始します。なお，これまで，届出が行われた取引の大半は，コールイン通知が行われることなく，クリアランスが発出されています。

（3） コールイン通知および審査（コールイン）

　コールイン通知を行った後，内閣府担当大臣は，コールイン通知から30営業日以内に，国家安全保障に対する脅威またはそのおそれの有無について詳細な審査を行います。これは原則的な審査期間であり，内閣府担当大臣は，上記の30営業日に加え，45営業日をさらに追加して，審査期間を延長することも可能であり，また，当事者との間で合意がある場合には，さらなる任意の延長も可能とされています。

　審査の過程で，内閣府担当大臣は必要と考える情報について取得者に情報提供要求を行うことができます。かかる情報提供要求が行われた場合，情報提供要求の通知から情報提供要求に対する回答がなされるまでの期間はいずれの審査期間にも算入されません。そのため，回答に時間を要する場合には，審査期間も実質的に延長されることに留意する必要があります。

　審査の結果，届出の対象となった取引について国家安全保障に対する脅威またはそのおそれはないと判断する場合，内閣府担当大臣はクリアランスを発出します。他方で，かかる脅威またはおそれがあると判断する場合には，取引実行を禁止する旨の最終命令または，問題解消措置を命じる条件付きのクリアラ

2 英国　221

図表3-2-1　英国における対内直接投資の審査プロセス

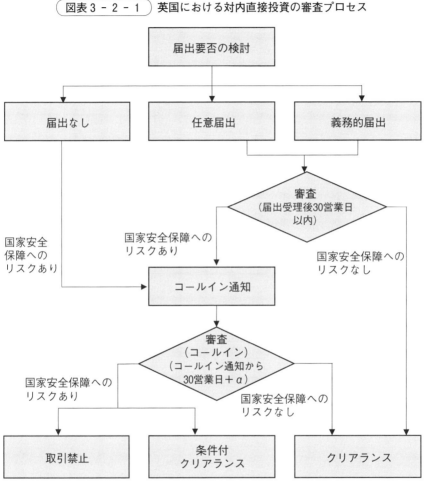

(注)　一般的な流れを簡略化して示したものです。個別の案件における具体的な手続や所要期間は手続を行う国の担当機関または専門家にご確認ください。

ンスを発出します。後者の問題解消措置を命じる場合、問題解消措置の内容などは公表されます。

　なお、2024年9月10日に発行された年次報告書によれば、コールイン通知からクリアランス通知が出されるまでの平均営業日数、および条件付きのクリア

ランスまたは取引実行を禁止する旨の最終命令が出されるまでの平均営業日数は，それぞれ，28日，56日でした。

　また，当事者が届出を行わなかった取引についても，内閣府担当大臣が当該取引を認識して6カ月または当該取引の実行から5年以内であれば，内閣府担当大臣は当該取引を審査する権限を有します。内閣府担当大臣が，かかる取引について国家安全保障に対する脅威またはそのおそれがあるとして審査を行おうとする場合には，内閣府担当大臣はコールイン通知を行うことができます。この場合は，届出が行われた場合と同様に審査が実施されます。

2.3.7　モニタリング・エンフォースメント・罰則

(1)　エンフォースメント

　内閣府担当大臣は，コールイン通知後の審査期間中に取引が実行されることを防止するために，一定の行為の要求や禁止などの暫定的な措置を命じることが可能です。

　また，条件付きクリアランスや取引禁止などの命令においても，同様に一定の行為の要求や禁止，対象会社の行為を監視する者の任命，内容の守秘義務などの措置を命じることが可能です。

(2)　罰　則

　義務的届出の対象となる取引であるにもかかわらず，内閣府担当大臣のクリアランスを得ずに当該取引を完了した場合，当事者に当該取引を行うことについて合理的な理由がない限り，NSI法違反となり，刑事罰として5年以下の懲役もしくは罰金や，民事制裁金を科される可能性があります。制裁金の上限は，違反者が事業体である場合，その事業（英国内外およびかかる事業が所有または支配する事業を含みます。以下本項において同じ。）の全世界売上高の総額の5％または1000万ポンドのいずれか高い額（ただし，個人の場合は1000万ポンド）です。

また，NSI法上，違反解消までの日数に応じた制裁金を科すこと，または固定の制裁金と日数に応じた制裁金の両方を科すことも可能とされています。1日あたりの制裁金の上限額は，違反者が事業体である場合，その事業の全世界売上高の0.1％または20万ポンドとのいずれか高い額（ただし，個人の場合は20万ポンド）です。

2.3.8　審査の実績

2022年1月にNSI法に基づく審査制度の運用が開始して以降，5件の禁止決定と21件の条件付きクリアランスの決定が下されています。これらのうち，禁止決定の指定業種別の内訳は，軍事および軍民両用品目（2件）[7]，先進素材（特に半導体）（2件）[8]，通信（1件）です[9]。

（1）　禁止決定

禁止決定（5件）のうち2件については，既に完了した取引の解消が命じられました。また，うち4件については中国または香港の取得者が関与する取引が対象とされ，残りの1件についても取得者がロシアの企業体の傘下にある取引が対象となっており，こと禁止決定については一定の地政学的な配慮も加味されているという見方もありうるところです。

7　https://assets.publishing.service.gov.uk/government/uploads/system/uploads/attachment_data/file/1098889/acquisition-of-pulsic-by-super-orange-hk-holding-notice-final-order.pdf（最終アクセス日：2024年9月25日）

8　https://www.gov.uk/government/publications/acquisition-of-hilight-research-limited-by-silight-shanghai-semiconductors-limited-notice-of-final-order/acquisition-of-hilight-research-limited-by-silight-shanghai-semiconductors-limited-notice-of-final-order（最終アクセス日：2024年9月25日）

9　https://www.gov.uk/government/publications/acquisition-of-upp-corporation-ltd-by-l1t-fm-holdings-uk-ltd-notice-of-final-order/acquisition-of-upp-corporation-ltd-by-l1t-fm-holdings-uk-ltd-notice-of-final-order（最終アクセス日：2024年9月25日）

224　Part III　海外の投資規制と経済安全保障上の留意点

（2）　条件付きクリアランスの決定

　21件の条件付きクリアランスの決定のうち6件をエネルギー部門に関する取引が占めています。そのほか，2024年に公表された9件の概要は**図表3－2－2**のとおりです[10]。

（　図表3－2－2　）**2024年に公表された条件付きクリアランス事例の概要**

決定日		概　要
2024/1/24	取引	アラブ首長国連邦において設立されたEmirates Telecommuni-cations Group Company PJSC（「Emirates」）と Vodafone Group PLC（「Vodafone」）との間のStrategic Relationship Agreementの締結。同契約上，EmiratesはVodafoneの方針に重大な影響を与えることが可能とされていたようですが，詳細は公表されていません
	条件	契約条件の変更や終了に関する通知義務，Vodafone側の取締役会の構成等に関する要件，国家安全保障に影響を与えるセンシティブな活動を監督する国家安全保障委員会の設立義務など
2024/2/28	取引	TransDigm Inc.によるIceman Holdco, Inc.の株式の100％取得による同社の英国子会社の支配権の取得
	条件	Iceman Holdco, Inc.の英国子会社の原子時計に関する研究，開発，製造機能を英国内に維持すること
2024/3/1	取引	Vishay Intertechnology Inc および Siliconix IncによるNeptune 6 Ltdの議決権付株式の100％取得
	条件	Vishay Intertechnology Inc および Siliconix Incならびにその子会社が，Neptune 6 Ltdのグループ会社が英国において保有する半導体製造工場の売却，譲渡，リースやライセンス付与などの契約を行う場合に，内閣府担当大臣に対して事前通知を行うこと

10　https://www.gov.uk/government/collections/notice-of-final-orders-made-under-the-national-security-and-investment-act-2021#notices-of-final-orders-in-2024（最終アクセス日：2024年9月25日）

2024/5/9	取引	Hutchison 3G UK Holdings LimitedとVodafone Limitedの合弁事業の設立
	条件	合弁事業において国家安全保障に影響を与える活動を監督する国家安全保障委員会の設立の義務，合弁事業のネットワーク移行計画について，政府承認の外部監査人による監査を行うことなど
2024/5/16	取引	Intelligent Safety Electronics Pte LtdによるFireAngel Safety Technology Group Plcの株式の100%取得
	条件	コーポレートガバナンスの遵守，セキュリティ審査資格を有するセキュリティ責任者の任命義務，来訪者や出向者へのプロトコル実装義務，認定試験期間による継続的スクリーニングなどの特定の要件の遵守
2024/6/20	取引	リヴァプール大学およびPinggao Group Limitedによる共同研究所の設立
	条件	リヴァプール大学は，同大学が保有する研究や知的財産の保護に対して責任を負うグループを設立し，情報アクセス等について監督を実施すること，リヴァプール大学が当該グループ議長を任命し，監督責任を実施すること，当該グループへの委任事項について研究所設立前に内閣府担当大臣の承認を得ること
2024/7/25	取引	Exosens UK LimitedによるCentronic Limitedの株式の100%取得

2.4 ‖ 個別法による外資規制の状況

　対象会社の業種によっては，以下の規制のように，NSI法や02年企業法以外の規制が対内直接投資の文脈で適用される可能性があります。

（1）　1975年英国産業法による規制

　1975年英国産業法上，国務大臣には，外国事業体による「重要な製造業」の買収に伴う支配権の変更が英国またはその相当の地域の利益に反すると国務大臣がみなす場合に当該買収を阻止する権限が与えられています。ただし，現時

点までにこの権限が行使された事例はありません。

（2） ゴールデン・シェアに関連する規制

　ゴールデン・シェア（英国政府が国有企業（例：Rolls-Royce Holdings plc）の民営化に際し取得した株式）の発行体の一定割合（通常15％）超の株式取得について，英国政府の事前の同意が必要とされており，英国政府に株式取得を阻止する権限が与えられています。ゴールデン・シェアの発行体は限られており実務上当該規制が問題となる可能性は高くないようにも思われますが，英国企業への投資の際には関連する規制の有無について確認する必要があります。

2.5 ‖ 実務上の留意点

　英国においては，対象会社が指定業種に属する一定の事業を営んでいるか否かによって，届出義務の有無が左右されることから，審査対象取引の類型に該当する英国企業への投資にあたっては，対象会社に対し，デュー・ディリジェンスを実施した上で，事業内容を精査することが望ましいと考えられます。また，指定業種によっては，対象会社が英国に物理的に存在しない場合であっても，その子会社が英国に存在し指定業種を営んでいる場合や，その子会社が英国内に対象資産を保有する場合には届出義務が生じる可能性もあることから，英国以外の企業へ投資を行う場合についても，NSI法による規制が適用される可能性がないか，確認することが望ましいです。

　NSI法による規制は，施行から2年強と他国と比較しても新しい制度であることもあり，審査の傾向・実務など必ずしも公表情報からは明らかではない点もあります。また，内閣府担当大臣による遡及的な審査がなされる可能性を踏まえた任意的届出を行うか否かの判断，届出に係るスケジュール，届出を行う場合に取引契約内において定めるべき条項の検討などについても留意が必要であり，専門的な知見が必要になることから，NSI法に精通した専門家を起用することが重要であると考えられます。

3

ＥＵ

3.1 EUにおける外資規制の概要

　EU域内の外資規制は，一義的に各EU加盟国の法令に基づき各加盟国の政府機関により運用されています。その中で，EUレベルでの外資規制は各加盟国の立法のベースとなるボトムラインとしての基準を定めるとともに，個別投資案件（個別の加盟国で審査対象外となったものを含みます。）についてもコメントしまたは意見を発出する権限を他の加盟国や欧州委員会に付与しています。

　EUでは，EU域内への投資に関する協力体制と各加盟国において定められる対内投資規制が備えるべき要件（ボトムライン）の確立を目的として，EUの加盟国と欧州委員会との間および加盟国間の権利義務を定める規則があります。つまり，EUレベルでの外資規制は加盟国と欧州委員会に対する法的拘束力をもつ一方で，各加盟国に投資する外国投資家に対しては原則として直接に適用されません。外国投資家およびその投資に対する各加盟国の規制は各加盟国の判断と立法に委ねられています。そのため，外国投資家においては，EUレベルでの外資規制を遵守するだけでは足りず，常に投資先となる加盟国の外資規制を調査し検討する必要があります。

　一方で，EUレベルでの外資規制は各加盟国における対内投資規制が備えるべき最低水準となる要件，すなわちボトムラインを定めるという側面は，欧州委員会が2024年１月24日に公表したEUレベルでの外資規制の改正案でいっそう強調されています。そのため，EUレベルでの外資規制を学ぶことは，「各加

228 Part III 海外の投資規制と経済安全保障上の留意点

盟国の対内投資規制には少なくともこのような内容が定められている」ということを把握する上で有用です。

なお，加盟国レベルの外資規制については，加盟国であるドイツの章も，一例として参照ください。

主な関係法令	2019年 3 月19日付欧州議会および理事会規則（EU）2019/452（**EU審査規則**） （Regulation（EU）2019/452 of the European Parliament and of the Council of 19 March 2019 establishing a framework for the screening of foreign direct investments into the Union EU） － 現時点で有効なEUレベルでの投資規制
	2024年 1 月24日付EU審査規則の改正案（**改正案**） （Proposal for a Regulation of the European Parliament and of the Council on the screening of foreign investments in the Union and repealing Regulation（EU）2019/452 of the European Parliament and of the Council） － EU審査規則の改正案（発効日未定）
主な規制執行 機関	欧州委員会 （The European Commission） － EUの政策・法の提案および執行等を担う国際機関[1]であり，EU審査規則に基づき，EU域内への投資が複数の加盟国の安全保障または公共の秩序に影響を及ぼすか否かを判断する権限，そしてそのような投資についての意見書を発行する権限を有する
	専門家グループ － EU審査規則に基づき，欧州委員会に対し対内直接投資の審査について助言や知見の提供等を行う専門家グループ
その他手続に 関するキー ワード	外国投資 （Foreign Investment） － EU審査規則の規制対象となる投資であり，改正案により概念が

1 https://commission.europa.eu/about-european-commission_en （最終アクセス日：2024年 9 月26日）

	拡張された
	加盟国 (Member State(s)) ─ EUの加盟国であり，EU審査規則の適用対象となりEU審査規則に基づき一定の権利を有するとともに一定の義務を負う
	複数加盟国取引 (Multi-Country Transaction) ─ 改正案で導入された概念であり，投資家は，複数加盟国取引の場合，つまり複数の加盟国の対内直接投資審査手続に服する場合には同一の日に申請をする必要があり，関連する加盟国は協調する義務を負う

(注) 本書で頻出のものについては**太字**の略称で引用した。

3.2 関係法令および規制執行機関

3.2.1 関係法令等

EUレベルでの外資規制として，2019年3月19日付欧州議会および理事会規則（EU）2019/452（以下，「EU審査規則[2]」といいます。）があります。

加えて，上記のとおり，欧州委員会は，2024年1月24日，EU審査規則の改正案（以下，「改正案[3]」といいます。）を公表しました。

現行のEU審査規則では，加盟国が自国において対内直接投資審査手続を設けることは強制されていませんでしたが，改正案は，加盟国が対内直接投資審

---

2 "Regulation (EU) 2019/452 of the European Parliament and of the Council of 19 March 2019 establishing a framework for the screening of foreign direct investments into the Union EU"。EU審査規則は下記にて閲覧可能：
   https://eur-lex.europa.eu/eli/reg/2019/452/oj （最終アクセス日：2024年9月26日）

3 改正案は下記の18頁にて閲覧可能：
   https://circabc.europa.eu/ui/group/aac710a0-4eb3-493e-a12a-e988b442a72a/library/f5091d46-475f-45d0-9813-7d2a7537bc1f/details?download=true （最終アクセス日：2024年9月26日）

230 Part III 海外の投資規制と経済安全保障上の留意点

査手続を導入することを義務付けています。しかも，改正案は安全保障または公共の秩序の維持という目的のために，加盟国ごとの相違を踏まえても実現されるべきEUレベルでの共通の協力体制を定めるとともに，安全保障または公共の秩序への影響を考慮するにあたり各加盟国が検討するべき事項を示すという性質を強めています。

　そのため，2024年9月現在において改正案が発効する時期は未定であり，少なくとも2年程度は現行のEU審査規則が適用される見込みではありますが，改正案の内容は将来の各加盟国の対内直接投資を理解する上で非常に有益です。

　そこで，以下では，現行のEU審査規則を中心に解説しつつ，修正が加えられた点については改正案の内容についても言及します。

3.2.2　関係当局

　EU審査規則における関係当局は大きく欧州委員会と加盟国の政府機関に分かれます。上記のとおり，EU域内の外資規制は，一義的に各EU加盟国の法令に基づき各加盟国の政府機関により運用されており，外国投資家を当事者とする個別の対内直接投資を承認するかどうかの最終的な権限は各加盟国にあります。そのため，各加盟国に投資する外国投資家は直接にはEU審査規則の適用対象ではありません。しかしながら，EU審査規則は，加盟国や欧州委員会に対して，加盟国における対内直接投資案件についてコメントしまたは意見を発出する権限を付与しています。欧州委員会と加盟国それぞれが有する権限等の概要は下記のとおりです。

　また，EU審査規則は専門家グループについても定めていますのであわせて詳述します。

（1）　欧州委員会の権限等

　欧州委員会は，EU審査規則に基づき，EU域内への投資が複数の加盟国の安全保障または公共の秩序に影響を及ぼすか否かを判断する権限，そしてそのような投資についての意見書を発行する権限を有しています。したがって加盟国

は，自国において審査手続の対象となっている対内直接投資を，欧州委員会に対しても通知することが求められています。

（2）　加盟国の権限等

対内直接投資を承認するかどうかの最終的な権限は各加盟国にあります。一方で他の加盟国は，審査を実施する加盟国に対し，コメントを提出することができます。上記の欧州委員会の意見書や他の加盟国のコメントは法的拘束力を有するものではありませんが，各加盟国は同国における審査手続において，EU審査規則に基づき，欧州委員会の意見書や他の加盟国のコメントを十分に考慮する必要があります。

（3）　専門家グループ

EU審査規則に基づき，欧州委員会に対し対内直接投資の審査について助言や知見の提供等を行う専門家グループが構成されます。この専門家グループは，各加盟国（国レベルの審査制度をもたない加盟国も含みます。）の外資規制当局の職員等により構成されます。また欧州委員会は，EU審査規則の施行に関連した制度上の問題についても，専門家グループに助言を求めることとされています。

3.3 ‖ 外資規制制度

3.3.1　EU審査規則と加盟国との関係

（1）　加盟国における審査の独立性

前記3.2.1で述べたとおり，現行のEU審査規則は加盟国に対し対内直接投資審査制度を導入することを加盟国に義務付けるものではありません（これに対し，改正案では加入国への義務付けがなされるのは前述のとおりです。）。

232　Part III　海外の投資規制と経済安全保障上の留意点

また，すでに加盟国が採用している審査制度に介入するものではなく，EU全体において国ごとに制度の違いや制度の不存在といった事情があることを踏まえ，そのような状況を補完することを目的としています。

　そして，EU審査規則においては加盟国がその国家安全保障に責任を有することが確認されており，加盟国の重要な安全保障上の利益を保護する権限を妨げるものではないことが定められています。対内直接投資の審査においても，当該対内直接投資を承認するかどうかや承認の条件についての最終的な判断権限は各加盟国に存在し，審査の独立性が保障されています。

　下記で述べるとおり，加盟国に対し欧州委員会の意見書や他の加盟国のコメント等が出されることがありますが，加盟国の判断を拘束するものではなく，加盟国はこれを十分に考慮する義務があるにとどまります。

（2）　加盟国の審査制度

　一方で，EU全体における実効的かつ一貫した体制整備のため，EU審査規則は加盟国の審査制度が備えるべき最小限の要件として以下の事項を定めています。

- 審査規則および手続の透明性確保，差別的な取扱いの禁止
- 審査期間を定め，同審査内においてEU審査規則に基づく欧州委員会の意見書および他の加盟国のコメントを十分に検討すること
- 新たに審査制度を導入した場合や，既存の審査制度を変更した場合には，欧州委員会に対して通知すること

　改正案は現行EU規則が要求する要件を維持しつつも，EU全域において加盟国が導入すべき対内直接投資審査において共通の最低基準をよりいっそう詳細に定めることで，ボトムラインの設定という性質を強めています。例えば，各加盟国の審査当局の果たすべき役割や持つべき権能の設定，各加盟国による自国の審査等に関する年次報告書の公表義務，審査を通じて得た情報の秘密保持義務，外国投資家のための手続保障が，最低基準として示されています。

3.3.2　審査対象取引

　EU審査規則の適用対象となる取引とは，外国投資家によるあらゆる種類の投資であり，ポートフォリオ投資を除き[4]，グリーンフィールド投資（法人などの新設によるEU域内への投資）かM＆Aによる投資かを問わず，あらゆる対内直接投資がEU審査規則の適用を受けます。公共事業の調達取引であっても一定の場合にはEU審査規則の適用対象となります。

　対象となる分野・業種についても特段の制限はなく，全ての分野・業種について適用されます。しかし，後記**3.3.3（1）(i)**や以下に記載のような分野については，重要な技術の移転が伴いうることから，特に重要な戦略的分野と考えられています。

- ● 重要なインフラストラクチャー（エネルギー，運輸，水道，医療等）
- ● 重要技術および軍民両用品目（人工知能，ロボット工学，半導体等）
- ● エネルギー・食料
- ● 個人情報等へのアクセス，情報セキュリティ
- ● メディア

3.3.3　審査基準

（1）　現行のEU審査規則

　対内直接投資の審査は，安全保障または公共の秩序に対する脅威となるかどうかが基準となります。それ以外のリスクについてはEU全域における審査の基準とはならず，特に純粋に経済的な観点からの審査は禁止されています。

　EU審査規則は，対内直接投資が安全保障または公共の秩序に対する脅威と

　4　EU審査規則上ポートフォリオ投資は定義されていませんが，一般的にポートフォリオ投資とは，「外国投資家による対象会社の株式や社債の購入のうち，対象会社への支配を伴わないもの」と説明されたり，「経営に対する影響力や事業の支配の獲得を企図せず，金銭的投資を行うことのみを目的とした資本市場における株式取得としての投資」と説明されたりしています。

なるかどうかの考慮事項を列挙しており，以下のとおり(i)分野や技術に関する事項，(ii)外国投資家の属性に関する事項を挙げています。

（i）分野や技術に関する事項

- 重要インフラストラクチャー

  物理的か仮想的（virtual）かを問わず，エネルギー，運輸，水道，医療，通信，メディア，データ処理またはストレージ，航空宇宙，防衛，電子または金融のインフラストラクチャー，およびこれらのインフラストラクチャーを利用するために重要な土地または施設

- 重要技術および軍民両用品目

  欧州理事会規則（EC）No 428/2009（15）（Council Regulation（EC）No 428/2009）の2条1項に定義される，人工知能，ロボット工学，半導体，サイバーセキュリティ，航空宇宙，防衛，エネルギー貯蔵，量子および核技術，ならびにナノテクノロジーおよびバイオテクノロジー

- エネルギーまたは原料を含む重要な構成品目（critical inputs）の供給，および食料安全保障

- 個人情報を含む機微情報へのアクセスまたはかかる情報をコントロールする能力

- メディアの自由および多様性

（ii）外国投資家に関する事項

- 外国投資家が，所有関係または主要な貸付け等に鑑みて，直接または間接に外国政府（国家機関または軍隊を含む）または第三国により支配されているかどうか

- 外国投資家が加盟国の安全保障もしくは公共の秩序に影響を及ぼす活動に既に関与しているかどうか

- 外国投資家が違法行為もしくは犯罪行為に従事する深刻なリスクがあるかどうか

（2）　EU審査規則の改正案

改正案では，多数の定義語が追加され，具体的には現行のEU審査規則2条が7の定義語のみを定めていたのに対し，改正案の2条では23の定義語が定められています。このように，新たに多数の定義語が定められたのに伴い，新たなルールが設けられました。特筆すべき点として，現行のEU審査規則ではEU域内の企業等によるEU域内への投資は一律に適用の対象外であったのに対し，改正案では新たに"investment within the Union with foreign control"という定義が追加され，これが"foreign investment"の定義に含まれることにより，非EU加盟国がEU域内の子会社を通じて行う一定のEU域内への投資も規制対象とされる点が挙げられます。また，改正案では新たに，半導体，量子技術，人工知能，バイオテクノロジー等の分野を列挙したAnnex IIおよび"Union target economically active in one of the areas listed in Annex II"という定義語が追加され，対象会社の活動等にいっそう着目した規制が導入されています。

さらに，改正案では対内直接投資が安全保障または公共の秩序に影響するかどうかを判断するにあたり考慮されるべき事項がより具体的に規定されています。

3.3.4　審査プロセス

（1）　加盟国との協調体制

EU全域における情報交換と対内直接投資の潜在的リスクに早期に対処するため，EU審査規則においては加盟国と欧州委員会の協力体制が定められています。加盟国と欧州委員会の協調体制は，下記の3つに分けられます。

　(i)　加盟国で進行中の対内直接投資審査に関する協調体制（EU審査規則6条）

　(ii)　加盟国で対内直接投資審査の対象となっていない対内直接投資に関する協調体制（EU審査規則7条）

(iii) EU全体の利益にかかわるプロジェクトまたはプログラムに影響を及ぼしうる対内直接投資に関する協調体制（EU審査規則8条）

以下では，上記の(i)と(ii)の場合の協調体制における手続の流れを解説します。なお，(iii)の協調体制については概ね(i)または(ii)の協調体制の手続の規定が準用されます。

(i) 加盟国で進行中の対内直接投資審査に関する協調体制（EU審査規則6条）

ある加盟国が対内直接投資審査を開始した場合，当該加盟国は，自国で審査が進行中の対内直接投資を，欧州委員会および他の加盟国に対して可及的速やかに通知しなければなりません。

また加盟国は，他の加盟国における対内直接投資が自国の安全保障または公共の秩序に影響を及ぼすおそれがあると考える場合，またはその対内直接投資についての関連情報を有する場合には，一定の期間内にコメントを提出するこ

図表3－3－1 協調体制のフロー（加盟国で対内直接投資審査が行われる場合）

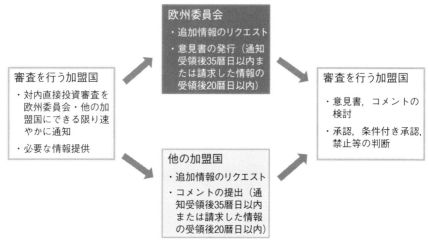

（注） タイムラインについては現行法に基づいており，改正案による変更後のタイムラインについては図表3－3－2を参照。

とができます。

　欧州委員会は，以下の場合には自らの判断で任意に意見書を出すことができます。

- 他の加盟国からコメントが提出された場合
- 対内直接投資が複数の加盟国における安全保障もしくは公共の秩序に影響を及ぼすおそれがあると考える場合
- 対内直接投資についての関連情報を有する場合

　また欧州委員会は，以下の場合には義務的に対内直接投資に関する意見書を出す必要があります。

- 加盟国の3分の1以上が対内直接投資の影響を受ける可能性があると考える場合

　改正案上も手続の大きな流れは同様ですが，通知やコメント等の提出のタイムラインに修正がありましたので，以下のとおり相違を示します。

（図表3-3-2） 現行法および改正案の比較対照表（加盟国で対内直接投資審査が行われる場合）

(i)加盟国で進行中の対内直接投資審査に関する協調体制	現行法（EU審査規則6条）	改正案
対内直接投資審査の通知	投資先の加盟国は可及的速やかに欧州委員会および他の加盟国へ通知（義務）	投資先の加盟国は承認申請受領から15暦日以内に欧州委員会および他の加盟国へ通知（義務）
調査・条件設定・禁止の通知	規定なし	投資先の加盟国は承認申請受領から60暦日以内に欧州委員会および他の加盟国へ通知（義務）
複数加盟国取引	規定なし	承認申請者（投資家）は関連する全ての加盟国において同日に承認申請（義務）

238　Part Ⅲ　海外の投資規制と経済安全保障上の留意点

		関連する加盟国間での協調（義務）
加盟国による意見書の発行およびコメント提出の要求	自国に対する対内直接投資がなされる加盟国は，欧州委員会に対して意見書の発行を，または他の加盟国に対してコメントの提出を求めることができる	規定なし
他の加盟国によるコメント提出または欧州委員会による意見書発行の意図の通知	〈他の加盟国と欧州委員会で共通〉 加盟国からの審査通知受領後15暦日以内	〈他の加盟国〉 加盟国からの通知受領後15暦日以内 〈欧州委員会〉 加盟国からの通知受領後20暦日以内
他の加盟国または欧州委員会による情報請求	意見書発行またはコメント提出の意図の通知と同時 加盟国による情報請求およびそれに対する回答は，同時に欧州委員会に送付される	意見書発行またはコメント提出の意図の通知と同時 加盟国による情報請求およびそれに対する回答は，同時に欧州委員会に送付される
意見書またはコメント	〈他の加盟国と欧州委員会で共通〉 加盟国からの通知受領後35暦日の合理的な期間内または請求した情報受領後20暦日以内 〈欧州委員会〉 他の加盟国のコメント提出後に欧州委員会が意見書を発行する場合には，期限は5暦日間延長される	〈他の加盟国〉 加盟国からの通知受領後35暦日以内または請求した情報受領後20暦日以内 〈欧州委員会〉 加盟国からの通知受領後45暦日以内または請求した情報受領後30暦日以内 **投資先の加盟国は，原則として，上記の期間の全てが満了した後でなければ対内直接投資審査の判断を下せない。**

	〈コメントを提出した加盟国〉コメントを対内直接投資がなされる加盟国および欧州委員会へ同時に送付 〈欧州委員会〉欧州委員会は全ての加盟国に，意見書の発行またはコメントの提出があったことを通知する	〈コメントを提出した加盟国〉対内直接投資がなされる加盟国および欧州委員会へ同時に送付するとともに，コメントを提供した旨を全加盟国に通知 〈欧州委員会〉意見書を発行した旨を全加盟国に通知 EUレベルのプログラム／プロジェクトに影響する投資やEUの安全保障または公共秩序に影響を及ぼしうる複数の投資に関する意見書の発行に際しては当該意見書を全加盟国に送付
意見書およびコメントの検討	対内直接投資がなされる加盟国は，意見書およびコメントを十分に検討しなければならない	対内直接投資がなされる加盟国は，意見書およびコメントを最大限検討しなければならない
欧州委員会・加盟国間での協議	規定なし	コメントまたは意見書を受領した加盟国はコメントを提出した加盟国および／または欧州委員会と協議（義務）

　上記のとおり改正案によりさまざまな修正が加わりますが，特に注目すべき点として，意見書またはコメントが提供された後の段階での欧州委員会・加盟国間での協議が義務付けられた点が挙げられます。

(ii) 加盟国で対内直接投資審査の対象となっていない対内直接投資に関する協調体制（EU審査規則7条）

加盟国で予定されまたは実行された対内直接投資であっても，以下の理由で当該加盟国において審査が行われない場合があります。

- 当該加盟国に対内直接投資規制制度が存在しない場合
- 投資が投資先国である加盟国における対内直接投資規制制度上の審査開始基準を満たさない場合
- 投資先国である加盟国が，審査を行わない旨を決定した場合

他の加盟国は，以上のように当該加盟国で審査が行われない対内直接投資について，当該対内直接投資が自国の安全保障または公共の秩序に影響を及ぼすおそれがあると考える場合，またはその対内直接投資についての関連情報を有する場合には，コメントを提出することができます。

欧州委員会は，以下の場合には自らの判断で任意に意見書を出すことができます。

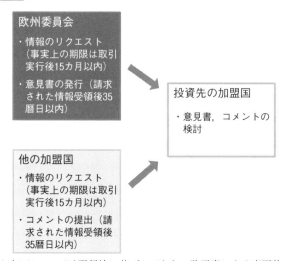

図表3－3－3　協調体制のフロー（加盟国で対内直接投資審査が行われない場合）

（注）タイムラインについては現行法に基づいており，改正案による変更後のタイムラインについては図表3－3－4を参照。

- 他の加盟国からコメントが提出された場合
- 対内直接投資が複数の加盟国における安全保障もしくは公共の秩序に影響を及ぼすおそれがあると考える場合
- 対内直接投資についての関連情報を有する場合

また，欧州委員会は，以下の場合には義務的に対内直接投資に関する意見書を出す必要があります。

- 加盟国の3分の1以上が対内直接投資の影響を受ける可能性があると考える場合

こちらについても，改正案上も手続の大きな流れは同様ですが，通知やコメント等の提出のタイムラインに修正がありましたので，以下のとおり相違を示します。

(図表3-3-4) 現行法および改正案の比較対照表（加盟国で対内直接投資審査が行われない場合）

(ii)加盟国で対内直接投資審査の対象となっていない対内直接投資に関する協調体制	現行法（EU審査規則7条）	改正案
加盟国による意見書の発行およびコメント提出	自国に対する対内直接投資がなされる加盟国は，欧州委員会に対して意見書の発行を，または他の加盟国に対してコメントの提出を求めることができる	規定なし
他の加盟国によるコメント提出または欧州委員会による意見書発行の意図の通知	コメントおよび意見書の発行の最終的な期限が取引実行後15カ月以内なので事実上はそれ以前に通知が必要	取引実行後15カ月**以上**の期間内
他の加盟国または欧	期限の定めなし（ただし，上	取引実行後15カ月**以上**の期間

242 Part III 海外の投資規制と経済安全保障上の留意点

州委員会による情報請求	記の理由より事実上の期限は取引実行後15カ月以内）加盟国による情報請求およびそれに対する回答は，同時に欧州委員会に送付される	内加盟国による情報請求およびそれに対する回答は，同時に欧州委員会に送付される
意見書またはコメントの発行または提出期限	〈他の加盟国と欧州委員会で共通〉請求された情報受領後35暦日以内の合理的な期間内〈欧州委員会〉他の加盟国のコメント提出後に欧州委員会が意見書を発行する場合には，期限は15暦日間延長される	〈他の加盟国と欧州委員会で共通〉請求された情報受領後35暦日以内〈欧州委員会〉他の加盟国のコメント提出後に欧州委員会が意見書を発行する場合には，上記の加盟国によるコメント提出期限に15暦日を追加した期間
意見書またはコメントの発行または提出後の手続	欧州委員会は全ての加盟国に，意見書の発行またはコメントの提出があったことを通知する	〈**コメントを提出した加盟国**〉対内直接投資がなされる加盟国および欧州委員会へ同時に送付するとともに，**コメントを提供した旨を全加盟国に通知**〈欧州委員会〉意見書を発行した旨を全加盟国に通知**EUレベルのプログラム／プロジェクトに影響する投資やEUの安全保障または公共秩序に影響を及ぼしうる複数の投資に関する意見書の発行に際しては当該意見書を全加盟国に送付**
意見書およびコメン	対内直接投資がなされる加盟	対内直接投資がなされる加盟

トの検討	国は，意見書およびコメントを十分に検討しなければならない	国は，意見書およびコメントを最大限検討しなければならない
欧州委員会・加盟国間での協議	規定なし	コメントまたは意見書を受領した加盟国はコメントを提出した加盟国および／または欧州委員会と協議（義務）

　(ii)の場合も，改正案により意見書またはコメントが提供された後の段階での欧州委員会・加盟国間での協議が義務付けられます。

(iii)　EU全体の利益にかかわるプロジェクトまたはプログラムに影響を及ぼしうる対内直接投資に関する協調体制（EU審査規則8条）

　対内直接投資が安全保障または公共の秩序の理由からEU全体の利益にかかわるプロジェクトまたはプログラム[5]に影響を及ぼすおそれがあると欧州委員会が考える場合には，対内直接投資が予定されているまたは実行された加盟国に対して意見書を出すことができます。その場合，当該加盟国は欧州委員会の意見を最大限に考慮しなければならず，意見書に従わない場合には，欧州委員会に対してその説明を行う必要があります。

（2）　複数加盟国取引

　改正案により，複数加盟国取引について，新たな定義語の追加とともにルールが新設されました。これにより，投資家は，複数の加盟国の対内直接投資審査手続に服する場合には同一の日に申請をする必要があるとされました。また，関連する加盟国は協調する義務を負います。

5　EU審査規則の付属書に列挙されているものとして，European GNSS programmes（Galileo & EGNOS），Copernicus，Trans-European Networks for Transport（TEN-T）等が挙げられます。

（3）　ポストクロージング審査

現行のEU審査規則はいわゆるポストクロージングの審査を加盟国に要求していませんでしたが，改正案により，加盟国は，自国の対内直接投資規制においてポストクロージングの審査を定める必要があります。具体的には，自国（投資対象の加盟国）の投資規制当局が，外国投資により安全保障または公共の秩序に影響が及びうると考える場合には，当該投資規制当局が，当該対内直接投資の実行後少なくとも15カ月の間は審査を開始できる状態を維持しなければなりません。

（4）　秘密保持

EU審査規則においては，厳格な秘密保持が基本原則とされており，欧州委員会の意見書等が公表されることはありません。

（5）　年次報告

加盟国は，毎年 3 月31日までに自国で行われた対内直接投資に関する年次報告書を欧州委員会に対して提出する必要があります[6]。この年次報告書においては，各加盟国が対内直接投資に関する審査制度を設けている場合には，当該審査制度の適用に関する情報も含める必要があります。

欧州委員会は，EU審査規則の機能性および有効性を評価し，EU審査規則の施行から 3 年後に欧州議会および欧州理事会に報告書を提出することとされて

6　2021年発行の年次報告書は下記にて閲覧可能：
　https://eur-lex.europa.eu/legal-content/EN/TXT/?uri=CELEX%3A52021DC0714&qid=1637773254396（最終アクセス日：2024年 9 月26日）
　2022年発行の年次報告書は下記にて閲覧可能：
　https://ec.europa.eu/transparency/documents-register/detail?ref=COM(2022)433&lang=en　（最終アクセス日：2024年 9 月26日）
　2023年発行の年次報告書は下記にて閲覧可能：
　https://ec.europa.eu/transparency/documents-register/detail?ref=COM(2023)590&lang=en　（最終アクセス日：2024年 9 月26日）

おり，その後5年ごとに評価が行われます。

（6）　加盟国に対する情報請求

　上記（1）の(i)～(iii)のいずれの協調体制においても，欧州委員会や加盟国は，対内直接投資がされる加盟国に対する情報請求をすることができ，加盟国は以下の情報を提供する必要があります。

- 外国投資家および対内直接投資が予定されているまたは完了した事業体の所有関係（最終投資家および資本参加に関する情報を含む）
- 対内直接投資のおおよその価値
- 外国投資家および対内直接投資が予定されているまたは完了した事業体の製品，サービスおよび事業活動
- 外国投資家および対内直接投資が予定されているまたは完了した事業体が関連の事業活動を行う加盟国
- 加盟国が入手できる限りの，投資の資金調達および調達先に関する情報
- 対内直接投資の完了予定日または完了日

　加盟国は，対内直接投資を自国の審査制度の対象とする場合には，欧州委員会や他の加盟国からの請求を待たずに，上記の情報を含めた通知が必要になります。

　原則として，EU審査規則は欧州委員会と加盟国の関係について定めるものですが，加盟国が外国投資家に対し上記の情報の提供を請求した場合には，外国投資家は当該加盟国に対し情報提供義務を負うこととなり，またその情報の提供を正当な理由なく遅滞することはできません。欧州委員会は，加盟国の情報提供義務の履行を促進するため，加盟国が外国投資家に対し情報提供をリクエストするためのフォームを公開しています[7]。

　7　リクエストフォームの様式は下記にて閲覧可能：
　　https://circabc.europa.eu/ui/group/be8b568f-73f3-409c-b4a4-30acfcec5283/library/
　　aac8130b-3b40-4bd1-99b5-147447189f23/details（最終アクセス日：2024年9月26日）

246　Part III　海外の投資規制と経済安全保障上の留意点

3.3.5　モニタリング・エンフォースメント・罰則

（1）　エンフォースメント

　EU審査規則は，加盟国に対し一義的な届出義務を課しており，届出義務の違反については，EU法の違反に関する一般的な手続が適用されます。欧州委員会が予備的な聴聞をした後，または加盟国が欧州委員会へ不服申立てをした後に，欧州司法裁判所に申立て・提訴が行われることになります。欧州司法裁判所が加盟国の義務違反を認定した場合には，加盟国は欧州司法裁判所の判決に従うために必要な措置をとることを求められます。

（2）　罰　則

　欧州委員会は，加盟国が欧州司法裁判所の判決に違反していると判断した場合には，再度欧州裁判所に申立てを行うことができます。この場合，欧州裁判所は，一括または分割で罰金の支払を命じることができます。

3.3.6　審査の実績等

（1）　加盟国での審査対象案件の通知（EU審査規則6条）事例

　各年度の年次報告書によれば，加盟国で進行中の対内直接投資審査に関する協調体制の一環として各加盟国からEU審査規則6条に基づき通知された審査対象案件の件数は**図表3－3－5**のとおりです。

3 EU　247

	2020年（注1）	2021年	2022年
通知加盟国数	11カ国（注2）	13カ国（注3）	17カ国（注4）
第1段階で終了した案件	80％	80％	81％
第2段階に移行した案件	14％	11％	11％
合計（件）	265	414（注5）	423（注6）

図表3-3-5　EU審査規則6条に基づき通知された案件の審査実績

（注1）　2020年10月11日から2021年6月30日まで
（注2）　全通知件数のうち90％以上はオーストリア，フランス，ドイツ，イタリアおよびスペイン
（注3）　全通知件数のうち85％以上はオーストリア，フランス，ドイツ，イタリアおよびスペイン
（注4）　全通知件数のうち90％以上はオーストリア，フランス，ドイツ，イタリア，スペインおよびデンマーク
（注5）　うち3％は報告書作成時までに未終結
（注6）　うち8％は報告書作成時までに未終結

（2）　加盟国での審査対象外案件の通知（EU審査規則7条）事例

　各年度の年次報告書によれば，加盟国で対内直接投資審査の対象となっていない対内直接投資に関する協調体制の一環として，各加盟国からEU審査規則7条に基づき通知された審査対象外案件の事例について，2021年には存在しなかったものの，2022年には適用事例（件数不明）がありました。

3.3.7　EU 外国補助金規則（「FSR」）について

　経済安全保障を目的とするいわゆる外国投資規制ではありませんが，EU域内への投資を検討するにあたり重要な規制関連のトピックとしては，外国補助金規則（Foreign Subsidies Regulation（FSR））[8]があります。以下で，その概要についてのみ簡単に触れておきます。

　FSRは，非加盟国が EU 域内で事業を行う企業に付与する「補助金」によっ

8　FSRの規定は下記にて閲覧可能：
　https://eur-lex.europa.eu/eli/reg/2022/2560/oj（最終アクセス日：2024年9月26日）

て生じる欧州市場の歪みに対処することを目的としています。ここにいう「補助金」とは，非加盟国が法律上または事実上を問わず，事業者または産業に提供する金銭的貢献であり，直接または間接を問わずEU域内の市場において経済活動に従事する事業者に利益を提供することとなるものを意味します。

　非加盟国からこのような金銭的貢献，すなわち補助金を一定額以上受けている企業（加盟国の企業を含みます。）は，一定の取引（一定のM＆A・投資を含みます。）を行う際に，届出義務等を適切に果たすことが義務付けられます。そのため，EU域内へのM＆A・投資を検討するに際しては，外国投資規制や競争法上の規制に基づく届出義務等のみならず，FSRに基づく届出義務等が課される場合があるため，注意が必要です。

3.4 ‖ 実務上の留意点

　上記3.1に記載のとおり，EU審査規則は基本的には加盟国の権利義務を定めるものであり，加盟国に投資する外国投資家に義務を定めるものではありません。しかしながら，欧州委員会は加盟国を通じて外国投資家に対して間接的に情報提供を求めうるのであり，外国投資家は投資先である加盟国から情報提供を求められた際には遅滞なく情報提供する必要があります。また，自国における対内直接投資の届出に際して欧州委員会所定の届出書をあわせて提出することを要求している加盟国もあることに注意が必要です 。

4

ドイツ

4.1 ┃ ドイツにおける外資規制の概要

　ドイツでは，2020年および2021年に外資規制関連法令の改正が相次ぎ，審査の対象範囲の拡大や審査基準の変更など，国際的な安全保障懸念の高まりを踏まえた制度の大きなアップデートが行われました。

　ドイツ連邦経済・気候保護省（BMWK：Bundesministerium für Wirtschaft und Klimaschutz）は，審査対象取引（後記 **4.3.1** 参照）について，国家安全保障に対する脅威の観点から必要と判断した場合には，取引の実行を禁止し，あるいは公の秩序および安全保障上のリスクを軽減する措置を指示する権限を有しています。また，BMWKは，審査対象取引のうち，届出義務がないものについても，職権により審査する権限を有しているため，取引当事者においては，形式的に届出義務がない取引についても念のため任意に届出を行うか否かについて，慎重な検討が求められます。

　また，今後も国際情勢の変化に応じて随時制度のアップデートが行われることが予想されることから，アップデートの状況を適時に把握しておくことが重要といえます。なお，EU加盟国に共通して適用されるEUレベルの規則等については，**3**.EUの章もご参照ください。

主な関係法令	対外経済法（**AWG**：Außenwirtschaftsgesetz） ― 対内直接投資審査の手続などについて定めた法律
	対外経済施行令（**AWV**：Außenwirtschaftsverordnung） ― 対内直接投資審査の手続などについて定めた政令
	EUへの対内直接投資の審査制度構築に係る2019年3月19日付欧州議会および理事会規則（EU）2019/452（**欧州審査規則**） （Regulation（EU）2019/452 of the European Parliament and of the Council of 19 March 2019 establishing a framework for the screening of foreign direct investments into the Union（OJ 2019 LI 79/ 1 ）） ― 対内直接投資に関するEU加盟国間の協力体制などについて定めた規則
主な規制執行機関	ドイツ連邦経済・気候保護省 （**BMWK**：Bundesministerium für Wirtschaft und Klimaschutz） ― 経済，技術，エネルギー，デジタル政策などを所管する省庁
その他手続に関するキーワード	分野横断的審査（Sektorübergreifende Prüfung） ― EU・EFTA域外の買収者による，あらゆる産業のドイツ国内企業の買収を対象とする審査
	分野特定的審査（Sektorspezifische Prüfung） ― ドイツ国外の買収者による，安全保障分野に関連する産業のドイツ国内企業の買収を対象とする審査

（注） 本書で頻出のものについては**太字**の略称で引用した。

4.2 ‖ 関係法令および規制執行機関

4.2.1 関係法令等

　ドイツにおける外資規制（対内直接投資審査）においては，以下の国内法令が主要な根拠法令となります。

- 対外経済法（AWG）

- 対外経済法施行令（AWV）

上記の国内法令に加えて，次のEUレベルの規則もドイツ国内に直接適用されるため，重要な関係法令の1つです。

- EUへの対内直接投資の審査制度構築に係る2019年3月19日付欧州議会および理事会規則（EU）2019/452（以下，「欧州審査規則」といいます。）

4.2.2　制度設立の経緯・背景

2020年10月11日以降，欧州審査規則はEU加盟国に直接適用されるようになりました。欧州審査規則は，EU加盟国間の協力体制について定める一方で，対内直接投資審査の範囲は，従前どおり各国の法制度に基づいて判断されることとなっています。

ドイツ連邦議会および政府は，対外経済法および対外経済法施行令の2020年および2021年の改正を通じて，従前の法制度の運用実績を踏まえ，かつ，欧州審査規則の基準に適合するよう，国内法令のアップデートを行いました。

4.2.3　規制執行機関

BMWKは，ドイツにおける対内直接投資の審査・執行機関として，審査対象取引につき審査（調査）および介入する権限を有します。また，BMWKは，審査手続において，他の省の利害に影響する場合，またはそれらの専門性が要請される場合には，審査に他の省を関与させる権限も有します。

ドイツにおいては，対内直接投資は原則自由と位置付けられることから，BMWKによる審査対象取引への介入は例外的措置としての性格を有します。そのため，後述する分野横断的審査の結果，ドイツの公共の秩序または安全を確保するために審査対象取引の禁止命令またはその他の命令や指示の発出を行う場合には，連邦政府全体の承認（禁止命令の場合）または他の省の同意（その他の命令や指示の場合）が必要となります。他方で，後述する分野特定的審査の場合には，審査対象取引の禁止命令またはその他の命令や指示の発出を行

252 Part Ⅲ　海外の投資規制と経済安全保障上の留意点

う場合には，連邦政府全体の承認は不要であり，関連省庁の同意のみで足ります。

4.3 外資規制制度

4.3.1　審査対象取引

（1）　概　要

　ドイツにおける対内直接投資の審査手続は，分野横断的審査および分野特定的審査の2種類に分類されます。

　両審査とも，買収の方法については，投資対象であるドイツ国内企業（以下，「対象企業」といいます。）の持分（株式を含みます。）を取得する取引およびアセットディール（資産等を取得する取引）の双方が審査の対象となっており，前者については買収後に買収者が保有する議決権割合が，後者については取得する資産等の重要性が，それぞれ，審査対象となるか否かの基準を構成します。なお，後述（下記**4.3.2**）のとおり，ドイツにおいては義務的な届出を要する取引以外の一定の取引についても審査対象となりうる点に注意が必要です。

（2）　分野横断的審査

　分野横断的審査とは，審査対象取引が「ドイツまたは他のEU加盟国の公の秩序または安全保障を損なう可能性があるか否か」という観点から，外国の居住者（企業を含みます。）を投資の主体（以下，「買収者」といいます。）とする，ドイツ国内企業（対象企業）の一定数以上の持分の取得または重要な資産等の取得を行う取引を対象とする審査類型です。

（i）　外国の居住者

　分野横断的審査の対象となりうるのは，取引の買収者の居住地（企業の場合

は設立地および本店所在地）が，EUおよびEFTAの域外である場合です。審査対象となるEUまたはEFTA域外の居住者とは，以下に掲げる者に該当しない，あらゆる自然人，法人およびパートナーシップを指します。

- EUまたはEFTAにおける自然人である居住者または習慣的に居住する者
- EUまたはEFTAに拠点または本店を置く法人またはパートナーシップ
- 支店の本店がEUにあり個別に口座が開設されている場合には，第三国に拠点または本店を置く法人の支店
- 恒久的施設がEUまたはEFTAにおいて管理されている場合には，第三国の法人の恒久的施設

なお，EUおよびEFTA域外の企業の子会社，支店，恒久的施設などについては，その設立地や所在地がEUまたはEFTA域内に存在していたとしても，EUまたはEFTA域内の居住者ではない（＝外国の居住者である）ものとして取り扱われます。

また，形式的にはEU居住者による買収取引であっても，不正なアプローチまたは法を迂回する方法により取引が行われた兆候がある場合（具体的には，当該EU居住者が，当該買収以外に重要な事業活動を自ら行っていない場合や，EUまたはEFTA域内に恒久的な施設（事務所，従業員，設備など）を有していない場合など）には，分野横断的審査の対象となります。

⑾ 持分の取得

買収者が取引後に保有する議決権割合が，法定の閾値以上となる場合，当該取引は審査の対象となります。閾値は，対象企業が行う事業内容の分類に応じて，以下のとおり，①10％，②20％，③25％の3つの基準が定められています。

254　Part III　海外の投資規制と経済安全保障上の留意点

① 10%

- 重要なインフラストラクチャーの運用
- 重要なコンポーネントの開発もしくは製造，または重要なインフラストラクチャーの運営に使用されるソフトウェアの開発もしくは製造
- 電気通信に関する所定の対応義務の負担，または技術装置の生産実績がありかつ電気通信に関する所定の知識の保有
- クラウド・コンピューティング・サービスの提供
- テレマティックス・インフラストラクチャーの構成要素またはサービス提供のためのライセンスの保有
- 世論の形成に寄与等するメディア産業の会社
- 国家通信インフラの円滑な運用および機能の確保に必要なサービスの提供

② 20%

- 個人用防護器具の開発または製造，または不織布の生産設備の開発または製造
- 必須医薬品（その前駆物質および有効成分を含む。）の開発，製造または販売
- 生命に危険のある感染力の高い疾病に関する医薬品の開発または製造
- 所定の体外診断用医薬品の開発または製造
- 高度な地球遠隔観測システムの運営
- 所定の目的でAIプロセスを使用する物品の開発または製造
- 自動・自律運転もしくはナビゲーション機能を制御するための技術装置を搭載した自動車または無人航空機の開発または製造，または関連する必須コンポーネントもしくは必要なソフトウェアの開発または製造
- 所定の特徴を有するロボットの開発または製造
- 所定の集積回路・半導体等の開発，製造または加工
- 第三者への販売を目的とする，所定のIT製品またはその必須構成要素の開発または製造
- 運営ライセンスを有する航空会社の運営，または，所定の航空・宇宙関連の物品もしくは技術の開発または製造
- 所定の核技術関連物品の開発，製造，改修または使用
- 量子コンピュータ科学，量子通信等関連の物品および必須構成要素の開発または製造
- ３Ｄプリンター等の開発または製造
- 無線または有線のデータネットワークの運用に特化した物品の開発または製造

- スマートメーターゲートウェイ等の製造
- 重要施設で働き，セキュリティ上重要な地位に就く者の雇用
- 重要な原材料またはその鉱石の採取，加工または精製
- 法令に従い秘密とされる特許または実用新案権の対象となる物品の開発または製造
- 直接または間接の1万ヘクタール超の面積の土地の耕作

③　25%
- 前記①②に該当しないもの全て

　また，前記①〜③の議決権を既に保有する買収者による，持分の追加取得についても，審査の対象となります。追加取得により，保有議決権割合が以下の閾値を超えた場合に，当該取引は審査対象となります。

前記①の場合（最初の取得に関する当初の閾値が10%の場合）
20%，25%，40%，50%および75%
前記②の場合（最初の取得に関する当初の閾値が20%の場合）
25%，40%，50%および75%
前記③の場合（最初の取得に関する当初の閾値が25%の場合）
40%，50%および75%

　これらの保有議決権割合の計算においては，買収者が，EUまたはEFTA域内の居住者を通じて間接的に保有する持分も合算される点に注意が必要です。EUおよびEFTA域外の買収者が，対象企業の持分を直接に保有するEUまたはEFTA域内の居住者（以下，「直接保有者」といいます。）に対して一定の影響力を行使しうる場合（直接保有者の一定数以上の議決権を保有する場合や，対象企業の議決権を直接保有者と共同で行使する場合など），EUおよびEFTA域外の買収者は，対象企業の議決権を間接的に保有することになります。

　また，買収者の保有議決権割合が前述の法定の閾値未満の範囲にとどまる場合であっても，議決権以外を通じて対象企業の実質的な支配権を得る場合（経営会議などにおける議決権割合に比例する数を超える構成員の指名権の付与，

256　Part Ⅲ　海外の投資規制と経済安全保障上の留意点

戦略的な経営・人事決定に関する拒否権の付与，センシティブ情報に関する情報権の付与など）もありうるところ，このような実質的な支配権を取得する取引についても，いわゆる「非定型的買収」として，分野横断的審査の対象に含まれうることにも注意が必要です。

(ⅲ)　アセットディール

　対象企業の一定の重要な資産等を取得する取引についても，実質的に当該取引がドイツ国内の企業（対象企業）の事業や，事業に不可欠な経営資源の「買収」であると認められる場合には，分野横断的審査の対象となる可能性があります。法令上は，対象企業の運営する事業の種類にかかわらず，以下の類型の資産等の取得について，対象会社の「買収」として審査対象となりうることが明示されています。

- 対象企業の事業の分離可能な一部の取得
- 対象企業の事業（または事業の分離可能な一部）の運営に不可欠な全ての経営資源の取得

　この点，具体的にいかなる資産等が「不可欠な経営資源」にあたるかについて，資産の金額や種別などによる明確な基準は法令上設けられておらず，個々の事例において，事業の運営における当該資産の重要性などにより判断されることになります。

（3）　分野特定的審査

　分野特定的審査は，ドイツの国防関連産業の保護を通じて軍事的な安全保障の確保を特に目的とする審査という点に特徴があります。分野特定的審査のプロセスは，多くの部分で分野横断的審査との共通点を有しますが，特に国防を対象とする制度という性質上，審査対象要件や審査基準等について，分野横断的審査とは異なる規定がなされています。

⑴ 外国の居住者

分野特定的審査の対象となりうるのは，取引の買収者の居住地がドイツ国外である場合です。これには，EUまたはEFTA域内の国々も含まれるため，分野横断的審査の場合よりも買収者の属性による審査対象の範囲が拡大されています。

なお，形式的にドイツ国内の居住者を買収者とする取引であっても，ドイツ国外の居住者が自らコントロールするドイツ国内の子会社・拠点等を通じて買収取引を行う場合や，不正なアプローチまたは法を迂回する方法により取引が行われた兆候がある場合においては例外的に審査対象となることは，分野特定的審査においても同様です（前記**4.3.1（2）**⑴参照）。

⑾ 対象企業

以下に該当する企業や施設の持分または重要な資産等を買収する取引が，分野特定的審査の対象となります。

- 一定の軍用品を開発，製造，改修または実際に販売等する企業，または過去にこれを行い，関連技術に関する技術の知識，その他利用手段をいまだに販売等する企業
- 国家機密情報を処理するITセキュリティ機能付き製品またはかかる製品のITセキュリティ機能の重要部品を製造している企業，およびこれらの部品を過去に製造し，関連技術が依然として使用できる状態にあり，かつ，これらの部品を使用して製造される製品が情報セキュリティ庁によるライセンスを受けていることを認識している企業
- 一定の特許または実用モデルに基づく防衛技術の分野の物品について開発，製造，改修もしくは実際の管理を行い，または過去に行った企業
- 一定の重要な防衛施設

⑾ 一定以上の持分または重要な資産等の取得

分野特定的審査においても，一定数以上の持分の取得または重要な資産等の取得を行う取引が審査対象となります。

分野特定的審査の対象となる事業を営む企業の持分を取得する場合，保有議

決権割合の閾値は一律10％です。なお，保有議決権割合の計算方法や持分の追加取得の場合の取扱いについては，いずれも分野横断的審査（前記**4.3.1**（2）(ii)）と共通です。

また，重要な資産等の取得への該当性の基準・考え方についても，分野横断的審査（前記**4.3.1**（2）(iii)）と共通です。

4.3.2　届出対象取引

（1）　義務的届出

審査対象取引のうち，BMWKへの届出義務があるのは，以下の取引です。

- 分野横断的審査の対象となる取引のうち，前記**4.3.1**（2）(ii)①または②に該当する取引（議決権の閾値が10％または20％の取引）。ただし，「非定型的買収」に該当する取引を除く。
- 分野特定的審査の対象となる取引

（2）　任意的届出

ドイツにおいては，義務的届出の対象外の取引であっても審査対象となる可能性が存在しますが，買収者は，届出義務のない取引について，任意に届出を行うことが認められています。任意的届出を行った場合であってBMWKが当該取引について問題がないと判断した場合には，BMWKの異議なし証明書の発行を受けることができます。

BMWKは，届出義務のない取引についても，後述する正式審査を行う権限を有しており，審査対象である取引を規定する契約（持分売買契約書など）の締結後5年間は，審査の結果によって事後的に取引の効力が否定される（取引の未実行部分の実行禁止および既実行部分の原状回復が命じられる）可能性があります。異議なし証明書を取得することにより，当該取引については，以降，職権による審査が開始されないことが保証されます。

4.3.3 審査基準

審査の基準は，分野横断的審査の場合と分野特定的審査の場合で異なります。分野横断的審査の場合は，当該取引が「ドイツまたは他のEU加盟国の公の秩序または安全保障を損なう可能性があるか否か」が判断されます。他方，分野特定的審査の場合は，当該取引が「ドイツの安全保障上の本質的な利益を損なう可能性があるか否か」が判断されます。

これらの審査において考慮される要素としては，法令上以下の点のみが挙げられています。

- 買収者が，第三国の政府（他の政府機関や軍隊を含む）によって，直接的または間接的に支配されているか否か
- 買収者が，ドイツまたは他のEU加盟国の公の秩序や安全保障に悪影響を及ぼす活動に関与していたか否か
- 買収者またはその代理人が，ドイツ国内で行われた場合に，競争制限法（Gesetzes gegen Wettbewerbsbeschränkungen）123条1項における刑事犯罪となりうる行為 や，AWGまたは戦争兵器管理法（Gesetz über die Kontrolle von Kriegswaffen）における刑事犯罪または行政犯罪となりうる行為に関与している，または関与していた重大なリスク（関与していたと考えられる高度の蓋然性）があるか否か

これらの（抽象的な）法令の定め以外に，審査の具体的な基準・考慮要素等を示すガイドライン等は発行されていません。その意味で，BMWKは審査対象取引に関して広範な裁量を有するものといえます。

ただし，ドイツの外資規制審査制度は，あくまで公の秩序や安全保障の確保を目的とするものであることから，ドイツの経済全般の利益に影響を与えるおそれがある（失業率の上昇など）ものの，公の秩序や安全保障等に影響を与えるおそれはない取引についての介入は正当化されないものと考えられています。

260　Part III　海外の投資規制と経済安全保障上の留意点

4.3.4　審査プロセス

（1）　概　要

　審査基準（前記 4.3.3）や，エンフォースメントについては（後記 4.3.5），分野横断的審査の場合と分野特定的審査の場合で差異があるのに対し，それらを除く審査のプロセス自体については，いずれの場合も同様です。BMWKによる審査手続は，2段階（一次審査と正式審査）に分かれており，これを通じて審査対象の取引が公の秩序や安全保障に悪影響を与える可能性があるかが検討・判断されます。

　前記 4.3.2 (1)の届出義務のある取引については，常に一次審査の対象となります。他方，届出義務のない取引については，買収者が任意的届出を行わない限り，一次審査は行われません。もっとも，BMWKは，届出が行われなかった取引についても，必要に応じて，職権で正式審査の開始を宣言することができます。

　一次審査の対象となった取引（または，届出義務がなく，任意的届出も行われなかったものの，BMWKが何らかの端緒により認知した取引）のうち，BMWKが「公の秩序や安全保障に影響を与える可能性がある」と判断した取引については，正式審査が行われます。正式審査の結果，「公の秩序や安全保障上の悪影響がある」とBMWKが判断した取引について，BMWKは，取引の制限や一定の措置命令を発出することができます。

（2）　一次審査

　BMWKは，審査対象となりうる取引の存在を知った時点から2カ月以内に，正式審査を実施するかどうかを決定します。これには，前記 4.3.2 (1)の義務的届出や，前記 4.3.2 (2)の任意的届出を受けた場合も含まれます。

　BMWKは，審査対象となりうる取引の全てについて正式審査を行うわけではありません。BMWKが，当該取引が「公の秩序や安全保障に影響を与える

可能性がなく，したがって，取引の制限をする必要性がない」と一次審査において判断できる場合には，正式審査に進むことなく，取引の承認や，異議なし証明書の発行を行います。

なお，BMWKが審査期間である2カ月以内に正式審査の開始を宣言しなかった場合には，取引の承認や異議なし証明書の発行がなされたものとみなされます。

（3） 正式審査

BMWKは，一次審査において，当該取引について「公の秩序や安全保障に影響を与える可能性があり，より詳細に取引の制限の必要性について検討する必要がある」と判断した取引について，正式審査の開始を宣言します。正式審査では，BMWKは，当該取引についてさらに情報を収集した上で，当該取引を承認するか，あるいは，制限や一定の措置義務を課すかを判断します。そのため，BMWKは買収者や関係者に対して追加情報の提供を要求することができます。正式審査の期間は原則として4カ月間ですが，個別の事情に応じて，3カ月または4カ月の延長がなされる可能性があります。

BMWKは，前記4.3.3の基準の下，「公の秩序や安全保障上の観点から制限等が必要である」と判断した場合には，連邦政府または関連省庁の同意を得た上で当該取引を制限し，または一定の措置を行う義務を課す命令を出すことができます。例えば，BMWKは買収者に対し，対象企業がドイツ国内に有する生産・供給拠点の一定期間の維持を命じたり，対象企業の特定の事業を買収の範囲から除外することを命じたりする可能性があります。また，BMWKは，取引の制限や措置命令を出すかわりに，買収者との間で買収者に一定の義務を課す契約を締結することもあります。

（4） 待機義務

前記4.3.2（1）の届出義務が生じる取引については，買収者は，BMWKによる承認が得られるまで，取引を実行することができません。承認前に実行さ

図表3-4-1　ドイツにおける対内直接投資の審査プロセス

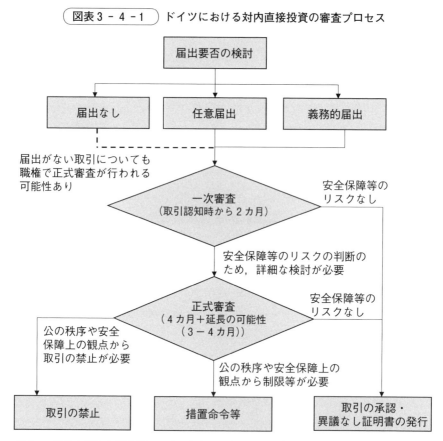

（注）　一般的な流れを簡略化して示したものです。個別の案件における具体的な手続や所要期間は手続を行う国の担当機関または専門家にご確認ください。

れた所有権の移転などは暫定的に無効であり，その取引がBMWKによって承認された場合にのみ法的に有効になります。したがって，取引が承認されるまでは，買収者は，公的な登記機関に株式の取得などを登記することができません。

　また，待機義務が課される買収者は，待機期間中において，以下の行為も禁止されますので注意が必要です。

- 買収者が直接または間接的に議決権を行使できるようにすること

- 対象会社に関する情報または審査で考慮すべき安全保障に関する情報を開示すること
- BMWKの正式な命令で重要と指定された対象会社関連情報を開示すること

4.3.5　エンフォースメント・罰則

(1)　エンフォースメント

　BMWKは，正式審査の対象となった取引が承認できないと判断した場合，予定された取引の実行を禁止するか，リスク軽減措置のための指示を発令することができます。また，これらの禁止命令やリスク軽減措置の指示の発令の代わりに，取引当事者その他関係者との間で個別に契約を締結して，当該契約上の取決めにより当該取引によるリスク軽減対応を図ることもできます。

　取引の実行禁止を執行するための手段として，BMWKは，とりわけ，EU域外の買収者が保有する対象会社の議決権の行使を禁止または制限する命令を出すことができ，また，実行された買収取引を解消して原状回復させる命令を発出し，その執行のための管財人を指名することができます。

　さらに，BMWKは，既に審査を経て異議なし証明書を付与した取引についても，その条件となったリスク軽減措置が遵守されていない場合などには，事後的に異議なし証明書の撤回，取消しまたは修正をすることができます。また，BMWKは承認の条件となったリスク軽減措置に係る指示の遵守を監視するため，当事者の施設に立ち入る権限を有します。

　BMWKは，単独では取引の制限（禁止命令）や措置命令を発出することはできず，他の政府機関の同意等を取得することが必要となります。特に分野横断的審査の場合には，取引の制限（禁止命令）を行うためには，BMWKは連邦政府全体の承認を取得する必要があります。また，措置命令を発出する際には，関連省庁である外務省（Auswärtigen Amt），連邦内務・国土省（Bundesministerium des Innern und für Heimat）および連邦国防省（Bundesministerium der Verteidigung）の同意ならびに連邦財務省（Bundesministerium der Finanzen）の助言を得る必要があります。

　他方，分野特定的審査の場合は，取引の制限の際に連邦政府全体の同意を取得する必要はなく，取引の制限，措置命令の発出のいずれの場合においても，外務省，連邦内務・国土省および連邦国防省の同意を取得する必要があります。

（2）　罰　則

　BMWKによる取引の禁止，リスク軽減措置のための指示，または取引の解除命令に対する違反には，50万ユーロを上限とする過料が科される可能性があります。

　また，前記 **4.3.4（4）** の待機義務に違反した場合，刑罰および過料が適用されます。待機義務に意図的に違反した場合には，刑法が定める 5 年以下の懲役または罰金が科される可能性があります。過失による違反には50万ユーロ以下の過料が科される可能性があります。

4.3.6　審査の実績

　BMWKは，審査実績の統計結果を年次報告書として公表しています。2024年 1 月30日付の年次報告書[1]によれば，2023年には，257件の審査が実施され，そのうち，220件が分野横断的審査であり，残り37件が分野特定的審査でした。これらのうち，20件につき正式審査が実施され，うち10件につき，取引の禁止や措置命令の発出などの措置がとられました。年次報告書の公表時点でいまだ審査途中の案件もあるため，これらの数値は最終的に微増することが予想されます。

　BMWKは，当事者情報の秘密保護のため，具体的な審査事例に関する特定の情報や，決定の内容について公表していません。具体的にどのような取引が

1　https://www.bmwk.de/Redaktion/EN/Publikationen/Aussenwirtschaft/investment-screening-in-germany-facts-figures.pdf?__blob=publicationFile&v=2
　（最終アクセス日：2024年 9 月27日）

制限されたのかについては，報道や各企業のプレスリリース等から確認をする
必要があります。具体的には，近年において，以下のような取引の制限が行わ
れたとされています。

- 2022年4月：中国企業Aeonmedによる，医療機器企業であるHeyer
  Medical AGの買収の禁止
- 2022年10月：中国の海運会社Coscoグループによる，ハンブルク港湾
  ターミナルの買収の一部禁止（議決権取得予定35％のうち24.9％のみ承
  認），および，非定型的な影響力の獲得の禁止
- 2022年11月：中国のSai Microelectronicsの子会社であるSilex Micro-
  systems（スウェーデン企業）による，半導体企業であるElmos Semi-
  conductor SEのチップ工場の買収の禁止
- 2022年11月：中国投資家（名称非公開）による，半導体企業である
  ERS Electronic GmbHの買収の禁止
- 2023年9月：中国のShanghai Spacecom Satellite Technologyによる，
  衛星技術企業であるKleo Connectの株式の追加取得（既存の53％から
  さらに45％の追加）の禁止

　BMWKは，一般的には取引の完全な禁止には抑制的であるとされています
が，実際に取引が禁止された事例も複数存在します。また，BMWKによる審
査の長期化が原因で，関係当事者間の契約上の取引完了の条件である最終期限
の定め（long stop date）が到来し，実際上取引の禁止と同じ結果をもたらす
場合もあります。

4.4 ‖ 個別法による外資規制の状況

　前記4.3の規則とは別に，投資家の国籍を問わず通知および承認による規
制が適用されるいくつかの規制対象分野があります。具体的には，以下の分野
です。

- 営業免許の必要な郵便分野
- 放送分野
- 銀行分野

- 保険分野

また，ドイツの上場航空会社には特別な制限が適用されます。上場航空会社が営業許可を取得し，維持するためには，EU域内を居住地とする者が過半数の持分を保有する必要があります。

4.5 実務上の留意点

ドイツにおける対内直接投資審査は，近年の法改正にいっそう規制の強化および複雑化が進んでいます。今後も，ドイツおよび他のEU加盟国の公の秩序や安全保障の確保のため，届出義務や待機義務が課せられる取引の範囲が拡大されたり，審査期間の延長が行われたりする可能性も十分に考えられます。対内直接投資審査に基づく規制の最新の情報を把握し，適切な対応の検討および確実な実施を行うことが必須となっています。

したがって，ドイツの企業・資産等に対する買収・投資を検討するにあたっては，

- 予定しているドイツへの投資案件に届出義務，待機義務およびその他の義務が課せられているか
- 資産等を取得する取引の場合には当該取引が審査対象に該当するか
- 審査完了までの期間はどのように対応すべきか
- BMWKから取引の制限や措置命令が下されそうになった場合にどのように対応すべきか

といった点に関して，早期に専門家と連携・協力の上，慎重に検討・判断を行うことが重要であると考えられます。

5

オーストラリア

5.1 ┃ オーストラリアにおける外資規制の概要

　オーストラリア連邦政府は，外国人投資家による対内投資はオーストラリア
に重要な利益をもたらすものとして原則として受け入れていますが，一定の種
類の投資については，関連当局からの承認を受ける必要があります。

　オーストラリアでは，国益または国家安全保障に照らして外国人投資家によ
る投資の審査を行い，オーストラリア連邦政府の財務大臣が，外国投資審査委
員会（FIRB：Foreign Investment Review Board）の助言および支援を受けな
がら，当該投資に関する申請を承認，条件付きでの承認または却下をすること
ができます。また，外国人投資家の種類，投資の種類・性質，投資金額などに
よってFIRBへの事前通知義務の有無が決定され，一定の産業・業種への投資
については個別法によって外資規制がなされています。

268 Part III　海外の投資規制と経済安全保障上の留意点

主な関係法令	1975年外資による取得および買収に関する法律 （**FATA**：Foreign Acquisitions and Takeovers Act 1975（Cth）） － オーストラリアにおける対内投資規制を定めた法律
	2015年外資による取得および買収に関する規則 （**FATR**：Foreign Acquisitions and Takeovers Regulation 2015（Cth）） － FATAと同様にオーストラリアにおける対内投資規制を定めた法規則
	対内投資方針 （Foreign Investment Policy） － 国益への配慮を含めた，対内投資制度を管理する政府の方針
	ガイダンス・ノート （Guidance Notes） － 個別の買収および投資家に対する対内投資制度の適用について，具体的に説明を行うもの
	2015年外資による取得および買収に係る手数料の賦課に関する法律 （**FATFIA**：Foreign Acquisitions and Takeovers Fees Imposition Act 2015（Cth）） － 対内直接投資に係る申請および通知の手数料について定めた法律
	2020年外資による取得および買収に係る手数料の賦課に関する規則 （**FATFIR**：Foreign Acquisitions and Takeovers Fees Imposition Regulations 2020（Cth）） － FATFIAと同様に対内直接投資に係る申請および通知の手数料について定めた法規則
主な規制執行機関	オーストラリア連邦政府財務大臣 （Treasurer）
	外国投資審査委員会 （**FIRB**：Foreign Investment Review Board） － 対内投資に関する決定権限は有していないが，財務大臣の審査に対して助言および支援を行う機関

（注）　本書で頻出のものについては**太字**の略称で引用した。

5.2 || 関係法令および規制執行機関

5.2.1 関係法令など

　オーストラリアにおける外国人投資家からの投資については，主に，1975年外資による取得および買収に関する法律（FATA）およびその下位法令である2015年外資による取得および買収に関する規則（FATR）によって規律されています。

　そのほか，オーストラリアにおける外国人投資家からの投資については，以下の法令や方針なども適用されます。

- **オーストラリアの対内投資方針**

　国益への配慮を含めた，対内投資制度を管理する政府の方針が定められています。対内投資制度の概要を定めるものとして，法令とあわせて解釈する必要があります。

- **ガイダンス・ノート**

　個別の買収および投資家に対してどのように対内投資制度が適用されるかについて，より具体的な情報が記載されています。オーストラリアの対内投資方針と同様，法令とあわせて解釈する必要があります。

- **手数料法（FATFIA）および手数料規則（FATFIR）**

　具体的には，①2015年外資による取得および買収に係る手数料の賦課に関する法律（FATFIA）および②2020年外資による取得および買収に係る手数料の賦課に関する規則（FATFIR）を指します。

　FATFIAおよびFATFIRは，対内投資に係る申請および通知の手数料について定めています。

5.2.2 制度設立の経緯・背景

　オーストラリアは当初制限的な対内投資方針を取っており，オーストラリア

への対内投資は複雑な純経済便益基準（net economic benefit tests）などの制限を設けていましたが，1990年代中旬以降，対内投資規制は自由化に向かい，さまざまな法改正がなされました。直近では2021年1月1日，FATAおよびFATRの大幅な改正がなされ，「国家安全保障行為（national security actions）」および「国家安全保障審査（national security test）」の概念が導入，拡大されました。

5.2.3　規制執行機関

（1）　財務大臣

　オーストラリア連邦政府の財務大臣は，対内投資に関する判断および対内投資方針の運用について責任を負い，FATAに基づき，外国人投資家による投資が国益または国家安全保障に反しないかを判断する権限を有します。財務大臣はさまざまな権限を有していますが，代表的な権限として「呼び出し権限（call in power）」および「最終審査権限（last resort power）」があります。

　呼び出し権限とは，後述の審査対象取引で4つの類型のうち「重大行為（significant action）」または「国家安全保障審査対象行為（reviewable national security action）」に該当し，かつ当該行為が国家安全保障上の懸念が生じると財務大臣が判断した場合，処分命令や禁止命令など広汎な遡及的命令を発する権限で，財務大臣は該当の行為が実行されてから10年間呼び出し権限を随時行使することができます。

　最終審査権限とは，重大な変化が生じる例外的な事象が生じた場合に，一度承認を受けた行為であっても，事後的に審査できる権限で，該当の行為が実行されてから10年間が経過した場合でも行使可能です。なお，最終審査権限が行使された場合について開示は定められていないものの，これまでの年次レポートでの例は確認できないことから，現状行使事例は存在しないものと考えられます。

（2）　外国投資審査委員会（FIRB）

　財務大臣は，FIRBの助言および支援を受けることができ，実務的に対内投資に関する財務大臣の決定は，FIRBの分析および勧告に基づいて行われることが一般的です。

5.3 ┃ 外資規制制度

5.3.1　「外国人（foreign person）」

　FATAに基づく審査は，「外国人」による投資に適用されるため，外国人に関する定義が重要となります。FATAおよびFATRの定めによれば，「外国人」は，一般的に以下のとおり区分されています。

- ①　オーストラリアに通常居住していない個人
- ②　外国政府または外国政府投資家
- ③　オーストラリアに通常居住していない個人，外国法人または外国政府が単独で実質的な持分（20％以上）を有する法人，トラストの受託者，リミテッド・パートナーシップのゼネラル・パートナー（GP）
- ④　複数のオーストラリアに通常居住していない個人，外国法人または外国政府が合計で実質的な持分（40％以上）を有する法人，トラストの受託者，リミテッド・パートナーシップのゼネラル・パートナー（GP）

5.3.2　審査対象取引

　FATAに基づきFIRBによる審査対象となりうる行為として，**図表 3 － 5 － 1**の 4 つの類型があります。

272　Part III　海外の投資規制と経済安全保障上の留意点

（図表 3 - 5 - 1）行為類型と通知の要否

行為類型	通知の要否
（1） 通知対象行為（notifiable action）	義務的
（2） 重大行為（significant action）	任意
（3） 国家安全保障通知対象行為（notifiable national security action）	義務的
（4） 国家安全保障審査可能行為（reviewable national security action）	任意

　（1）通知対象行為と（3）国家安全保障通知対象行為は，外国人が事前に
FIRBへの通知を行い，投資実行前に承認を得る必要がある行為です。（3）国
家安全保障通知対象行為は，2021年のFATAの改正により，国家安全保障の
観点から事前審査が必要となる行為として導入された類型であり，投資金額に
かかわらずFIRBへの事前通知が必要となるという点で，（1）通知対象行為と
は異なります。

　他方で，（2）重大行為と（4）国家安全保障審査可能行為は，投資の実行前に
FIRBへの義務的な通知が求められない行為ですが，仮にFIRBへの事前通知を
行わない場合，財務大臣はその行為から10年間，随時「呼び出し権限」を行使
することができます。

　また，前述の4つの類型のうち，（1）通知対象行為，（2）重大行為および
（3）国家安全保障通知対象行為は相互に排他的ではなく，外国人による投資行
為はこれらの類型に重複して該当することもあります。他方で，（4）国家安全
保障審査可能行為は，他の3つの類型と相互に排他的であり，他の3つの類型
に該当する場合には（4）国家安全保障審査可能行為には該当しません。

　以下では，各行為類型の定義を解説します。

（1）　通知対象行為（notifiable action）

　通知対象行為に該当する場合には，FIRBへの事前通知が義務付けられてい
ます。FATA上，以下のいずれかに該当し，かつ後記①～③の事業体，事業
または土地がFATAに基づく金額的閾値（後記（5）で解説します。）に該当す

る場合，通知対象行為となります。

① 外国人が，農業を行うオーストラリア事業体（Australian entity）やオーストラリア事業（Australian business）に対する直接の持分を取得する行為

② 外国人がオーストラリア事業体の実質的な持分（20%以上）を取得する行為

③ 外国人がオーストラリアの土地の権益を取得する行為

（2）　重大行為（significant action）

　重大行為のうち通知対象行為に該当しない行為については，FIRBへの義務的な通知は求められず，任意の通知制度が設けられています。

　オーストラリア事業体またはオーストラリア事業[1]に関する投資の場合には，外国人によるその持分や権益の取得により支配権の変更が生じ，かつFATAに基づく金額的閾値を満たす場合に重大行為に該当します。

　オーストラリアの土地に関する投資の場合には，外国人がオーストラリアの土地を取得し，かつFATAに基づく金額的閾値を満たす場合に重大行為に該当します。

　重大行為については，外国人投資家が任意の通知を行わない場合であっても，財務大臣が国家安全保障上の懸念があると判断した場合，財務大臣は事後的に呼び出し権限を行使し，審査の対象とすることができます。

（3）　国家安全保障通知対象行為（notifiable national security action）

　国家安全保障通知対象行為に該当する場合には，FIRBへの事前通知が義務付けられています。FATA上，国家安全保障通知対象行為は以下①～⑤のとおり定義されています。「通知対象行為」とは異なり金額的な閾値は存在しな

1　オーストラリア事業体とオーストラリア事業の違いについて，例えば，オーストラリア事業に対する権益の取得は，外国人による当該事業の資産自体の取得を含みますが，事業体の持分の取得には，資産自体の取得は含まれないことが挙げられます。

いため，以下に該当する場合には投資金額に関係なく，事前通知が必要となります。

① 国家安全保障事業（national security business）を新規に開始する場合
② 国家安全保障事業に対する直接の持分（10%以上）を取得する場合
③ 国家安全保障事業を行う事業体の直接の持分を取得する場合
④ 取得する時点において国家安全保障区域（national security land）に該当するオーストラリアの土地の権益を取得する場合
⑤ 取得する時点において国家安全保障区域に該当するオーストラリアの土地に関する開発許可（exploration tenement）に対する権益を取得する場合

国家安全保障事業とは，事業の全部または一部がオーストラリアで行われ，かつ，主に以下に該当する事業を指します。

- 2018年重要インフラ安全保障法（Security of Critical Infrastructure Act 2018）に定義される資産に責任を負う，または直接の持分を保有する者による事業
- 1997年電気通信法（Telecommunications Act 1997）が適用される通信会社または指定輸送サービス会社による事業
- 国防または諜報活動に使用されている，または使用されることが想定される重要な品目または技術の開発，製造または供給を行う事業
- 国防または諜報機関に重要なサービスを提供する，または提供することが想定される事業
- 安全保障上の機密情報を保存し，もしくはそれにアクセスできる事業，または軍事産業で収集された個人情報を保存もしくは管理している事業
- 前記の個人情報であって，開示されればオーストラリアの国家安全保障を害するおそれがあるものを保存し，管理し，またはそれにアクセスできる事業

また，国家安全保障区域（national security land）とは，防衛に関連する土地または国家諜報機関が権益を有する土地をいいます。

（4） 国家安全保障審査可能行為（reviewable national security action）

国家安全保障審査可能行為については，FIRBへの義務的な通知は求められ

ず，任意の通知制度が設けられています。外国人が主に以下の行為を行い，かつ，当該行為が(1)通知対象行為，(2)重大行為，または(3)国家安全保障通知対象行為に該当しない場合，国家安全保障審査可能行為に該当します。

① オーストラリア事業体またはオーストラリア事業の直接の持分の取得

② 事業体の有価証券もしくは事業の持分，権益を取得しもしくはそれらの発行に際して募集を引受け，または事業体もしくは事業と契約を締結し，または事業体の設立書類を変更することによる，当該事業体もしくは事業の経営の中核および支配に影響を及ぼしもしくは参画する地位，またはかかる事業体もしくは事業の方針に影響を及ぼし，参画し，もしくは決定する地位の取得

「重大行為」と同様に，国家安全保障審査可能行為については，外国人投資家が任意の通知を行わない場合であっても，財務大臣が国家安全保障上の懸念があると判断した場合，財務大臣は事後的に呼び出し権限を行使し，審査の対象とすることができます。

(5)「通知対象行為」および「重大行為」の金額的閾値

通知対象行為および重大行為については，一定の金額的閾値を超える取引のみがこれらの行為に該当することになります。閾値は，提案される取引の性質および投資家の出身国などにより細かく分類されています[2]。

例えば，取引の性質として，土地に対する投資については，商用地，宅地，農地，および採掘・生産のための鉱業権などで区分しており，土地以外の投資については，「機微事業（sensitive business）」，農業などで区分しています。なお，「機微事業」には通常の事業とは区別して考えられるところ，メディア分野，通信分野，運輸分野，防衛・軍事関連産業および活動，暗号化・セキュリティ技術および通信システム，ウランまたはプルトニウムの採掘原子力施設の取得などが含まれます。金額的閾値に関しては，最低で0豪ドルのケースも

---

2 Australian Government The Treasury, Monetary thresholds（金額的閾値）https://foreigninvestment.gov.au/guidance/general/monetary-thresholds（最終アクセス日：2024年9月25日）

276　Part III　海外の投資規制と経済安全保障上の留意点

存在し，最高でも14.27億豪ドルと設定されています[3]。

（6）　分野・業種

　FIRBは国家安全保障基準に基づく義務的または任意の通知の対象となりうる分野および分野内の特定部門を明らかにする分野別ガイダンスを公表しており，幅広い分野を対象としています。2024年5月1日，財務大臣は外資規制に関する改革を発表したところ，重要インフラ，重要鉱物，重要科学技術，オーストラリア政府の機密機能に近接した投資，機密情報を保有するまたはアクセス権を有する投資については，特に強い監視が必要であるとして，より多くのリソースで審査を行うとしています[4]。なお，改革について法的拘束力のあるものではありません。

（7）　FATAに基づく申請・通知の流れ

　下記のフローチャートは，外国人投資家による投資に係る申請・通知をFIRBに行うかの判断をするための一般的な手引きとして，原則的な手順を簡易的に示したものです。

3　金額的閾値は毎年1月1日に見直されるところ，本書記載の金額的閾値は2024年1月1日時点の内容です。

4　Australian Government The Treasury, Australia's Foreign Investment Policy https://foreigninvestment.gov.au/sites/foreigninvestment.gov.au/files/2024-04/australias-foreign-investment-policy.pdf（最終アクセス日：2024年9月25日）

図表3-5-2 申請・通知のフローチャート

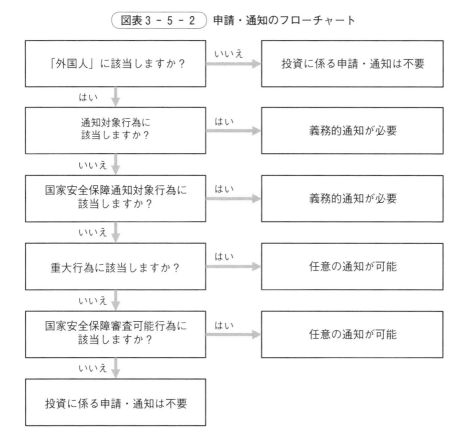

5.3.3 審査基準

　外国人投資家からの投資に関する審査は、当該投資が国益に反するかどうかを基準とする国益審査（national interest test）および国家安全保障の懸念があるかどうかを基準とする国家安全保障審査（national security test）の2つが存在します。国益審査の際には、以下の事項を含む広範な事情が考慮されます[5]。

- 国家安全保障への影響
- 競争への影響

278　Part III　海外の投資規制と経済安全保障上の留意点

- その他のオーストラリア法および政策（税法および歳入法を含みます）に対する影響
- 経済および社会への影響
- 投資家の性質

　国家安全保障審査は，前記のとおり，2021年1月1日に施行されたFATAおよびFATRの改正法により新規に導入されました。他方で国益審査においても国家安全保障への影響は考慮されている関係で，国益審査および国家安全保障審査の両方の適用が可能である場合は，より広範に審査される国益審査が行われています。

　国家安全保障審査の際には，以下の事項を含む広範な事情が考慮されます。

- 国家安全保障事業への影響
- 国家安全保障区域への影響
- 防衛・軍事関連施設への影響
- 国防または諜報機関などへの影響

5.3.4　手数料

　以上の審査を求めるためには，実行される行為の価額および類型，対価の額ならびにFATFIRの適用の有無に応じて定められている手数料を支払う必要があります。手数料は申請時に支払うこととされ，単一の行為について351万4800豪ドル（国家安全保障審査対象行為の場合は29万2900豪ドル）が上限となっています[6]。

5　Australian Government The Treasury, Australia's foreign investment framework（オーストラリアにおける対内投資の判断枠組み）
　https://foreigninvestment.gov.au/investing-in-australia/foreign-investment-framework（最終アクセス日：2024年9月25日）

6　Australian Government The Treasury, Guidance Note 10: Fees　を参照。https://foreigninvestment.gov.au/guidance/general/fees（最終アクセス日：2024年9月25日）
　手数料は毎年7月1日に物価に応じて見直されます。

（1）　行為類型

　手数料は実行される行為の類型により異なり，当該類型は以下のとおりです。

- 土地関連行為（さらに，宅地，農地および商用地，ならびに開発権，採掘または生産のための鉱業権の取得に分類されます。）
- 事業および事業体の取得に関連する行為（不動産会社の取得を除きます。）
- オーストラリア事業の設立
- 契約締結および関連文書の変更
- 内部の組織変更

（2）　行為類型および適用される手数料

　「国家安全保障審査対象行為」の手数料は，同種および同額の「通知対象行為」に相当する手数料の25％として計算します。単一の行為に複数のFATAの条項が適用される場合には，その行為について支払うべき最も高い額の手数料が課され，単一の契約が複数の行為を定めている場合には，調整規則が適用される可能性があります。手数料の免除または減額は限定的な場合にのみ認められ，これは個別具体的な事案ごとに検討されます。原則として，申請の不承認または取下げを理由に手数料が免除または減額されることはありません。

5.3.5　審査プロセス

　外国人投資家による投資の通知は，オンラインフォームを使用してポータルサイトから提出します[7]。通知を行う場合，所定の手数料を納付する必要があります[8]。

7　Australian Government The Treasury, FIRB Application Portal
　　https://portal.FIRB.gov.au/（最終アクセス日：2024年 9 月25日）
8　手数料については下記を参照。
　　Australian Government The Treasury, Guidance Note 10: Fees
　　https://foreigninvestment.gov.au/guidance/general/fees（最終アクセス日：2024年 9 月25日）

図表 3 - 5 - 3　オーストラリアにおける対内直接投資の審査プロセス

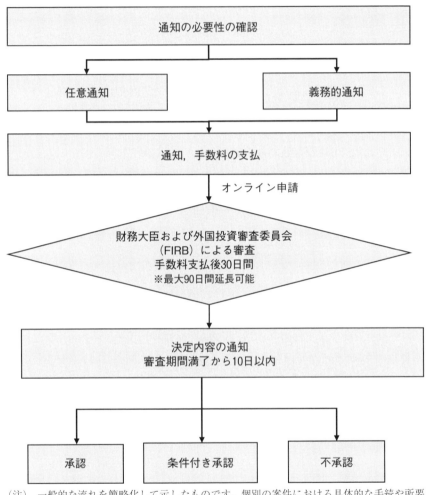

(注)　一般的な流れを簡略化して示したものです。個別の案件における具体的な手続や所要期間は手続を行う国の担当機関または専門家にご確認ください。

　審査期間は原則として30日間[9]であり，申請者が手数料を支払った後から開

9　財務大臣は，仮命令（interim order）を発令することで，審査期間を最大90日間延長することができます。

5　オーストラリア　　281

始されます。また，申請者に対して追加の情報提供が請求された場合には，申請者が当該情報提供を行うまで，審査期間のカウントは停止されます。財務大臣は審査期間満了から10日以内に，申請者に対して決定内容を通知します。

　決定には，無条件の承認，条件（情報報告義務や投資先の取締役におけるオーストラリア居住者の一定数・割合の確保等）付き承認，不承認があります

　なお，財務省は前述の**5.3.2（6）**で記載の改革において，2025年1月1日から，30日間の審査期間内に通知された投資提案の50％を処理するという目標を掲げており，実質的な改善は2024年7月から行うとしています。

5.3.6　モニタリング・エンフォースメント・罰則

　FIRBへの義務的通知が必要となる取引に関して承認申請を行わなかった場合や，投資の実行に際して財務大臣から課された条件を遵守しなかった場合など，オーストラリア投資規制が要請する手続に違反した場合，FATA上の刑事および民事の罰則の対象となります。また，FIRBへの任意の通知の対象となる行為についてFIRBへの任意の通知を行った場合には，当該通知後，審査期間の終了または承認のいずれか早いほうより前に当該取引を実行することもFATA違反となり，罰則の対象となります。

　なお，FIRBへの義務的通知が必要となる取引についてFIRBの承認を得ずに実行された場合，FATA違反にはあたりますが，そのことによって当該取引が自動的に無効になることはありません。

5.3.7　審査の実績

　近時の通知・審査状況は下記のとおりです[10]。

10　Australian Government The Treasury, Annual Report 2023-24 Part 5 Appendices,
　　Page 223
　　　https://treasury.gov.au/sites/default/files/2024-10/p2024-590845-ar.pdf（最終アクセ
　　ス日：2024年11月5日）

282 Part III 海外の投資規制と経済安全保障上の留意点

（図表 3 - 5 - 4 ）オーストラリアにおける過去 3 年の審査実績

	商用（Commercial）			宅地（Residential Real Estate）		
	2021-22	2022-23	2023-24	2021-22	2022-23	2023-24
条件付き承認	737	547	472	3,667	4,768	4,042
無条件の承認	724	768	752	1,766	1,808	1,539
承認件数の合計	1,461	1,315	1,224	5,433	6,576	5,581
申請取下げ	195	149	249	144	74	139

　2020年 7 月 1 日から2021年 6 月30日において 1 件[11]，2021年 7 月 1 日から2022年 6 月30日において 1 件[12]，財務大臣は外国人投資家からの投資の承認を拒否しています。

　もっとも，財務大臣は承認を拒否しようとする場合，申請者に事前にその意向を伝え，申請を取り下げることを促すのが通例であるため，前記の承認拒否の件数は財務大臣から否定的な審査結果を受けた全ての申請者の数を意味するものではありません。

　例えば，日本のキリンホールディングス株式会社による中国のMengniu Dairy Companyへの 6 億豪ドルでのLion Diaryの売却[13]については，財務大臣から拒否の意向を伝えられたことにより，結局オーストラリア企業である

11　Foreign Investment Review Board, 'Annual Report 2020-2021', page vii
　　https://foreigninvestment.gov.au/sites/firb.gov.au/files/2022-04/FIRB-Annual-Report-2020-21.pdf（最終アクセス日：2024年 9 月25日）

12　Australian Government The Treasury, The Treasury Annual Report 2021-22 Part 5 Appendices, Page 223
　　https://treasury.gov.au/sites/default/files/2022-10/p2022-329943-tsy-annual-report-2021-22-part5_0.pdf（最終アクセス日：2024年 9 月25日）

13　Lion, 'Media Statement re proposed Dairy & Drinks sale', https://www.lionco.com/2020/08/25/media-statement-re-proposed-dairy-drinks-sale/（最終アクセス日：2024年 9 月25日）
　　ABC Rural, 'Plan for China's Mengniu to buy Lion Dairy ditched after Josh Frydenberg labels sale 'contrary to national interest'
　　https://www.abc.net.au/news/2020-08-25/lion-dairy-china-mengniu-deal-off/12592534（最終アクセス日：2024年 9 月25日）

Bega Cheeseへ5.6億豪ドルでの売却が行われました。

5.4 | 個別法による外資規制の状況

　FATAおよびFATRに基づく規制に加え，特定の産業においては個別業法に基づく外資規制が行われています。

5.4.1 銀 行

　1959年銀行法（Banking Act 1959（Cth）），1998年金融業（持株）法（Financial Sector（Shareholdings）Act 1998（Cth））および銀行業指針（banking policy）が銀行部門における外国人による所有を規制しています。

5.4.2 運 輸

　1920年航空法（Air Navigation Act 1920（Cth））および1992年カンタス売却法（Qantas Sale Act 1992（Cth））に基づき，オーストラリアの国際航空会社（カンタスを含みます。）における外国人の合計持分比率は49％までに制限されています。

　また，1996年空港法（Airports Act 1996（Cth））は，外国人による一部の空港の持分比率を49％まで，航空会社による持分比率を5％までに制限しており，一部の空港運営会社間の株式持合に制限を課しています。

　さらに，1981年船舶輸送登録法（Shipping Registration Act 1981（Cth））は，外国居住者が運航する裸用船（demise charter）で，用船期間中の登録要件が適用除外とされているものでない限り，船舶がオーストラリアで登録される場合にはその過半数の持分をオーストラリア人が保有することが要件とされています。

5.4.3 通信および重要インフラ

　1991年テルストラ・コーポレーション法（Telstra Corporation Act 1991

284　Part III　海外の投資規制と経済安全保障上の留意点

(Cth)）は，オーストラリア最大の通信会社であるテルストラ社の外国人投資家による持分比率を累計で35％まで，個々の外国人投資家による持分比率を 5 ％までに制限しています。

　2018年重要インフラ安全保障法（Security of Critical Infrastructure Act 2018）および1997年電気通信法（Telecommunications Act 1997）に対する「2017年電気通信セクター安全保障改革（Telecommunication Sector Security Reforms)」が，オーストラリアにおいて最もリスクが大きい重要インフラセクターへの外国人投資家による投資から生じる国家安全保障リスクを管理する法的枠組みを形成し，FATA上の国家安全保障事業を構成するかどうかを決定する際にも引用されます。

　サイバー・インフラセキュリティーセンター（The Cyber and Infrastructure Security Centre）は2018年重要インフラ安全保障法の管理および施行を担当しており，同センターは財務大臣による外国人投資家からの投資に対する決定に対して，国家安全保障上の懸念に関する助言を提供することで，審査プロセスを補完しています。

5.4.4　所有登録[14]

　外国人は，FATA上，オーストラリアの土地，水，事業体，事業，その他の資産に関連する一定の行為について，オーストラリア税務署への通知が義務付けられています。2023年 6 月30日までは宅地や水利権などそれぞれに対して別々の登記が存在し，管理されていましたが，同年 7 月 1 日から「オーストラリア資産外国所有権登記（Register of Foreign Ownership of Australian Assets)」が各登記を統合する形で運用が始まり，同日以降の一定の行為に関しては同登記の登記官（オーストラリア税務署管轄）への通知が義務付けられて

14　Australian Government The Treasury, Guidance Note 15: Register of Foreign Ownership of Australian Assets
　　https://foreigninvestment.gov.au/guidance/conditions-and-reporting/register-foreign-ownership-australian-assets（最終アクセス日：2024年 9 月25日）

います。

主に以下の場合に前記の通知が必要とされます。

- 外国人が前記の資産について権益の取得その他の行為を行う場合
- 権益を保有している間に外国人となった場合
- 登記された状況に変更があった場合（例：外国人が権益を保有しなくなった場合，外国人でなくなった場合）
- 土地に対する権益の種類または開発許可が変更された場合
- 登記可能な水利権の性質が変更された場合
- 事業体または事業に対する持分の規模が変更された場合

5.5 ┃ 実務上の留意点

オーストラリアは日本にとって経済的にも重要なパートナー国であり，両国間の貿易において2001年以降オーストラリアは日本の貿易相手国として上位10カ国に入っており，2022年にはオーストラリアは第3位の貿易相手国で，両国間で約13.7兆円もの取引が実施されました[15]。また，オーストラリアにとっても日本は重要な貿易相手国であり，2022年には第2位の貿易相手国でした[16]。

貿易以外にも両国間の対外直接投資も活発であり，オーストラリアは日本にとって有力な投資先国といえます。

日本の財務省は，地域別対外投資について，これまでの投資の残高を発表しているところ，2022年12月末の地域別対外投資残高においてオーストラリアは第6位の投資先国で，1兆円を超える投資残高がありました[17]。またオースト

---

15 税関「貿易相手国上位10カ国の推移（輸出入総額：年ベース）」https://www.customs. go.jp/toukei/suii/html/data/y3.pdf（最終アクセス日：2024年9月25日）

16 Australian Government Department of Foreign Affairs and Trade, Australia's Trade in Goods and Services by Top 15 Partners
https://www.dfat.gov.au/sites/default/files/australias-goods-services-by-top-15-partners-2022-23.pdf（最終アクセス日：2024年9月25日）

286 Part III 海外の投資規制と経済安全保障上の留意点

ラリアにとっても日本からの投資は，**図表3－5－5**のとおり第4位であり，重要な投資国といえます。オーストラリア政府発表の資料によれば，2022年には，2574億豪ドルもの投資が日本から行われました。

図表3－5－5　オーストラリアに対する投資額

2022年順位	経済圏	2021年	2022年	2023年	全体の割合
1	米国	$1,052.8	$1,097.0	$1,170.7	25.1%
2	英国	$680.3	$964.4	$879.0	18.9%
3	ベルギー	$394.0	$359.2	$379.1	8.1%
4	日本	$255.8	$258.8	$265.2	5.7%
5	香港	$130.5	$138.6	$146.6	3.1%
…	…	…	…	…	…
	全体	$4,160.3	$4,596.7	$4,659.5	100%

(注)　10億豪ドル単位
(出所)　Australian Government Department of Foreign Affairs and Trade, Statistics on who invests in Australia（オーストラリアへの投資に関する統計）
　　　　https://www.dfat.gov.au/trade/trade-and-investment-data-information-and-publications/foreign-investment-statistics/statistics-on-who-invests-in-australia（最終アクセス日：2024年11月5日）

　オーストラリアは鉱業，農業，観光といった従来から注目されている分野に加え，近年は，資源・エネルギー，インフラ，ヘルスケアといった分野においても世界中から注目を集めており，日本を含む外国人投資家からの魅力的な投資先であり続けています。

　もっとも，前記のとおり，2021年のFATAの改正により，国家安全保障の観点から投資金額にかかわらず財務大臣への事前通知を要する行為類型が導入されるなど，オーストラリア外資規制はより複雑なものとなっています。また

17　財務省「対外・対内直接投資（地域別・業種別）（国際収支マニュアル第6版準拠）：1．対外・対内直接投資フロー 令和4年（2022年）」https://www.mof.go.jp/policy/international_policy/reference/balance_of_payments/bpfdii.htm（最終アクセス日：2024年9月25日）

財務大臣の権限も「呼び出し権限」や「最終審査権限」などが追加された関係で義務的通知が必要でない場合についても，財務大臣による呼び出し権限が行使されるリスクがあり，国家安全保障を慎重に検討した上で任意の申請・通知を行うか否かについても判断が必要です。外資規制の適用の有無を判断するためにも，取引実行前に，投資を検討しているオーストラリアの事業体，事業または土地について精査する必要があるほか，オーストラリアの安全保障を取り巻く国際的な環境の変化も今後いっそう検討する必要が深まっています。

6

中　国

6.1 ┃ 中国における外資規制の概要

　中国における対内直接投資（中国語では「外商投資」という場合が多いですが，その定義については6.3.1および6.4.1で後述します。）規制の柱となるのは，いわゆる外商投資ネガティブリスト制度です。中国政府があらかじめ指定する分野について，外商投資が制限または禁止されますが，それ以外の分野については，外資は中国の国内資本と同様の待遇を受けるという制度です。

　さらに，外商投資ネガティブリスト制度により，中国の安全保障上問題となる可能性のある外商投資はフィルタリングされますが，外商投資ネガティブリスト制度によっても対応できないような外商投資に対して，中国政府は外商投資安全審査を行うことができます。例えば，後述のとおり，外商投資ネガティブリストにより対内直接投資が禁止される業種への投資については，外商投資安全審査が発動される余地はないものの，他方，外商投資ネガティブリストにより対内直接投資が制限されるにとどまる業種や，そもそも外商投資ネガティブリストの対象外の業種への投資について，外商投資安全審査が行われる可能性があります。そして，中国の国家安全影響を及ぼす外商投資は，条件を付されまたは禁止されることがあります。

　なお，外商投資ネガティブリスト制度と別に存在する市場参入ネガティブリスト制度は，内資・外資問わず適用されるものであるため，外資が対中国投資を行う際に確認する必要があるものです。もっとも，専ら外資に適用される規

6　中　国　　289

制ではないため，本書では詳細な説明を割愛します。

主な関係法令	外商投資法（中華人民共和国主席令第26号） －　中国の外資規制の基本法
	国家安全法（中華人民共和国主席令第29号） －　中国の国家安全保障の基本法。外資規制をはじめとする経済安保もその内容に含まれる
	外商投資参入特別管理措置（ネガティブリスト）（2024年版）（中華人民共和国国家発展改革委員会，中華人民共和国商務部令第23号）（**外商投資ネガティブリスト**） －　外商投資が制限または禁止される業種のリスト
	市場参入ネガティブリスト －　内資・外資問わず，投資が制限または禁止される業種のリスト
	自由貿易試験区外商投資参入特別管理措置（ネガティブリスト）（**自貿区リスト**） －　上海自由貿易試験区をはじめとする自由貿易試験区に適用される，外商投資が制限または禁止される業種のリスト。外商投資ネガティブリストより規制が緩和。
	海南自由貿易港外商投資参入特別管理措置（ネガティブリスト）（**海南リスト**） －　海南自由貿易港に適用される，外商投資が制限または禁止される業種のリスト。外商投資ネガティブリストより規制が緩和。
	外商投資安全審査弁法（中華人民共和国国家発展改革委員会，中華人民共和国商務部令第37号） －　外商投資に対する国家安全審査の手続等を規定する省令
主な規制執行機関	商務部および各地方の商務主管部門 －　経済と貿易を所管する中央政府または地方政府に属する行政部門
	国家市場監督管理総局および各地方の市場監督管理部門 －　検疫，消費者保護など企業に対する行政監督を主に所管する中央政府または地方政府に属する行政部門

	国家発展改革委員会（発改委）内の工作機制弁公室
	― 発改委の内部に設置され，発改委および商務部が主導する事務局。専ら外商投資安全審査を担当。

（注）　本書で頻出のものについては**太字**の略称で引用した。

6.2 || 関係法令および規制執行機関

6.2.1　関係法令等

　中国における外商投資に関する法令のうち最も中核的なのは，2019年に施行された外商投資法（中華人民共和国主席令第26号）です。外商投資ネガティブリスト制度および外商投資安全審査制度はいずれも同法に根拠規定を持ちます。

　そのほか，以下の法律，政省令等も外商投資に適用されるものです。

- 国家安全法（中華人民共和国主席令第29号）
- 外商投資参入特別管理措置（ネガティブリスト）（2024年版）（中華人民共和国国家発展改革委員会，中華人民共和国商務部令第23号）（以下，「外商投資ネガティブリスト」といいます。）
- 外商投資安全審査弁法（中華人民共和国国家発展改革委員会，中華人民共和国商務部令第37号）

6.2.2　制度設立の経緯・背景

（1）　外商投資ネガティブリスト制度

　中国では，長期間，外国，特に西側諸国からの投資は社会主義体制にそぐわないものとして排斥されてきました。1978年の改革開放以降，中国は「外資三法」と呼ばれる中外合資経営企業法（1979年），外資企業法（1986年），中外合作経営企業法（1988年）を制定し，外資の受入れに舵を切りました。

　もっとも，これらの法律では，外商投資について事前認可制度が設けられま

した。投資家は，中国での事業設立や変更前に政府の承認を必要としました。
1992年の鄧小平の南巡講話と2001年のWTO加盟を経て，市場経済への移行と
国際経済への統合が加速し，この期間，対内直接投資は1991年の43.66億ドル
から2013年には1175.86億ドルへと大幅に増加しました。それでも，中国政府
は長期にわたり，外資に対する厳格な事前認可の枠組みを維持しました。

　2006年以降の米中戦略経済対話（S&ED）と，それに続く2008年開始の米
中投資協定（BIT）交渉は，中国に外資の認可制度見直しを促す大きな転機と
なりました。アメリカからの投資自由化に関する強い要求に応じ，中国は2011
年より外資規制に関する新たな法律の検討を開始しました。2013年10月，上海
自由貿易試験区でネガティブリスト方式（いわゆるネガティブリストに掲載さ
れていない分野への投資は禁止または制限されない方式。詳細は後述します。）
のテスト運用が始まり，事前審査不要の届出制に移行する実験が開始されまし
た。

　さらに，2016年10月，中国は「外資企業法」を含む関連法律の改正を公表し，
ネガティブリスト方式と届出制の全国への拡大を決定しました。

　改革の最終段階として，2019年に，外商投資法の制定および外資三法の廃止
により，特定の分野を除き，外資による投資は政府による事前の認可がなくて
も可能となりました。これにより，現行の外商投資ネガティブリスト制度が基
本的に完成したといえます。

（2）　外商投資安全審査制度

　上記の外資に関する事前認可とは別に，中国では，外資に対して，国家安全
の観点から審査する枠組みも比較的古くから存在します。例えば，2008年の独
占禁止法31条は，外資による企業買収が国家安全に関与する場合，事業者結合
審査のほかに国家安全審査の実施を義務付けています。

　2011年の「外国投資者国内企業買収安全審査制度の確立に関する通知」や
「外国投資者国内企業買収安全審査制度の規定」の公布により，それまでやや
漠然としていた国家安全審査制度の枠組みは明確化されました。

292　Part III　海外の投資規制と経済安全保障上の留意点

　2013年に習近平政権が発足して以降，経済，金融を含む広範な分野での国家安全を重視する総体的国家安全観が提唱されるようになります。その体現として，2015年に施行された国家安全法は，国家安全に影響を及ぼす外資に関する審査を法的に明文化しました。

　2019年に施行された外商投資法は，前述の外商投資ネガティブリストの存在を前提に，国家の安全に影響を及ぼしまたは及ぼすおそれのある外国投資者による投資について国家安全審査を行うことを明記しました。さらに同法の規定を具体化する外商投資安全審査弁法の公布を経て，外商投資ネガティブリストを補完するという位置付けの現行外商投資安全審査制度が完成しました。

6.2.3　規制執行機関

（1）　外商投資ネガティブリスト制度

- 商務部および各地方の商務主管部門

　商務部および各地方の商務主管部門は投資，経済貿易を主管する部門（以下，「商務部門」といいます。）として，外商投資ネガティブリストの制定および更新，設立後の外商投資企業が外商投資制度を遵守しているか否かを実質的に監督，管理するなどの業務を担当します。

- 国家市場監督管理総局および各地方の市場監督管理部門

　国家市場監督管理総局および各地方の市場監督管理部門（以下，「市場監督管理部門」といいます。）は経済や市場を管理する部門として，会社の設立，変更，抹消等の会社登記業務を担当し，外商投資企業の登記を行う際に，当該企業が外商投資ネガティブリストの条件に該当するか否かについて形式的審査を行います。

- その他の主管部門

　外商投資ネガティブリストにより，特定の分野への参入前には，該当分野の主管部門からの許可が必要です。これらの部門は参入条件の適合を審査し，関連許可証を発行するなどの業務を担当します。

（2） 外商投資安全審査制度

　外商投資安全審査弁法により，国家発展改革委員会（以下，「発改委」といいます。）の内部に設置され，発改委および商務部が主導する工作機制弁公室が存在します。工作機制弁公室は，外商投資に関する安全審査を行う事務局として，外商投資安全審査の日常業務の全般を担当します。

6.3 ‖ 外資規制制度

6.3.1　外商投資ネガティブリスト制度

（1）　外商投資

　外商投資ネガティブリスト制度の規制対象である外商投資は，外商投資法2条2項において，以下のように定義されています。

① 外国投資者が単独で，または他の投資者と共同で，中国国内で外商投資企業（全部または一部が外国投資者によって投資され，中国国内で登記され設立された企業をいいます。）を設立すること

② 外国投資者が（設立済みの）中国国内企業の株式，社員権，持分，またはその他類似の権益を取得すること

③ 外国投資者が単独または他の投資者と共同で中国国内において新規プロジェクトに投資すること

④ 法律，行政規則，または国務院が規定するその他の投資方法

　なお，ここにいう「外国投資者」とは，外国の自然人，企業，またはその他の組織を指します。

（2）　規制（外商投資ネガティブリスト）の内容

　外商投資ネガティブリストは，外資による特定分野への投資を特別に（つまり，中国の国内投資者と別異の取扱いで）管理する制度です。外商投資法は，

294　Part III　海外の投資規制と経済安全保障上の留意点

外商投資ネガティブリストに掲載される分野へ投資しようとする外国投資者に
対して，以下の2種類の措置を講じています。なお，下記の2種類の措置のい
ずれも適用されない外商投資については，外国投資者に中国国内投資者と同等
の取扱いが保証されます（外商投資法4条2項）。

① **投資禁止措置**

　外国投資者は，外商投資ネガティブリストが投資を「禁止」している分
野に投資してはなりません（外商投資法28条1項）。

② **投資制限措置**

　外商投資ネガティブリストにより投資が制限される分野において外国投
資者が投資を行う場合，外商投資ネガティブリストに定められた「条
件」を満たす必要があります（外商投資法28条2項）。ここでいう条件
には，外国投資者の出資比率や高級管理職の国籍制限などが含まれてい
ます。

最新の2024年版外商投資ネガティブリスト[1]は，禁止および制限される分野
を合わせて31項目にわたり列挙しています。その内容は，**図表3-6-1**のと
おりです。

（**図表3-6-1**）外商投資ネガティブリスト（2024年版）

特別管理措置	
一　農業，林業，牧畜業，漁業	
1　小麦新品種の選抜育種および種子の生産	中国側の持分比率が34%以上
トウモロコシ新品種の選抜育種および種子の生産	中国側の持分支配[2]

1　https://www.ndrc.gov.cn/xxgk/zcfb/fzggwl/202409/t20240907_1392875.html
　　（最終アクセス日：2024年9月30日）
2　中国投資者の保有する出資比率が51%以上であることを指します。以下，同じ用語に
　　ついて同じ。

	特別管理措置	
2	中国の希少および特有の貴重優良品種の研究開発，養殖および栽培ならびに関連繁殖材料の生産（栽培業，牧畜業，水産業の優良遺伝子を含む）	禁止
3	農作物，種畜種禽，水産種苗の遺伝子組み換え品種の選抜育種およびその遺伝子組み換え種子（種苗）の生産	禁止
4	中国の管轄海域および内陸水域における水産物の漁獲	禁止
二	採掘業	
5	希土類，放射性鉱物，タングステンの探査，採掘および選鉱	禁止
三	電力，熱，ガスおよび水の生産および供給業	
6	原子力発電所の建設，運営	中国側の持分支配
四	卸売および小売業	
7	葉たばこ，紙巻たばこ，再乾燥済葉たばこおよびその他のたばこ製品の卸売，小売への投資	禁止
五	交通輸送，倉庫保管および郵政業	
8	国内の水上輸送会社	中国側の持分支配
9	公共航空輸送会社	中国側の持分支配が必要かつ1つの外国投資者その関連企業の投資比率は25%以下。一般航空会社の法定代表人も中国籍の市民でなければならず，農業，林業，漁業を対象とした一般航空会社は合弁に限られ，その他の一般航空会社は中国側の持分支配に限られる。

	特別管理措置	
10	民間用飛行場の建設，運営	中国側の相対的な持分支配。外国側は空港の管制塔の建設，運営に参加不可。
11	郵政会社，信書の国内速達便業務	禁止
六	情報伝送，ソフトウェアおよび情報技術サービス業	
12	電信会社	中国がWTO加盟時に開放を約束した電信業務に限定。付加価値電信業務の外資持分比率は50%以下（電子商取引，国内マルチ通信，蓄積転送類，コールセンターを除く）。基礎電信業務は中国側の持分支配。
13	インターネットニュース情報サービス，ネットワーク出版サービス，ネットワーク視聴番組サービス，インターネット文化経営（音楽を除く），インターネット情報公衆送信サービス（上記サービスのうち，中国のWTO加盟時の約束において既に開放された内容を除く）	禁止
七	リースおよびビジネスサービス業	
14	中国法律事務（中国の法律環境の影響に関する情報の提供を除く）	国内弁護士事務所のパートナーとなることが禁止
15	市場調査	合弁に限定。そのうち，ラジオ聴取・テレビ視聴調査は中国側の持分支配。

	特別管理措置	
16	社会調査	禁止
八 科学研究および技術サービス業		
17	人体幹細胞，遺伝子診断および治療技術の開発および応用	禁止
18	人文社会科学研究機構	禁止
19	大地測量，海洋測量，航空写真撮影，地上移動測量，行政区画の境界線測量，地形図，世界の政区地図，全国の政区地図，省レベル以下の政区地図，全国的な教育用地図，地方的な教育用地図，リアル３Ｄ地図とナビゲーション用電子地図の編集，地域的な地質図の作成，鉱物地質，地球物理学，地球化学，水文地質学，環境地質学，地質災害，遠隔地質学などの調査への投資（鉱業権者がその鉱業権の範囲内における業務を展開する場合は，本リストによる制限を受けない）	禁止
九 教育		
20	就学前，普通高校および高等教育機関	中外合作による学校運営に限定。中国側の主導（校長または主な管理責任者が中国国籍を有し，理事会，董事会または共同管理委員会の中国側の構成員が２分の１を下回ってはならない）。
21	義務教育機関，宗教教育機関	禁止
十 衛生および社会福祉		
22	医療機関	合弁に限定
十一 文化，スポーツおよび娯楽業		

	特別管理措置	
23	報道機関（通信社を含むがこれに限らない）	禁止
24	書籍，新聞，定期雑誌，音響映像製品および電子出版物の編集，出版，制作業務	禁止
25	各級のラジオ放送局（ステーション），テレビ局（ステーション），ラジオおよびテレビのチャンネル（レート），ラジオおよびテレビ放送ネットワーク（送信所，中継所，ラジオおよびテレビ衛星，衛星アップリンクステーション，衛星受信転送ステーション，マイクロ波ステーション，監視ステーションおよび有線ラジオおよびテレビ伝送カバーネットワークなど）への投資，ラジオおよびテレビのオンデマンド配信業務および衛星テレビ放送地上受信設備の取付サービス	禁止
26	ラジオ・テレビ番組の制作運営（導入業務を含む）会社	禁止
27	映画製作会社，配給会社，興業会社および映画導入業務	禁止
28	文化財オークションのオークション会社，古物商店および国有文化財博物館	禁止
29	文芸実演団体	禁止

（3） 商務部門への情報報告制度

　外商投資ネガティブリストの下，商務部門による事前認可が不要となったことは前記 **6.2.2** のとおりです。代わりに，外商投資法34条に基づき，投資家は商務部門への投資関連情報の提出を義務付けられています。具体的に，投資家は，会社設立，事業内容の変更，解散などの情報を会社登記を担当する市場監督管理部門に提出し，これらの情報は自動的に商務部門に転送されます。

（4） 会社設立のモデルケース

　外商投資ネガティブリスト制度の内容を踏まえて，以下，外国投資者が中国において会社を設立する場合のモデルケースを，外商投資ネガティブリスト制

度と関連のある範囲において説明します。

① 新会社設立時

　中国における新会社設立の際，外国投資家は最初に，計画されている事業が外商投資ネガティブリストの規制に抵触するかを確認する必要があります。具体的には，業種の選択，会社の設置場所，外国投資家の持ち分，新会社の代表者の国籍など，複数の要因に基づいて投資が認められるかどうかを判断します。なお，ここでは外商投資ネガティブリストのみについて言及していますが，前記6.1のとおり，実務では，市場参入ネガティブリストの参照も不可欠です。

- 計画された事業が外商投資ネガティブリストに掲載されている禁止される分野にあたる場合，市場監督管理部門による会社の登記は許可されず，その結果，新会社の設立は不可能となります。
- 一方で，計画された事業が外商投資ネガティブリストに記載されている制限される分野に属し，かつ，その分野の主管部門からの許可が求められる場合，外国投資家は設立前に該当部門へ許可を申請しなければなりません。許可を受けた後にのみ，市場監督管理部門での正式な会社登記が可能です。
- 許可が不要な制限分野の場合でも，市場監督管理部門は投資プランが外商投資ネガティブリストの条件に適合するかを形式的に検証します。
- 禁止分野と制限分野のいずれにも該当しない場合，外国投資者は直接市場監督管理部門において会社登記手続を行います。

② 会社登記時

　会社登記を行う際には，市場監督管理部門のオンラインシステムを介して投資情報が提出され，この情報は自動的に商務部門へ転送されます。これにより，外国投資家の情報報告義務が履行されます。

（5）　モニタリング・エンフォースメント・罰則

　外商投資ネガティブリストに記載された禁止区域に投資した外国投資者に対して，中国の主管部門は，投資の停止や，株式およびその他資産の売却等を通じて，事業を投資実施前の状態に戻すことを要求する権限を持ちます。これに違反して不正に得た利益がある場合は，当該利益を法にしたがって没収することが可能です（外商投資法36条１項）。

　また，制限された領域への投資で，外商投資ネガティブリストの条件を満たしていない場合には，主管部門が期限を設けて条件遵守を求め，期限までに改善がみられない場合は，前述した同法36条１項に基づく措置が取られます（外商投資法36条２項）。

　加えて，前記6.3.1（3）のとおり，外国投資者は商務部門への投資情報報告を義務付けられていますが，当該報告を怠り，虚偽の情報を提供し，または重要な情報に誤りがある場合には，一定期間内の是正を求められます。これらの是正命令に従わなかった場合，10万元から50万元の過料が科されることになります（外商投資情報報告弁法25条）。

（6）　自由貿易試験区等における特別規定

　中国全土に統一的に適用される外商投資ネガティブリストのほか，いわゆる自由貿易試験区および海南自由貿易港については，それぞれ独自の外商投資ネガティブリストが公布されています。

　自由貿易試験区外商投資参入特別管理措置（ネガティブリスト）（以下，「自貿区リスト」といいます。）および海南自由貿易港外商投資参入特別管理措置（ネガティブリスト）（以下，「海南リスト」といいます。）は，個別の具体的な規制内容において，全国リストより制限が緩和されています。

　図表3-6-2は，上記の３つのリストにおいて規制内容が異なる分野の一部を例示したものです。

6 中 国 301

図表3-6-2 各ネガティブリストにおける規制内容の違い

領域	分野	全国リスト	自貿区リスト	海南リスト
採掘業	希土類，放射性鉱物，タングステンの探査，採掘および選鉱	禁止	禁止	（規制なし）
ビジネスサービス業	法律事務	禁止	禁止	禁止（海南にかかわる一部の非訴訟法律事務を除く）
	ラジオ聴取・テレビ視聴調査	中国側の持分支配	（規制なし）	（規制なし）

6.3.2 外商投資安全審査制度

(1) 外商投資

　外商投資安全審査は外商投資に適用されるものです。ここにいう外商投資の定義は，以下のとおり，外商投資安全審査弁法2条2項各号に定められています。

　「外商投資」とは，外国投資者が中国国内で直接または間接に行う投資活動を指し，以下のものを含みます。

①　外国投資者が単独または他の投資者と共同で国内において新規プロジェクトに投資し，または企業を設立すること（1号）

②　外国投資者が合併買収により国内企業の持分または資産を取得すること（2号）

③　外国投資者がその他の方法により国内において投資を行うこと（3号）

　上記の外商投資の定義は，6.3.1(1)で前述した外商投資法における外商投資の定義と若干文言が異なりますが，両者は実質的に同じ内容であると考え

302 Part III　海外の投資規制と経済安全保障上の留意点

られています。

（2）　対象分野

　外商投資安全審査は全ての外商投資に適用されるものではなく，一定の対象分野に対する外商投資のみについて安全審査が必要とされています。具体的には以下のとおりです。

① 軍事産業，軍事周辺産業等の国防安全にかかわる分野への投資ならびに軍事施設および軍事産業施設の周辺地域への外商投資については，「実質的支配権」を取得しているかどうかにかかわらず，外商投資安全審査の対象となります（外商投資安全審査弁法4条1項1号）。

② 国家の安全にかかわる重要な農産品，重要なエネルギーおよび資源，重大な装備製造，重要なインフラ施設，重要な運輸サービス，重要な文化製品およびサービス，重要な情報技術およびインターネット製品とサービス，重要な金融サービス，重要な技術ならびにその他の重要な分野への外商投資については，投資の対象会社の「実質的支配権」を取得する外商投資が外商投資安全審査の対象となります（同項2号）。

　また，ここにいう対象会社の「実質的支配権」の取得として，以下の状況が想定されます。

① 外国投資者が企業の50%以上の持分を保有する場合

② 外国投資者が保有する企業の持分は50%に満たないが，その有する議決権が董事会，株主会または株主総会の決議に重大な影響を与えることができる場合

③ 外国投資者が企業の経営上の意思決定，人事，財務，技術等に重大な影響を与えることができるその他の場合

　6.3.2（1）で前述した外商投資の定義を合わせると，外商投資安全審査の対象は概ね**図表3－6－3**のとおりです。

6 中 国　303

図表3-6-3 外商投資安全審査の対象

領域	具体的な投資対象	行為
国防安全に関する領域	(a)軍事産業，軍事周辺産業等の国防安全にかかわる分野 (b)軍事施設および軍事産業施設の周辺地域	①外国投資者が単独または他の投資者と共同で国内において新規プロジェクトに投資し，または企業を設立すること ②外国投資者が合併買収により国内企業の持分または資産を取得すること ③外国投資者がその他の方法により国内において投資を行うこと
国防安全以外の領域	(a)重要な農産品 (b)重要なエネルギーおよび資源 (c)重大な装備製造 (d)重要なインフラ施設 (e)重要な運輸サービス (f)重要な文化製品およびサービス (g)重要な情報技術およびインターネット製品とサービス (h)重要な金融サービス (i)重要な技術 (j)その他の重要な分野	上記①～③の行為 　　かつ 「実質的支配権」の取得

（3） 審査基準

　外商投資安全審査の基準は非常にあいまいであり，外商投資安全審査弁法9条では，「国家の安全に影響を及ぼすか否か」のみが言及されています。そのため，いったん外商投資安全審査に入れば，当局の裁量が大きく働くことが想定されます。

（4） 審査プロセス

（i）申　告

　外商投資の申告責任は，外商投資に直接関与する外国投資者と国内の関連当事者にあります（外商投資安全審査弁法4条1項）。例えば，外国企業が中国企業に直接出資する場合には両者が申告義務者となります。

　申告が適切に行われない場合，工作機制弁公室が申告を促す命令を下すことが可能です（同弁法4条3項および16条）。また，会社設立の登記申請を受けた市場監督管理部門や，事業者結合届出を受けた国家市場監督管理総局が外商投資安全審査の必要があると判断した場合には，工作機制弁公室に対して外商投資安全審査の提案を行うことができ，政府機関のみならず，企業，NGO，社会公衆なども提案を行うことができます（同弁法15条）。

（ii）審　査

　外商投資安全審査の申告後，まず工作機制弁公室が，外商投資安全審査が必要かどうかを申告後15営業日以内に決定します（予備的審査）。

　次に，工作機制弁公室は，外商投資安全審査を行う旨を決定した場合には，30営業日以内に「一般的審査」を行います。「一般的審査」の結果，投資が国家の安全に影響を及ぼさないと判断された場合，工作機制弁公室は外商投資安全審査通過の決定を行います。

　一方，国家の安全に影響を及ぼしたまたは及ぼすおそれがあると判断された場合，工作機制弁公室は，「特別審査」の開始を決定します。「特別審査」は審査開始日から60営業日以内に完了するものとされていますが，延長は可能とされています（延長期間の上限なし）。

　なお，上記の予備的審査，一般的審査，特別審査のいずれの期間においても，審査の対象となる外商投資を行うことができません。

(iii) 決 定

工作機制弁公室による決定には，以下の4種類があります。

①	予備的審査において，外商投資安全審査を不要とする決定
②	一般的審査または特別審査において，投資が国家の安全に影響を及ぼさないと判断された場合の外商投資安全審査通過の決定
特別審査において，国家の安全に影響を及ぼすと判断された場合には	
③	原則として，外商投資を禁止する決定（外商投資安全審査弁法9条1項2号）
④	条件を付加することにより国家の安全に対する影響を取り除くことができ，かつ当事者が書面で追加条件の受入れを承諾した場合には，条件付きで外商投資安全審査通過の決定も可能（外商投資安全審査弁法9条2項）

　以上をまとめると，外商投資安全審査の流れは**図表3－6－4**のようになります。

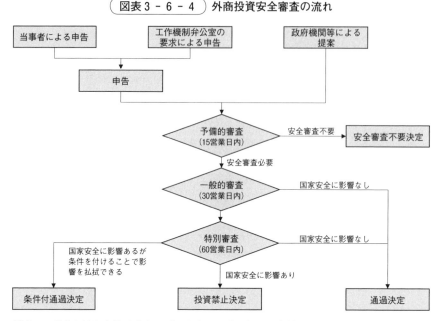

（注） 一般的な流れを簡略化して示したものです。個別の案件における具体的な手続や所要期間は手続を行う国の担当機関または専門家にご確認ください。

（5） モニタリング・エンフォースメント・罰則

　当事者が外商投資安全審査弁法の規定による申告を行わずに投資を実施した場合，工作機制弁公室は，一定の期間内に申告を行うよう命じます。申告を拒否した場合には，一定の期間内に持分または資産を処分し，かつその他の必要な措置を講じて，投資実施前の状態に戻し，国家の安全に対する影響を取り除くよう命じます（外商投資安全審査弁法16条）。

　投資禁止決定が下された場合，当事者は投資を実施することができません。既に実施されている場合には，一定の期間内に持分または資産を処分し，かつその他の必要な措置を講じて，投資実施前の状態に戻し，国家の安全に対する影響を取り除かなければなりません（外商投資安全審査弁法12条）。

　また，条件付きの通過決定が下されたにもかかわらず，当事者が条件に従わ

なかった場合，工作機制弁公室は一定の期間内に改善を行うよう命じることになります。改善を拒否した場合には，工作機制弁公室は一定の期間内に持分または資産を処分し，かつその他の必要な措置を講じて，投資実施前の状態に戻し，国家の安全に対する影響を取り除くよう命じます（外商投資安全審査弁法18条）。

なお，外商投資安全審査弁法では，事業者結合届出義務の不履行のように，行政罰としての罰金は規定されていません。

（6） 審査の実績

外商投資安全審査制度は，前述のとおり，基本的に外商投資ネガティブリストを補完するものとして位置付けられています。外商投資ネガティブリストによって対応できるケースについて，外商投資安全審査を行う必要はないことから，外商投資安全審査弁法の制定後に，外商投資安全審査の公表例はいまだない状況です。

そこで，外商投資安全審査弁法の施行前の事案ですが，2019年の永輝超市による中百集団に対する公開買付け事案を紹介します。

2019年，主に華南・華東地域でスーパーやミニスーパー等の小売業を経営する永輝超市は，武漢市を本社とし，華中地域に強い中百集団への公開買付けを計画しました。永輝超市は上海証券取引所に上場する外商投資企業であり，その最大株主はDaily Farm社です。Daily Farm社は香港に本社を置くイギリス系コングロマリットであるJardine Matheson Holdingsの傘下にある企業です。

一方，中百集団は深圳証券取引所に上場しており，その最大株主である武漢商聯（集団）股份有限公司とその関連会社である武漢華漢投資管理有限公司は，合計で中百集団の34％の株式を保有しているため，中百集団の実質的支配者は武漢市傘下の国有企業です。

永輝超市は独占禁止法に基づく事業者結合の審査承認を得ましたが，発改委は永輝超市に対し，中百集団の公開買付け案件について外商投資安全審査の申告を要求し，永輝超市による中百集団への公開買付けが外商投資安全審査の対

象に属すると認定しました。その後，発改委は特別審査を開始し，その過程で，永輝超市は発改委の要求に従って，中百集団の実質的支配者である武漢国有資産経営有限公司との間で協議を行い，公開買付けを実質的に取り下げ，元の持株比率を維持することを公表しました。これを受け，発改委は国家安全審査を終了しました。

　本件について，発改委がいかなる点を重視して外商投資安全審査の開始を決定したか，また，当事者間の協議を求めたのかは，公開情報からは定かではないですが，スーパーが国民生活や農家の生計と直結する事業であることから，外資による間接支配の可能性を問題視した可能性があるとの指摘があります。

6.4 実務上の留意点

　中国への投資を検討されている企業や個人は，その投資計画の適法性を確保するため，まず，外商投資ネガティブリストおよび市場参入ネガティブリストの確認が不可欠です。そもそも計画している事業は禁止されていないか，また，どのような制限を課されているかについて，入念にチェックする必要があります。

　一方，外商投資安全審査はほとんど行われませんので，過度に注意を払う必要は低いですが，特に軍事，国防，またはその他のセンシティブな技術やインフラに関連する投資は，当該審査の対象となる可能性があるので，投資行為が外商投資安全審査の申告対象になっているかどうかを事前に把握することは，投資案件の遅延や失敗を防ぐためにも重要です。

7

インド

7.1 インドにおける外資規制の概要

インドの外国直接投資（FDI：Foreign Direct Investment）規制は，あらかじめインド政府から指定された特定の業種を除いては，100％まで事後報告のみで投資できるという，いわゆるネガティブ・リスト制を採用しています。

ある時点でのインドの外国直接投資規制の内容は，当該時点でインド政府から発行されている最新の統合版FDIポリシーおよび当該最新の統合版FDIポリシー発行以降に発行されたプレスノートを参照することにより，把握できます。

入口となる投資業種規制だけでなく，実際に投資する際の取引価格規制など，インドには留意すべき外資規制が多いため，実際の投資にあたっては十分な注意が必要です。

310　Part III　海外の投資規制と経済安全保障上の留意点

主な関係法令	1999年外国為替管理法（**インド外国為替管理法**） （FEMA：Foreign Exchange Management Act, 1999） ― インドの外資規制の基本法
	2000年非居住者による有価証券の移転または発行に関する外国為替管理規則（**2000年外為規則**） （Foreign Exchange Management（Transfer or Issue of Security by a Person Resident Outside India）Regulations, 2000） ― インド外国為替管理法の施行規則の1つ
	プレスノート （Press Note） ― 2000年外為規則に基づいて発行される通達
	統合版FDIポリシー （Consolidated FDI Policy） ― 通達内容を含めたインドの外国直接投資規制の統合版
	Standard Operating Procedure（**SOP**） ― 外国直接投資に事前承認が必要な場合の手続便覧
主な規制執行 機関	インド政府商工省 （**MCI**：Ministry of Commerce and Industry） ― 商業および工業を所管するインド政府の省庁
	産業国内取引促進局 （**DPIIT**：Department for Promotion of Industry and Internal Trade） ― インド政府商工省の部門
	経済活動内閣委員会 （Cabinet Committee on Economic Affairs） ― 大規模な外国直接投資を精査する内閣直轄の委員会
	インド準備銀行 （**RBI**：Reserve Bank of India） ― インドの中央銀行
	Authorized Dealer Category-I Bank（**AD-Bank**） ― 外国為替取引を取り扱うインド国内の銀行
その他手続に関するキーワード	ダウンストリーム・インベストメント （downstream investment） ― インドの事業体を通じた間接的な外国直接投資

（注）　本書で頻出のものについては**太字**の略称で引用した。

7.2 ‖ 関係法令および規制執行機関

7.2.1 関係法令等

(1) 1999年外国為替管理法および2000年外為規則

　インド非居住者が，①新規にインド内国会社を設立して新株の発行を受け，または②既存株式の譲渡による取得か新株発行による取得かを問わず，既存のインド内国会社の株式を取得する行為は，いずれもインドの外為法である1999年外国為替管理法（FEMA）（以下，「インド外国為替管理法」といいます。）上，外国直接投資に該当し，同法および同法の施行規則の1つである2000年非居住者による有価証券の移転または発行に関する外国為替管理規則（以下，「2000年外為規則」といいます。）によって規制されています。

　2000年外為規則は，その4条において，インド内国会社がインド非居住者に対して株式その他の有価証券を発行し，またはインド非居住者がインド内国会社の株式を取得することを原則として禁止しています。

　しかしながら，同時に同規則5条は，上記原則に対する例外として，同規則別紙1（Schedule 1）に列挙された事業分野や業種等の要件を満たすインド内国会社については，インド非居住者に対して株式その他の有価証券を発行することを認めています。そのため，日本企業を含むインド非居住者は，同規則5条に基づき，上記例外要件を満たすことで，インド内国会社に外国直接投資を行うことができることになります。

　2000年外為規則別紙1は，その別添（Annex）1および2において，外国直接投資が禁止され，または認められる事業分野，および認められる場合に自動ルート（automatic route）による自動承認の対象となる事業分野について，多数の具体的な項目を列挙しています。しかしながら，別紙1の2項は，「別添1および2に列挙されている事業分野は，インド政府商工省の通達により，

312 Part III 海外の投資規制と経済安全保障上の留意点

時宜に応じて変更される」と規定しています。

（2） 統合版FDIポリシーおよびプレスノート

　1999年以降，インドにおける外国直接投資の対象となる事業分野については，インド政府商工省から毎年多数の通達（特に「プレスノート」と呼ばれる通達）が発行されており，また2010年4月以降は，「統合版FDIポリシー」と呼ばれる，当該時点でのインドの外国直接投資規制をとりまとめた通達が，不定期に発行されています。

　これらの通達により，今日では，インドの外国直接投資規制となる事業分野は，2000年外為規則別紙に規定されている内容から，実質的に大幅に変更されるに至っており，同別紙の規定は事実上意味を有しておらず，実質的にはインド政府商工省が発行するプレスノートや統合版FDIポリシーが，インドにおける外国直接投資に関する業種，投資方法，投資上限などの規制を定めているという状況となっています。

　したがって，ある時点でのインドの外国直接投資規制の内容は，（2000年外為規則別紙1を参照するのではなく）当該時点での最新の統合版FDIポリシーおよび当該最新の統合版FDIポリシー発行以降に発行されたプレスノートを参照することにより，把握できます。

　このように，インドの業種，投資方法，投資上限等に係る外国直接投資規制は，個別業種を規制する法令（いわゆる業法）が個別に定めているのではなく，2000年外為規則に基づいてインド政府商工省から発行されるプレスノートや統合版FDIポリシーが定めるという一覧性の高い方法となっています[1]。

7.2.2　制度設立の経緯・背景

　インドは，長期間にわたって英国の植民地であったというその歴史的経緯から，外国資本に対する警戒心が強く，1947年に独立を果たした後も，長らくイ

ンド非居住者によるインド国内への投資を強く制限してきました。

しかしながら，独立以降継続してきた自給自足型の計画経済体制が行き詰まり，1991年に通貨危機に陥って以降，インドは国内の規制緩和および各種企業の民営化を推し進めるとともに，外国資本を積極的に誘致する方針に，政策を大きく変更しました。

インド外国為替管理法や2000年外為規則は，このような政策変更の中で制定された法令であり，当初はインド非居住者が投資できる事業分野や業種等を比較的強く制限していたものの，徐々に規制緩和が進み，今日では，インド政府が個別に外国直接投資を規制している事業分野または業種（ネガティブ・リスト）を除いては，全て100％まで自動ルートによる事後承認（すなわち外為取扱銀行を通じたインド準備銀行に対する事後報告）のみで，外国直接投資を行うことができることとされています。

前記**7.2.1（2）**のとおり，今日では，インドの外国直接投資規制を実質的に定めているのは，インド政府商工省産業国内取引促進局（DPIIT）が発行するプレスノートや統合版FDIポリシーですが，プレスノートや統合版FDIポリシーは，年々，基本的には規制緩和の方向で発行・改訂されることが多くなっています。

ただし，最近は，国家安全保障の観点から，規制が一部厳格化されています（詳細は後記**7.3.4**を参照ください）。

1　厳密にいえば，例えばインド保険法など，個別業種を規制する法令において，投資方法や投資上限等の外国直接投資規制が定められていることもありますが，それらの内容は全て統合版FDIポリシーやプレスノートの内容と一致しているため，インドの外国直接投資規制を概観するにあたって個別の法令を参照する必要はありません。

7.2.3　規制執行機関

（1）　インド政府商工省

　上で述べたとおり，今日では，インドの外国直接投資規制は，実質的にインド政府商工省（MCI）の産業国内取引促進局（DPIIT）（旧称は産業政策促進局（DIPP：Department of Industrial Policy and Promotion））が発行するプレスノートや統合版FDIポリシーによって定められています。

　したがって，インド政府商工省は，インドの外国直接投資規制についてのルールを定める機関といえます。

（2）　インド準備銀行および外為取扱銀行（AD-Bank）

　インド準備銀行（RBI）はインドの中央銀行であり，外国直接投資を含む外為取引全般に関する規制，監督権限を有しています。

　インドにおいて，外国直接投資を行った場合，インド国内の外為取扱銀行であるAuthorized Dealer Category-I Bank（AD-Bank）を通じて，インド準備銀行に対して各種の報告を行うことになります。

　インド準備銀行は，AD-Bankに対し，その規制，監督権限の一部を授権しており，外国直接投資の際に規制が適用されるか否か，報告の中身が適切かどうか等については，AD-Bankの判断により決まる場合も少なからずあります。

（3）　各業種の所管省庁

　従来，インドには，外国投資促進委員会（FIPB：Foreign Investment Promotion Board）と呼ばれる機関があり，FIPBは，インドに対する外国直接投資のうち，政府の事前承認が必要とされるインド非居住者からのインドに対する投資（いわゆるgovernment routeよる投資）の審査窓口となっていました。

　しかしながら，FIPBは，2017年5月24日にインド政府の閣議決定により廃止され，それ以降は，政府の事前承認が必要とされる外国直接投資の審査は，

プレスノートや統合版FDIポリシーを所管するDPIITと協議の上，当該業種の所管省庁が直接行うこととされました。

　FIPBを廃止した趣旨は，これまでのFIPBの審査においては，個別の審査案件について，FIPBから当該案件を管轄する省庁に対して照会がなされ，その照会結果を踏まえてFIPBが審査，承認を行うというプロセスであったところ，FIPBを廃止し，当該業種の所管省庁が直接に審査を行うことによって，政府の事前承認が必要な外国直接投資の審査の効率性を向上させることであるとされています。

　FIPB廃止後の，外国直接投資の審査においては，DPIITから発行されているStandard Operating Procedure（SOP）（2024年9月現在の最新版は2023年8月17日付のもの）[2]に従うことになります。なお，SOPによれば，各政府機関（所管省庁）に対する事前承認申請は，全てNational Single Window System（NSWS）と呼ばれるシステムを通じたオンライン申請で行うこととされているため，申請の窓口自体はNSWSに一本化されています。

　業種ごとの所管省庁は，統合版FDIポリシーにより，**図表3－7－1**のとおり定められています。

2　インド政府商工省産業国内取引促進局「Standard Operating Procedure (SOP) for Processing Foreign Direct Investment (FDI) Proposals」（2023年8月17日）https://fifp.gov.in/Forms/SOP.pdf（最終アクセス日：2024年9月20日）

316　Part III　海外の投資規制と経済安全保障上の留意点

（ 図表 3 - 7 - 1 ）政府の事前承認が必要とされる外国直接投資における業種ごとの所管省庁一覧（2024年 9 月末日現在）

整理番号	業種	行政省／局
（i）	鉱業	鉱業省（Ministry of Mines）
（ii）	防衛産業	
	a ）1951年産業（開発および規制）法（Industries（Development & Regulation）Act, 1951）および／または1959年武器法（Arms Act, 1959）に基づく産業ライセンスを要する項目のうち内務省（Ministry of Home Affairs）から産業国内取引促進局（DPIIT）に権限が委任されたもの	防衛省（Ministry of Defence）防衛生産局（Department of Defence Production）
	b ）1959年武器法の適用を受ける小型武器および弾薬の製造	内務省（Ministry of Home Affairs）
（iii）	放送事業	情報放送省（Ministry of Information & Broadcasting）
（iv）	印刷出版業／デジタルメディア	
（v）	民間航空	民間航空省（Ministry of Civil Aviation）
（vi）	衛星設備	宇宙局（Department of Space）
（vii）	通信	通信局（Department of Telecommunications）
（viii）	民間セキュリティー会社	内務省（Ministry of Home Affairs）
（ix）(a)	（2020年インド外国為替管理（非債務証券）改正規則（Foreign Exchange Management（Non-Debt Instruments）Amendment Rules, 2020）とあわせて読まれる2020年 4 月22日付プレスノート2020年 3 号により要求される）インドと地境を接する国またはインドへの投資の実質的所有者が当該国に所在しもしくは当該国の国民である国の事業体からの投資に関する申請	産業国内取引促進局（DPIIT：Department for Promotion of Industry and Internal Trade）が指定する関係行政省／局

整理番号	業種	行政省／局
(ix)(b)	現行の2019年インド外国為替管理（非債務証券）規則（Foreign Exchange Management（Non-Debt Instruments）Rules, 2019），外国直接投資（FDI）ポリシーおよび安全保障ガイドライン（その後の改正を含む）に従い安全保障確認を要する政府承認ルートによる分野／活動に関する事案	所管行政省／局
(x)	取引業（複合ブランド小売業および食料品小売業）	産業国内取引促進局（DPIIT）
(xi)	非居住インド人（NRI）／輸出志向型企業（Export Oriented Unit）による政府の承認を要する外国直接投資（FDI）の提案	産業国内取引促進局（DPIIT）が指定する関係行政省／局
(xii)	資本財／機械／設備（中古機械を除く）の輸入を対価とする外国直接投資（FDI）ポリシーに基づく政府ルートによる資本株式の発行に関する申請	
(xiii)	開業費／創立費（賃料等の支払を含む）を対価とする資本株式の発行	
(xiv)	金融部門の規制当局（Financial Sector Regulator）による規制を受けない，一部のみが規制を受ける，または規制当局による監督に関して疑義のある金融業務活動	経済局（Department of Economic Affairs）
(xv)	中核投資会社（Core Investment Company）または他のインド内国会社の資本に投資する活動にのみ従事するインド内国会社への外国投資の申請	
(xvi)	銀行事業（公的および民間）	金融サービス局（Department of Financial Services）
(xvii)	製薬業	製薬局（Department of Pharmaceuticals）

（4） 経済内閣委員会

合計で500億ルピーを上回る非居住者によるインドへの外国直接投資については，経済内閣委員会における審議，承認を得ることが必要です。

7.3 外国投資規制制度

7.3.1 統合版FDIポリシー

2024年9月現在，最新のインドの統合版FDIポリシーは，2020年10月15日に発行されたものとなります（以下，「2020年版FDIポリシー」といいます）。

2010年以降，インド商工省により統合版FDIポリシーが発行され始めた当初は，4月と10月の年に2回の更新の方針が提示されており，実際に2011年までは4月と10月の年2回更新されていましたが，それ以降は更新の頻度が落ち，近年では更新の頻度は数年に1回となっています。

2024年9月現在のインドの外国直接投資規制は，この2020年版FDIポリシーと，同ポリシーが発行されて以降にインド商工省から発行されたプレスノートを参照することで，網羅的に把握することができます。

2020年版FDIポリシー，プレスノートともに，DPIITのウェブサイト[3]で公表されており，誰でもアクセスして内容を見ることができます。

7.3.2 自動ルートと政府ルート

2020年版FDIポリシー上，インドへの外国直接投資は，個別に外国直接投資が規制されている事業分野または業種を除いては，全て自動ルート（automatic route）により最大100％まで行うことができる旨が規定されています（2020年版FDIポリシー5.2項(a)）。

---

3 https://dpiit.gov.in/policies-rules-and-acts/press-notes-fdi-circular（最終アクセス日：2024年9月30日）

「自動ルート（automatic route）」とは，インド非居住者によるインドへの外国直接投資について，インド準備銀行または中央政府の事前承認を要しない投資ルートをいいます。

これと対になる概念が「政府ルート（government route）」であり，インド非居住者によるインドへの外国直接投資について，事前の政府承認を要するとともに，インド政府がその承認にあたり定める条件に従わなければならない投資ルートをいいます。

インドへの外国直接投資に際し，政府ルートが適用されるのは，一定の業種に対する投資や，インド政府の事前承認が必要とされる投資態様の場合です。政府ルートでの外国直接投資の際に，どの政府機関（所管省庁）の承認を得る必要があるかについては，前記**7.2.3（3）**を参照ください。

7.3.3　外国直接投資が規制される業種

（1）　外国直接投資が禁止されている業種

2020年版FDIポリシーにおいて，インドへの外国直接投資が全面的に禁止されている業種は，以下のとおりです（2020年版FDIポリシー5.1項）。

- 宝くじ事業（政府／民間の宝くじ，オンライン宝くじ等を含む）
- 賭博および賭け事（カジノ等を含む）
- チットファンド（Chit Fund）[4]
- ニディカンパニー（Nidhi Company）[5]
- 譲渡可能な開発権（Transferable Development Rights）の取引業
- 不動産事業または農場（Farm Houses）の建設
  「不動産事業」には，タウンシップの開発，住宅／商業用建物，道路や橋梁の建設，ならびに2014年インド証券取引委員会（不動産投資信託）規則（SEBI（REITs）Regulations 2014）に基づく登録・規制を受ける

4　一定数の個人が契約により出資し，集まった出資金を抽選等により賞金として分配するファンド（日本法上の無尽に類似）。

5　インド会社法上の互助金融会社。

320　Part Ⅲ　海外の投資規制と経済安全保障上の留意点

不動産投資信託（REIT）を含まない。

- 葉巻（cigars），両切り葉巻たばこ（cheroots），小型葉巻たばこ（cigarillos），葉巻たばこ（cigarettes），たばこ（tobacco），たばこ代用品（tobacco substitutes）の製造
- 民間部門による投資に開放されていない活動／産業分野（原子力，（一定の許可される活動以外の）鉄道事業等）

　宝くじ事業，賭博および賭け事に係る活動については，フランチャイズ，商標，ブランドネームのライセンス許諾，管理契約を含む，あらゆる形態の外国技術協力が禁止されています。

（2）　外国直接投資が規制されている業種

　外国直接投資が規制されている業種は，以下の2つの種類があります。

①　政府ルートでの投資が必要な業種，または

②　100％まで自動ルートでの投資が可能であるものの，一定額以上の投資が要求される，事前の規制当局の許認可が必要であるなど，外国直接投資に一定の制限が課せられている業種

　2020年版FDIポリシー上，「①政府ルートでの投資が必要となる業種」の例としては，単独または複数ブランドの小売事業に対する投資，既存の製薬会社に対する投資などが挙げられます。また，自動ルートの投資上限と政府ルートの投資上限が別途に規定されている業種もあり，このような業種の例としては，通信サービス事業（上限74％まで）などが挙げられます。

　2020年版FDIポリシーおよび同ポリシー以降に発行されたプレスノートにおいて，外国直接投資が規制されている業種（2024年9月末日現在の最新情報）については**図表3-7-2**を参照ください。

7 インド　321

（図表3－7－2）外国直接投資に一定の制限がある業種（2024年9月末日現在）

※投資上限が100％かつ自動ルートであるにもかかわらず，本表に列挙されている事業は，列挙されている具体的項目以外は外国投資が禁止されている，一定額以上の投資が要求される，事前の規制当局の許認可が必要など，外国直接投資に一定の制限が課せられている業種となります。

業種	投資上限	投資ルート
農業および畜産 ●管理された状況下での花卉栽培，園芸および野菜，茸等の栽培 ●種子および植物基材の開発および生産 ●畜産（犬の繁殖を含む），養魚，水産養殖，養蜂 ●農業および関連分野に関するサービス事業 ※上記以外のその他の農業業種／活動については，外国直接投資は認められない。	100％	自動
農園 ●紅茶事業（紅茶農園を含む） ●コーヒー農園 ●ゴム農園 ●カルダモン農園 ●パーム油農園 ●オリーブ油農園 ※上記以外のその他の農園／活動については，外国直接投資は認められない。	100％	自動
鉱業 ●金属および非金属鉱石の採掘および調査採掘事業	100％	自動
●石炭および褐炭事業，石炭加工プラント事業	100％	自動
●チタニウム鉱物および鉱石の採掘および鉱物分離等の事業	100％	政府
石油および天然ガス事業 ●民間部門における油田および天然ガス田の調査採掘活動，石油製品および天然ガ	100％	自動

322　Part III　海外の投資規制と経済安全保障上の留意点

業種	投資上限	投資ルート
スの市場取引に関連するインフラ，天然ガスおよび石油製品の市場取引，石油製品パイプライン，天然ガス／パイプライン，LNG再ガス化インフラ，市場調査および市場形成，石油精製 • 国営企業による石油精製業	49%	自動
防衛産業	100%	74%まで自動 74%超は，近代的な技術が導入される可能性がある場合等は政府
放送事業 • 通信キャリッジサービス 　①通信ネットワーク拠点の設置，家庭向け直接放送，ケーブルネットワーク（国，州または地方レベルで運営），モバイルテレビ，ヘッドエンド・イン・ザ・スカイ放送	100%	自動
②ケーブルネットワーク	100%	自動
• 放送コンテンツ事業 　①FM地上波放送	49%	政府
②「ニュースと時事問題」を扱うテレビチャンネルのアップリンキング事業	26%	政府
③「ニュースと時事問題」以外を扱うテレビチャンネルのアップリンキング事業およびテレビチャンネルのダウンリンキング事業	100%	自動
印刷出版事業 • ニュースおよび時事を扱う新聞・定期刊行物の出版業	26%	政府
• ニュースおよび時事を扱う外国雑誌のインド版の出版業	26%	政府
• 科学技術関連の雑誌／専門雑誌／定期刊行物の出版印刷業	100%	政府
• 外国新聞のファクシミリ版の出版業	100%	政府

7 インド 323

業種	投資上限	投資ルート
民間航空事業 • 空港事業（新規プロジェクトおよび既存のプロジェクト）	100%	自動
• 航空輸送サービス事業 ①定期航空輸送サービス事業／国内定期旅客航空事業	100%	49%まで自動ルート（非居住インド人（NRI）については100%まで自動），49%超は政府
②不定期航空輸送サービス事業		自動
③民間航空総局（DGCA）の承認を要するヘリコプターサービス／水上飛行機サービス	100% 100%	自動
• 民間航空分野のその他のサービス ①地上業務取扱サービス事業	100%	自動
②メンテナンスおよび修理機関，飛行訓練機関ならびに技術訓練機関	100%	自動
建設・開発プロジェクト（タウンシップの開発，住宅／商業用建物，道路や橋梁，ホテル，リゾート，病院，教育機関，レクリエーション施設，都市および地域レベルのインフラ，タウンシップの建設を含む）	100%	自動
新規および既存の工業団地事業	100%	自動
宇宙関連事業（注1） • 衛星関連事業（衛星の製造および運用等）	100%	74%まで自動，74%超は政府
• 打ち上げ機器関連事業（打ち上げ機器およびシステム，打ち上げ基地設立等）	100%	49%まで自動，49%超は政府
• 衛星用部品関連事業（衛星用の部品やシステムの製造等）	100%	自動
民間セキュリティー会社事業	74%	49%まで自動，49%超74%まで政府
通信サービス事業（カテゴリーⅠ通信インフラ・プロバイダを含む全ての通信サービス（すなわち固定電話，携帯電話，統一アクセスサービス，統一ライセンス（アクセ	100%	自動（注2）

業種	投資上限	投資ルート
スサービス），統一ライセンス，国内／国際長距離通信，商業用V-Sat，公衆電波移動利用電話（PMRTS），衛星利用移動電話（GMPCS），あらゆる種類のインターネット・サービス・プロバイダ（ISP）ライセンス，ボイスメール／オーディオテックス／ユニバーサル・メッセージング・システム（UMS），国際専用線（IPLC）の再販，モバイル・ナンバー・ポータビリティ・サービス，（ダークファイバー，敷設権，ダクト・スペース，電波塔を提供する）カテゴリー I インフラ・プロバイダ（その他のサービスプロバイダ（Other Service Providers）を除く）））		
取引業 • キャッシュアンドキャリー卸売業／卸売業	100%	自動
• 電子商取引事業（小売を除く）	100%	自動
• 単独ブランド小売業	100%	自動
• 複数ブランド小売業	51%	政府
• 免税店	100%	自動
鉄道インフラ事業	100%	自動
資産管理会社	100%	自動
民間銀行事業	74%	49%まで自動，49%超74%まで政府
公的銀行事業	20%	政府
信用情報会社（CIC）事業	100%	自動
証券市場におけるインフラ会社事業（証券取引所，預託機関および決済機構等）	49%	自動
保険事業 • 保険会社事業	74%	自動
• 保険仲介人事業	100%	自動

業種	投資上限	投資ルート
年金	49%	自動
電力取引所事業	49%	自動
ホワイトラベルATM事業	100%	自動
その他の金融事業	100%	自動
製薬業 ● 新設会社 ● 既存会社	 100% 100%	 自動 74%まで自動，74%超は政府

（注1） 2020年版FDIポリシーでは，衛星設備の設置および運営事業について100％まで政府ルートとされていたが，2024年2月21日の法改正により，宇宙関連事業として衛星関連事業，打ち上げ機器関連事業および衛星用部品関連事業の3つの事業が整理され，それぞれについて投資ルート規制が定められた（外国直接投資上限はいずれも100％）。

（注2） 2020年版FDIポリシーでは49％まで自動ルート，49％超は政府ルートであったが，2021年の法改正により100％まで自動ルートとなった。

7.3.4 国家安全保障の観点からの外国直接投資の規制

前記**7.3.3**で述べた業種別の外国直接投資規制に加え，インドには，国家安全保障の観点からの外国直接投資規制も存在します。

その中の代表的なものとしては，インドと陸上で国境を接する国またはインドへの投資の実質的所有者が当該国に所在しもしくは当該国の国民である国の事業体は，投資対象業種を問わず，政府ルートでの投資が義務付けられるという規制です（2020年版FDIポリシー3.1項(a)）。

従前は，インドにおける「特定国からの外国直接投資の制限」対象国は，パキスタンおよびバングラデシュの2カ国のみでしたが（特に，パキスタンについては，防衛や宇宙関連事業への外国直接投資自体が禁止されていました。），2020年の法改正により，インドと陸上の国境を接する国からインドへの外国投資を行う場合，投資対象の業種を問わず，政府ルートでの投資が必要とされ，インド政府（具体的には，DPIITが指定する関係行政省局）の事前承認が必要とされるようになりました。

インドと陸上で国境を接する国は，バングラデシュ，パキスタン，中国，ネパール，ブータンおよびミャンマーの6カ国です。このうち，バングラデシュとパキスタンについては，上述のとおり，元々，「特定国からの外国直接投資の制限」の対象国であったため，2020年の法改正では，新たに中国，ネパール，ブータン，ミャンマーの4カ国が規制対象国に加わったことになります。

ネパール，ブータン，ミャンマーからインドへの外国直接投資は元々大きくはない一方，中国からインドへの外国直接投資は，近時非常に増えており，インド国内における中国資本への警戒感が高まっていた中で導入された規制であることから，「インドと陸上で国境を接する国」という抽象的な言い方ではあるものの，事実上中国を標的とした規制ではないかといわれています。

日本は，もちろん「インドと陸上の国境を接する国」ではないため，上記規制は基本的には日本には影響はないと考えられますが，例えば日本企業が中国の子会社を通じてインドに投資しようとする場合や，日本企業の株主に中国に所在する企業や個人が存在する場合には，実質的所有者（beneficial owner）が「インドと陸上で国境を接する国」にいるものとして，上記規制の適用を受けることもありうるため，注意が必要です。

7.3.5　間接的な外国直接投資に対する規制

(1)　ダウンストリーム・インベストメント規制

例えば，日本企業のインド現地子会社が，他のインド企業の株式を取得する場合など，インド非居住者が，直接ではなく，インド国内の子会社や合弁会社等を通じて他のインド内国会社の株式を取得する場合，当該投資は，インド外国為替管理法上，間接的な外国直接投資（ダウンストリーム・インベストメント）として扱われます（2020年版FDIポリシー3.8項）。

インド外国為替管理法上，インド国内で設立，登記されたインド内国会社は，原則としてインド居住者として扱われます。そのため，インド非居住者の完全子会社など，インド非居住者が全株式を保有している場合であっても，当該イ

ンド内国会社自体はインド居住者となります。

　しかしながら，インド非居住者に株式の過半数を保有されているインド内国会社については，資金面でも会社のコントロール面でも，実質的にはインド非居住者と同視できるため，そのような法人による投資は，ダウンストリーム・インベストメントとして，実質的にインド非居住者による外国直接投資規制と同等の規制が適用されます。

（2）　ダウンストリーム・インベストメントにおける外資比率の計算方法

　2020年版FDIポリシー別紙4によれば，ダウンストリーム・インベストメントにおける投資対象の会社（以下，「再投資対象会社」といいます。）の外資比率は，ダウンストリーム・インベストメントを行う会社（以下，「再投資会社」といいます。）が「居住事業体により所有（owned）および／または支配（controlled）」されているかどうかにより，オールオアナッシング的に計算されます。ただし，例外的に，再投資対象会社が再投資会社の完全子会社[6]となるような投資においては，再投資対象会社の外資比率は再投資会社Aと同一とみなされます。

　例えば，再投資会社の外資比率が40％である場合，再投資会社による再投資対象会社に対する70％の投資は，一切外資による投資とはみなされません（「40％×70％＝28％」という割合計算はせず，したがって，再投資対象会社の外資比率は0％となります。）。他方で，再投資会社の外資比率が60％である場合，再投資会社による再投資対象会社に対する70％の投資は，全て外国投資とみなされます（「60％×70％＝42％」という割合計算はせず，したがって，再投資対象会社の外資比率は70％となります。）。

　なお，上記例外により，再投資会社の外資比率が60％である場合で，再投資

　6　インド会社法上，株主が1人のいわゆる一人会社は認められておらず，株主は必ず複数（private companyは2名，public companyは7名）とされているため，厳密には，「100％の完全子会社」というものはインド法上存在しません。そのため，ここでいう「完全子会社」は，「親会社が，1株あるいはごく限られた数の株式以外の株式を全て保有する会社」という程度のニュアンスとなります。

会社による再投資対象会社に対する投資が100％である場合には，再投資対象会社の外資比率は60％として計算されます。

7.3.6　審査プロセス

（1）　事前承認

　インド外国為替管理法，2000年外為規則および2020年版FDIポリシー上，政府ルートでの投資が必要となる外国直接投資については，前記**7.2.3（3）**の一覧表に従い，SOPに基づいて政府機関（所管省庁）の事前承認を得る必要があります。また，合計で500億ルピーを上回る非居住者によるインドへの外国直接投資については，別途，経済内閣委員会における審議，承認を得ることが必要です。

　SOPによれば，各政府機関（所管省庁）に対する事前承認申請の窓口は一本化されており，政府機関（所管省庁）がどこであれ，全てNational Single Window System（NSWS）と呼ばれるシステムを通じたオンライン申請で行う必要があります

　承認申請書面や添付書類の書式は，SOPの別紙として添付されています。また，オンライン申請であるため，全ての書類はPDF形式で提出されることとなり，原則として紙の原本の提出の必要はありません。

　審査は，各所管省庁（および必要がある場合にはインド政府商工省産業国内取引促進局）において行われ，原則として12週間以内に，承認または不承認の結論が下されることになります。

（2）　事後報告

　インド外国為替管理法上，自動ルートか政府ルートかを問わず，外国直接投資が行われた場合，当該投資の日（インド内国会社のインド国内の銀行口座への入金日）から一定期間内に，AD-Bankを通じて事後報告書をインド準備銀行に提出する必要があります。報告義務を負うのは，いずれもインド居住者側

です。

　具体的には，インド非居住者が，新株発行によりインド内国会社の株式を取得した場合，当該インド内国会社は，新株発行が行われた日から30日以内に，FC-GPRと呼ばれる書式により，AD-Bankに対し，専用のウェブサイトを通じて，事後届出を行う必要があります。

　また，インド非居住者が，インド居住者からインド内国会社の既存株式を取得した場合，またはインド居住者に対して既存株式を譲渡した場合，株式を譲渡または取得したインド居住者は，株式譲渡が行われた日または対価の受領日のいずれか早いほうから60日以内に，FC-TRSと呼ばれる書式により，AD-Bankに対し，専用のウェブサイトを通じて，事後届出を行う必要があります。

　これらの事後届出の際には，いくつかの書類の添付が要求されており，そのうちの１つに，後記**7.6.2**の価格ガイドライン上必要となる，「インド証券取引委員会（SEBI）の登録を受けているカテゴリー１のマーチャントバンカーまたは勅許会計士が，国際的に受け入れられている株式価値算定方法に基づいて決定する株式の公正な評価額」が記載された証明書が含まれます。

　上記のとおり，既存株式の譲渡の場合，FC-TRSの提出期限は株式譲渡が行われた日から60日以内とされていますが，株券が電子化（dematerialize）されていない場合，インド準備銀行による通達により，対象会社が当該株式譲渡に伴う株主名簿の書換えを行うためには，対象会社において，銀行による送金受領確認が押印されたFC-TRSの写しを受領することが必要とされていることから，実務上は，FC-TRSのドラフトを事前に準備しておいた上で，株式譲渡のクロージング日と同日に，銀行を通じてインド準備銀行に提出することが行われています。一方，株券が電子化されている場合，原則どおり，FC-TRSは60日以内に提出すれば足りるため，クロージング日と同日付でFC-TRSを提出する必要はありません。

図表3-7-3 インドにおける対内直接投資の審査プロセス

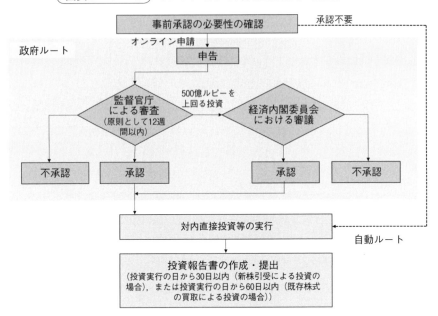

(注) 一般的な流れを簡略化して示したものです。個別の案件における具体的な手続や所要期間は手続を行う国の担当機関または専門家にご確認ください。

7.3.7 モニタリング・エンフォースメント・罰則

前記7.2.3(2)で述べたとおり、インドにおける外国直接投資を含む外為取引全般に関する規制、監督権限を有しているのは、インドの中央銀行であるインド準備銀行です。ただし、インド準備銀行は、AD-Bankに対し、その規制、監督権限の一部を授権しているため、外国直接投資規制の遵守状況は、インド準備銀行のみならず、AD-Bankによってもモニタリングされています。

インドに投資がなされる場合、またインドから投資が回収される場合、通常、必ずインド国内のAD-Bankを経由して送金がなされるため、第一次的なモニタリングはAD-Bankによって送金時に行われます。AD-Bankの規制、監督権限内の事項であればAD-Bankにより法令遵守が判断されますが、AD-Bankの規制、監督権限を超える事項については、インド準備銀行により法令遵守が判

断されます。

インドの外国直接投資規制に違反した場合，当該違反が金銭的に換算可能なものであれば当該金額の3倍を上限として，当該金額が金銭的に換算不可能なものであれば200万ルピーを上限として，罰金が科される可能性があります。また，違反が継続的なものである場合，さらに違反が継続している期間中，1日あたり5000ルピーが罰金として科される可能性があります。

インド準備銀行による外国直接投資規制への違反認定に不服がある場合，インド金融省（Ministry of Finance）に対し，不服申し立て（adjudication）を行うことが可能です。また，違反の事実を認めた上で，インド準備銀行に対し，罰金額の軽減を求める手続（compounding proceeding）を申し立てることも可能です。

7.3.8 審査の実績

2024年9月現在，インドにおいては，外国直接投資の事前承認申請についての審査結果およびその理由等は公表されておらず，また申請件数に対する承認件数等の統計も公表されていません。そのため，どのような場合に承認が得られ，またどのような場合に不承認となっているかの事例分析は困難であり，また1年間の事前承認申請件数や，事前承認申請がどの程度の割合で承認されているかを知ることもできません。

7.4 ‖ 株式取引価格規制

7.4.1 インド外国為替管理法上の価格規制

インド外国為替管理法およびその関連通達上，インド非居住者が，

- インド内国会社の既存株式をインド居住者から購入し，またはインド居住者に譲渡する場合
- インド内国会社から新株発行を受ける場合

332 Part III 海外の投資規制と経済安全保障上の留意点

のいずれについても，購入または譲渡価格や発行価格には，「価格ガイドライン（pricing guideline）」に基づく価格規制が課せられており，契約当事者が価格を完全に自由に合意することはできません（2020年版FDIポリシー別紙2の2項）。

　価格ガイドライン上，株式譲渡および新株発行に関する価格規制は，

① インド居住者がインド非居住者に対してインド内国会社の既存株式を譲渡する場合，およびインド内国会社がインド非居住者に対して新株を発行する場合（内→外の取引）と，

② インド非居住者がインド居住者に対して既存株式を譲渡する場合（外→内の取引）とで，

同一の価格を基準として（以下，「基準価格」といいます。），常にインド居住者側に有利な規制内容となっています。

7.4.2　価格ガイドラインにおける具体的な基準価格

　価格ガイドライン上の基準価格は，具体的には，

(i) 非上場株式の場合，インド証券取引委員会（SEBI）の登録を受けているカテゴリー1のマーチャントバンカーまたは勅許会計士が，「独立当事者間において用いられるのと同様の国際的に受け入れられている株式価値算定方法（internationally accepted pricing methodology for valuation of shares on arm's length basis）」に従って算出する株式の公正な評価額（fair value）

(ii) 上場株式の場合，インド証券取引委員会（SEBI）ガイドラインに従って行われる株式の第三者割当（preferential issue）の割当価格

と定められています。

　前記7.4.1①の場合（すなわちインド居住者からインド非居住者への譲渡または株式発行の場合），基準価格以上の価格で株式が譲渡または発行されなければならず，前記7.4.1②の場合（インド非居住者からインド居住者への譲渡），基準価格以下の価格で株式が譲渡されなければならないとされています。

　そして，(ii)の上場株式の場合の「インド証券取引委員会（SEBI）ガイドラ

インに従って行われる株式の第三者割当の割当価格」とは，インドの証券取引法であるSecurities Exchange Board of India Act, 1992 の施行規則の 1 つである Securities and Exchange Board of India（Issue of Capital and Disclosure Requirements）Regulations, 2018上，以下のいずれかの価格のうちいずれか高いほうを下回らない価格をいうとされています[7]。

(a) 基準日から起算して過去90取引日の株価の終値の週ごとの最高値および最安値の平均，または

(b) 基準日から起算して過去10取引日の株価の終値の週ごとの最高値および最安値の平均，のいずれか高いほう以上の価格。ただし，発行会社の定款が，上記いずれかの価格を上回ることになるような計算方法を規定している場合には，当該計算方法に基づいて算出された価格

　上記(a)または(b)において，「基準日」とは，新株発行の場合には当該新株発行を決議する株主総会（または場合により取締役会）の日から30日前を意味し，既存株式の譲渡の場合には，当該株式譲渡が実行される日（＝株式譲渡契約のクロージング日）を意味します。取引上必要な場合，契約締結日を「基準日」とすることも可能ですが，インド準備銀行の事前承認が必要となります。

7.5 ‖ 実務上の留意点

　インドは，近時の経済発展に伴い，外資を誘致するという観点から，基本的には外資規制を緩和する方向での改正を繰り返しています。その結果，インドへの外国直接投資に際して，政府ルートでの投資が必要となる（すなわちインド政府の事前承認が必要となる）業種も減ってきており，今日では30業種に満たない程度の数となっています。

　一方で，今日においても，株式取引価格規制やインドからの送金規制など，

7　この基準価格は，証券取引所での取引が頻繁な株式（frequently traded shares）の定義に当てはまる株式に適用されます。なお，従前は，(a)基準日から起算して過去26週間（6カ月）の株価の終値の週ごとの最高値および最安値の平均，または(b)基準日から起算して過去 2 週間の株価の終値の週ごとの最高値および最安値の平均とされていましたが，2022年 1 月14日付の法改正により，本文のとおり基準価格が変更されています。

インド非居住者に対して一方的に不利となるような内容の外資規制も残存しており，投資対象業種の開放は進んでいるものの，全般としてはまだまだ外資規制が根強く残っています。実際にインドに投資するに際しては，たとえ自動ルートで投資可能な業種であったとしても，外資に不利な規制も少なからずあることを認識の上，専門家のアドバイスも踏まえて慎重に検討することが必要であろうと思われます。

巻末資料

外為法に基づく許可・届出・報告に関する各様式および記入の手引等の多くは以下の日本銀行ウェブサイトに掲載されています。

(1) 許可申請書様式および記入の手引等

https://www.boj.or.jp/about/services/tame/k-down.htm

(2) 届出書様式および記入の手引等

https://www.boj.or.jp/about/services/tame/t-down.htm

(3) 報告書様式および記入の手引等

https://www.boj.or.jp/about/services/tame/t-redown2014.htm

上記に加え，一部様式（別紙様式一覧中で※を付したもの）については，経済産業省ウェブサイトの貿易管理関連ページに掲載されています。

(4) 様式一覧

https://www.meti.go.jp/policy/external_economy/trade_control/08_others/02_yoshiki/yoshikiichiran.html#section4

以下では，本書で扱う「M&Aおよび投資」の観点からよく用いられる様式の一覧を，本書における関連記載の箇所とあわせてご紹介しています。

巻末資料　337

別紙様式一覧

	様式番号	書類名
対内直接投資等に係る事前届出書（Part I　2.2.4 参照）		
1	様式 1 （直投命令）	株式，持分，議決権若しくは議決権行使等権限の取得又は株式への一任運用に関する届出書
2	様式 2 （直投命令）	株式・持分の譲渡に関する届出書
3	様式 3 （直投命令）	会社の事業目的の変更の同意に関する届出書
4	様式 3 の 2 （直投命令）	取締役又は監査役の選任に係る議案に関して行う同意に関する届出書
5	様式 3 の 3 （直投命令）	事業の全部の譲渡等の議案に関して行う同意に関する届出書
6	様式 4 （直投命令）	支店等の設置に関する届出書
7	様式 5 （直投命令）	支店等の種類・事業目的の変更に関する届出書
8	様式 6 （直投命令）	金銭の貸付けに関する届出書
9	様式 6 の 2 （直投命令）	事業の承継に関する届出書
10	様式 7 （直投命令）	社債の取得に関する届出書
11	様式 7 の 2 （直投命令）	議決権代理行使受任に関する届出書
12	様式 7 の 3 （直投命令）	議決権代理行使委任に関する届出書
13	様式 7 の 4 （直投命令）	共同議決権行使同意取得に関する届出書
対内直接投資等に係る実行報告書（Part I　2.2.9 参照）		
14	様式19 （直投命令）	株式，持分，議決権若しくは議決権行使等権限の取得又は株式への一任運用に関する実行報告書
15	様式19の 2 （直投命令）	株式，持分，議決権，議決権行使等権限若しくは共同議決権行使同意の取得又は株式への一任運用に関する変更報告書
16	様式20 （直投命令）	金銭の貸付け又は社債の取得等に関する実行報告書
17	様式22 （直投命令）	支店等の設置の中止・廃止実行報告書
18	様式22の 2 （直投命令）	共同議決権行使同意取得等に関する実行報告書

19	様式22の3（直投命令）	事業の承継に関する実行報告書
対内直接投資等に係る事後報告書（PartⅠ 2.3.2参照）		
20	様式11（直投命令）	株式，持分，議決権若しくは議決権行使等権限の取得又は株式への一任運用に関する報告書
21	様式11の2（直投命令）	株式，持分，議決権，議決権行使等権限若しくは共同議決権行使同意の取得又は株式への一任運用に関する報告書
22	様式12（直投命令）	株式・持分の譲渡に関する報告書
23	様式16（直投命令）	金銭の貸付けに関する報告書
24	様式16の2（直投命令）	事業の承継に関する報告書
25	様式17（直投命令）	社債の取得に関する報告書
26	様式17の2（直投命令）	議決権代理行使受任に関する報告書
27	様式17の3（直投命令）	議決権代理行使委任に関する報告書
28	様式17の4（直投命令）	共同議決権行使同意取得に関する報告書
特定取得に係る事前届出書（PartⅠ 2.4.2参照）		
29	様式1（直投命令）	株式，持分，議決権若しくは議決権行使等権限の取得又は株式への一任運用に関する届出書
特定取得に係る実行報告書（PartⅠ 2.4.5参照）		
30	様式19（直投命令）	株式，持分，議決権若しくは議決権行使等権限の取得又は株式への一任運用に関する実行報告書
資本取引に係る許可申請書（PartⅠ 3.1.2（1）参照）		
31	様式5（外為省令）	預金・信託・金銭の貸借・債務の保証・支払手段又は債権の売買・金の地金の売買・その他の売買契約に基づく債権の発生等に係る取引許可申請書
32	様式6（外為省令）	証券の取得・譲渡許可申請書
33	様式7（外為省令）	証券の発行又は募集許可申請書
34	様式8（外為省令）	金融指標等先物契約に基づく債権の発生等に係る取引許可申請書
35	様式9（外為省令）	外国・本邦にある不動産又はこれに関する権利の取得許可申請書

36	様式10（外為省令）	本邦にある事務所と外国にある事務所との間の資金の授受許可申請書
資本取引に係る事後報告書（PartⅠ 3.1.2（2）参照）		
37	様式13（報告省令）	証券の取得又は譲渡に関する報告書
38	様式21（報告省令）	証券の発行又は募集に関する報告書
39	様式22（報告省令）	本邦にある不動産又はこれに関する権利の取得に関する報告書
40	様式23（報告省令）	電子決済手段等の売買又は他の電子決済手段等との交換に係る媒介等に関する報告書
41	様式24（報告省令）	電子決済手段等の売買又は他の電子決済手段等との交換に係る媒介等に関する報告書（一括報告分）
対外直接投資に係る許可申請書（PartⅠ 3.2.2参照）		
42	様式11（外為省令）	対外直接投資に係る証券の取得に関する許可申請書
43	様式12（外為省令）	対外直接投資に係る金銭の貸付契約に関する許可申請書
44	様式13（外為省令）	対外直接投資に係る外国における支店等の設置・拡張に係る資金の支払に関する許可申請書
対外直接投資に係る事前届出書（PartⅠ 3.2.3参照）		
45	様式17（外為省令）	対外直接投資に係る証券の取得に関する届出書
46	様式18（外為省令）	対外直接投資に係る金銭の貸付契約に関する届出書
47	様式19（外為省令）	対外直接投資に係る外国における支店等の設置・拡張に係る資金の支払に関する届出書
対外直接投資に係る事後報告書（PartⅠ 3.2.4参照）		
48	様式16（報告省令）	対外直接投資に係る証券の取得に関する報告書
49	様式19（報告省令）	対外直接投資に係る証券の譲渡並びに債権の放棄及び免除に関する報告書
特定資本取引に係る許可申請書（PartⅠの3.3.2参照）		
50	様式2（貿易関係貿易外取引等に関する省令）	特定資本取引許可申請書（※）

支払等に係る許可申請書（Part I 4.2.2参照）		
51	様式2（外為省令）	支払・支払の受領許可申請書
52	様式1（貿易関係貿易外取引等に関する省令）	支払等許可申請書（※）
支払等に係る事後報告書（Part I 4.3.2参照）		
53	様式1（報告省令）	支払又は支払の受領に関する報告書 （銀行等又は資金移動業者を経由しない支払又は支払の受領）
54	様式2（報告省令）	支払又は支払の受領に関する報告書 （銀行等又は資金移動業者を経由しない支払又は支払の受領（取りまとめ分））
55	様式3（報告省令）	支払又は支払の受領に関する報告書 （銀行等又は資金移動業者を経由する支払又は支払の受領）
56	様式4（報告省令）	支払又は支払の受領に関する報告書 （銀行等又は資金移動業者を経由する支払又は支払の受領（取りまとめ分））

索　引

英　数

1975年英国産業法 ･･････････････････････････ 225

1975年外資による取得および買収に関する
法律（FATA：Foreign Acquisitions and
Takeovers Act 1975（Cth）） ･･････････ 268

1999年外国為替管理法（FEMA：Foreign
Exchange Management Act, 1999, イン
ド外国為替管理法） ･･････････････ 310, 311

2000年非居住者による有価証券の移転
または発行に関する外国為替管理規則
（2000年外為規則）（Foreign Exchange
Management（Transfer or Issue of
Security by a Person Resident Outside
India）Regulations, 2000） ･･････････････ 310

2002年企業法（The Enterprise Act 2002）
･･ 211, 213

2015年外資による取得および買収に係る
手数料の賦課に関する法律（FATFIA：
Foreign Acquisitions and Takeovers
Fees Imposition Act 2015（Cth））
･･ 268, 269

2015年外資による取得および買収に関する
規則（FATR：Foreign Acquisitions and
Takeovers Regulation 2015（Cth））
･･ 268, 269

2017年改正 ･･････････････････････････････････････ 10

2018年外国投資リスク審査現代化法（FIR-
RMA：Foreign Investment Review Risk
Modernization Act） ･･････････････････････ 186

2019年 5 月改正 ･･････････････････ 10, 160, 163

2019年 9 月改正 ･･････････････････････････････ 10

2019年11月改正
･･･････････････ 7, 10, 13, 15, 23, 28, 104, 164

2020年外資による取得および買収に係る手数
料の賦課に関する規則（FATFIR：

Foreign Acquisitions and Takeovers
Fees Imposition Regulations 2020（Cth））
･･ 268

2020年 6 月改正 ･･････････････････････････ 10, 144

2021年国家安全保障・投資法（NSI法：
National Security and Investment Act
2021） ･･･ 211

2021年国家安全保障・投資法規則（NSI法
規則） ･･･ 211

2021年10月改正 ･････････････････････････ 10, 45

2023年 4 月改正 ･････････････････････････････ 10

2023年 5 月改正 ･････････････････････････････ 45

2024年 8 月改正 ････････････････････････ 10, 45

2024年 8 月改訂「外為法Q&A（対内直接
投資・特定取得編）」 ･･････････････ 21, 23

Australian business（オーストラリア事業）
･･ 273

Australian entity（オーストラリア事業体）
･･ 273

Authorized Dealer Category-I Bank（AD-
Bank） ･･････････････････････････････････ 310, 314

automatic route（自動ルート） ･････････ 311, 319

AWG（対外経済法） ･･････････････････････ 250

AWV（対外経済施行令） ･･･････････････ 250

BMWK（ドイツ連邦経済・気候保護省）
･･ 250, 251

Cabinet Committee on Economic Affairs
（経済活動内閣委員会） ･･････････････････ 310

call in power（呼び出し権限） ･･････････････ 270

call-in（コールイン）通知・審査
･･････････････････････････････････････ 212, 217, 220

Committee on Foreign Investment in the
United States（CFIUS：対米外国投資
委員会） ･･････････････････････････････ 187, 188

Consolidated FDI Policy（統合版FDIポリ
シー） ･･････････････････････････ 310, 312, 318

Covered Control Transaction（対象支配権
取引）……………………………… 187, 190

Covered Investment（対象投資）
………………………………… 187, 190, 192

Covered Investment Critical Infrastructure
（対象投資重要インフラ）…………… 192

Covered Real Estate Transaction（対象不動
産取引）…………………… 187, 190, 195

Department for Promotion of Industry and
Internal Trade（DPIIT：産業国内取引促
進局）…………………………… 310, 314

downstream investment（ダウンストリー
ム・インベストメント）………… 310, 326

EUへの対内直接投資の審査制度構築に係る
2019年3月19日付欧州議会および理事会
規則（EU）2019/452（EU審査規則，欧州
審査規則）（Regulation（EU）2019/452 of
the European Parliament and of the
Council of 19 March 2019 establishing a
framework for the screening of foreign
direct investments into the Union（OJ
2019 LI 79/1））………… 228, 229, 235, 250

Excepted Investor（例外投資家）… 187, 194

FIRRMA施行規則（FIRRMA's implement-
ing regulations at 31 C.F.R. Parts 800-802）
……………………………………… 187

Foreign Acquisitions and Takeovers Act
1975（Cth）（FATA：1975年外資による
取得および買収に関する法律）…… 268, 269

Foreign Acquisitions and Takeovers Fees
Imposition Act 2015（Cth）（FATFIA：
2015年外資による取得および買収に係る
手数料の賦課に関する法律，手数料法）
…………………………………… 268, 269

Foreign Acquisitions and Takeovers Fees
Imposition Regulations 2020（Cth）
（FATFIR：2020年外資による取得および
買収に係る手数料の賦課に関する規則，手
数料規則）……………………………… 268

Foreign Acquisitions and Takeovers Regula-
tion 2015（Cth）（FATR：2015年外資に
よる取得および買収に関する規則）…… 268

Foreign Exchange Management Act, 1999
（FEMA：インド外国為替管理法）
……………………………………… 310, 311

Foreign Exchange Management（Transfer
or Issue of Security by a Person Resident
Outside India）Regulations, 2000（2000年
外為規則）……………………………… 310

foreign investment（EU）……………… 235

Foreign Investment Policy（対内投資方針）
……………………………………… 267, 268

Foreign Investment Review Board（FIRB
：外国投資審査委員会）………… 267, 268

Foreign Investment Review Risk Modern-
ization Act（FIRRMA：2018年外国投資
リスク審査現代化法）………………… 186

Foreign Investment（外国投資）（EU）… 228

Foreign Person（外国人）（米国）… 187, 189

foreign person（外国人）（オーストラリア）
……………………………………… 271

Foreign Subsidies Regulation（FSR：外国補
助金規則）……………………………… 247

Form F-4 ……………………………… 183

General Partner（GP：業務執行組合員）
…………………………………… 20, 23, 29

government route（政府ルート）……… 319

Guidance Notes（ガイダンス・ノート）
……………………………………… 268, 269

Investment Security Unit within the cabinet
office（ISU：内閣府投資安全保障局）… 212

last resort power（最終審査権限）……… 270

Limited Partner（LP：有限責任組合員）… 23

Memorandum of Understanding（MOU：
確認書）………………………………… 53

Ministry of Commerce and Industry（MCI：
インド政府商工省）……………… 310, 314

Multi-Country Transaction（複数加盟国取

引）……………………………… 229, 243

national interest test（国益審査）……… 277

National Security and Investment Act 2021
（NSI法：2021年国家安全保障・投資法）
………………………………………… 211

national security test（国家安全保障審査）
………………………………………… 277

notifiable action（通知対象行為）……… 272

notifiable national security action（国家安
全保障通知対象行為）……………… 273

NSI法規則（2021年国家安全保障・投資法
規則）………………………………… 211

OECD …………………………………… 9, 17

Press Note（プレスノート）……… 310, 312

Regulation（EU）2019/452 of the European
Parliament and of the Council of 19
March 2019 establishing a framework for
the screening of foreign direct invest-
ments into the Union（OJ 2019 LI 79/ 1 ）
（EUへの対内直接投資の審査制度構築に
係る2019年 3 月19日付欧州議会および理
事会規則（EU）2019/452（EU審査規則，
欧州審査規則））……… 228, 229, 235, 250

Reserve Bank of India（RBI：インド準備
銀行）…………………………… 310, 314

reviewable national security action（国家
安全保障審査可能行為）……………… 274

Secretary of State in the Cabinet Office
（内閣府担当大臣）…………………… 212

sensitive business（機微事業）………… 275

significant action（重大行為）………… 273

Sovereign Wealth Fund（SWF：ソブリン
ウェルスファンド）…………………… 53

Special Purpose Company（SPC：特別目
的の会社）……………………… 111, 143

Standard Operating Procedure（SOP）… 310

The Enterprise Act 2002（2002年企業法）
…………………………………… 211, 213

TID U.S. Business（TID米国事業）

………………………………… 187, 190, 192

Treasurer（オーストラリア連邦政府財務
大臣）…………………………………… 268

あ 行

一任運用 …………………………………… 33

一般投資家 …………………………… 56, 70

一般免除 ………………………… 55, 58, 126

イラク ………………………………… 54, 85

イラン関係者 …………………… 42, 54, 69

インターネット利用サポート業 ………… 46

インド外国為替管理法（FEMA：Foreign
Exchange Management Act, 1999, 1999年
外国為替管理法）………………… 310, 311

インド準備銀行（RBI：Reserve Bank of
India）…………………………… 310, 314

インド政府商工省（MCI：Ministry of
Commerce and Industry）……… 310, 314

上乗せ基準 ……………………… 60, 126

役務取引等 ………………………………… 7

エンフォースメントおよび罰則に関する
ガイドライン ………………………… 206

オーストラリア事業（Australian business）
………………………………………… 273

オーストラリア事業体（Australian entity）
………………………………………… 273

オーストラリアの対内投資方針 ………… 269

オーストラリア連邦政府財務大臣（Trea-
surer）………………………………… 268

親会社 …………………………………… 20, 46

オンライン申請
………… 48, 69, 74, 107, 280, 315, 328

オンライン報告 ………………………… 100

か 行

カーブアウト取引 ………………… 166, 171

外国金融機関 ………………… 25, 56, 68, 70

外国人（Foreign Person）（米国）… 187, 189

外国人（foreign person）（オーストラリア）

索 引

……………………………………… 271
外国投資（Foreign Investment）(EU) … 228
外国投資家 ……………………………… 15, 18
外国投資者 ……………………………… 293
外国投資審査委員会（FIRB：Foreign
　Investment Review Board）…… 267, 268
外国法人 …………………………………… 83
外国補助金規則（FSR：Foreign Subsidies
　Regulation）……………………………… 247
外資規制 ………………………………… 151
外資法 ……………………………………… 9
会社の経営に重要な影響を与える事項 … 34
外商投資 ……………………… 288, 293, 301
外商投資安全審査制度 …………… 291, 301
外商投資安全審査弁法（中華人民共和国
　国家発展改革委員会，中華人民共和国
　商務部令第37号）………………… 289, 290
外商投資参入特別管理措置（ネガティブ
　リスト）（2024年版）（中華人民共和国
　国家発展改革委員会，中華人民共和国
　商務部令第23号）（外商投資ネガティ
　ブリスト）…………………………… 289, 290
外商投資ネガティブリスト制度
　……………………………… 288, 290, 293
外商投資法（中華人民共和国主席令第26号）
　…………………………………………… 289
ガイダンス・ノート（Guidance Notes）
　…………………………………………… 268, 269
海南自由貿易港外商投資参入特別管理措置
　（ネガティブリスト）（海南リスト）
　…………………………………………… 289, 300
確認書（MOU：Memorandum of Under-
　standing）………………………………… 53
株式移転 ………………………………… 180
株式移転当事会社 ……………………… 180
株式交換 ………………………………… 175
株式等売渡請求 ………………………… 134
株式併合 …………………………… 134, 137
貨物の輸出入 ……………………………… 7

簡易分割 ………………………………… 168
関係者 ………………………… 32, 35, 129
監査役 …………………………………… 29
間接的な外国直接投資 ………………… 326
完全対等合弁会社 ……………………… 42
議決権比率 ……………………………… 31
期限を付して …………………………… 61
技術導入契約 …………………………… 7
基準告示（対内直投）………………… 58
北朝鮮 ………………………… 17, 54, 85
機微事業（sensitive business）………… 275
義務的届出 ……………………………… 215
吸収分割議案の提案・同意 …………… 169
協調体制 ………………………………… 235
共同株式移転 …………………………… 181
業務執行組合員（GP：General Partner）
　…………………………………… 20, 23, 29
許可を要する支払等 …………………… 95
居住者 …………………………………… 26
禁止期間 ………………… 61, 74, 87, 113
金融商品取引法及び投資信託及び投資法人
　に関する法律の一部を改正する法律 … 111
組合型投資ファンド …………………… 18, 24
クライアント証明書 …………………… 107
クリアランス …………………………… 42
グリーンフィールド投資 ……………… 233
経済活動内閣委員会（Cabinet Committee
　on Economic Affairs）………………… 310
経済制裁措置 ………… 79, 91, 103, 104, 123
コア業種 ……………………… 46, 58, 60
行為時事前届出 ………………… 133, 155
公開買付け ……………………………… 110
公的年金基金 …………………………… 53
コールイン（call-in）通知・審査
　…………………………………… 212, 217, 220
ゴールデン・シェア …………………… 226
子会社 ………………… 21, 34, 38, 46
国益審査（national interest test）……… 277
国有企業等 ……………………… 37, 53, 71

国家安全法（中華人民共和国主席令第29号）
………………………………… 289, 290
国家安全保障審査（national security test）
…………………………………………… 277
国家安全保障審査可能行為（reviewable
national security action）…………… 274
国家安全保障通知対象行為（notifiable
national security action）…………… 273
国家市場監督管理総局および各地方の市場監
督管理部門 ………………………… 289, 292
国家発展改革委員会（発改委）………… 293

さ 行

最終審査権限（last resort power）……… 270
最低例外所有権 …………………………… 195
財務省 ……………………………………… 11
財務省ウェブサイト ……………………… 96
産業国内取引促進局（DPIIT：Department
for Promotion of Industry and Internal
Trade）………………………………… 310, 314
事案調査票 ………………………………… 66
事業譲渡契約 ……………………………… 173
事業所管省庁 ……………………………… 11
資金移動業者 ……………………………… 100
自己株式の取得の実施の要求 ………… 128
事後措置命令 …………………………… 65, 75
自己提案 ……………………………… 34, 130
事後報告 ……………………………… 69, 150
市場監督管理部門 ……………………… 292
市場参入ネガティブリスト …………… 289
市場参入ネガティブリスト制度 ……… 288
事前相談 ……………………………… 49, 118
事前届出免除制度 ………… 53, 58, 67, 125
実行報告書 ………………………… 66, 76, 124
実質株式 …………………………………… 29
実質的支配権 …………………………… 302
実質的支配者 …………………………… 51, 52
実質保有等議決権 ……………………… 54
質問状 ………… 38, 40, 106, 117, 125, 131

質問票 …………………………… 42, 73, 119
指定業種 ………………………… 43, 112, 216
指定業種（特定取得）…………………… 72
指定業種告示（対内直投）……………… 43
指定業種告示（特定取得）……………… 72
指定業種に係る事業所管大臣一覧 …… 41
自動ルート（automatic route）…… 311, 319
支払・支払の受領許可申請書 ………… 97
支払等 …………………………… 93, 96, 151
支払等許可申請書 ……………………… 97
支払等に係る事後報告 ………… 98, 123, 151
資本取引 ………………………………… 78, 103
重大行為（significant action）………… 273
自由貿易試験区外商投資参入特別管理措置
（ネガティブリスト）（自貿区リスト）
………………………………… 289, 300
重要な意思決定権限を有する委員会 …… 60
出資比率 …………………………………… 31
主要な取引先 …………………………… 37
遵守事項 ……………………………… 62, 120
ジョイントベンチャー ………………… 152
少額の支払等 …………………………… 95
条件付きクリアランス ………………… 224
上場会社等 …………………………… 26, 30
譲渡性預金 …………………………… 81, 82
情報処理・サービス業 ………………… 46
商務部および各地方の商務主管部門
………………………………… 289, 292
書面または電磁的記録 ………………… 61
新株予約権付社債 ……………………… 177
審査考慮要素 …………………………… 50
スクイーズアウト ……………………… 134
スタートアップ企業 …………………… 40
政府ルート（government route）……… 319
相互主義 ………………………………… 41
即日扱い ………………………………… 88
「その他の事項」欄 ………………… 72, 138
ソフトウェア業 ………………………… 46
ソブリンウェルスファンド（SWF：Sover-

eign Wealth Fund) ················· 53

た 行

対外経済施行令（AWV）·············· 250
対外経済法（AWG）·················· 250
対外直接投資 ················ 83, 103, 147
対外直接投資に係る許可申請 ·········· 149
第三者割当増資 ···················· 139, 154
対象資産 ······························ 214
対象支配権取引（Covered Control
　Transaction）···················· 187, 190
対象投資（Covered Investment）
　························· 187, 190, 192
対象投資重要インフラ（Covered
　Investment Critical Infrastructure）··· 193
対象不動産 ···························· 196
対象不動産取引（Covered Real Estate
　Transaction）················· 187, 190, 195
対内直接投資等 ··················· 30, 103
対内直接投資等事前届出該当性リスト
　····························· 39, 106, 116
対内投資方針（Foreign Investment Policy）
　····································· 268
対米外国投資委員会（CFIUS：Committee
　on Foreign Investment in the United
　States）···················· 187, 188
ダウンストリーム・インベストメント
　（downstream investment）········ 310, 326
多額の金銭その他の財産を得ている者···· 37
他者提案 ······························ 130
他の会社 ······························ 19
中国製造2025 ························ 188
直接保有者 ···························· 255
直系血族 ··························· 36, 37
通知対象行為（notifiable action）········ 272
手数料規則（FATFIR：Foreign Acquisi-
　tions and Takeovers Fees Imposition
　Regulations 2020（Cth），2020年外資によ
　る取得および買収に係る手数料の賦課に関

する規則）···························· 269
手数料法（FATFIA：Foreign Acquisitions
　and Takeovers Fees Imposition Act 2015
　（Cth），2015年外資による取得および買収
　に係る手数料の賦課に関する法律）···· 269
電子決済手段等 ························ 82
ドイツ連邦経済・気候保護省（BMWK）
　··································· 250, 251
同意 ·································· 33
統合版FDIポリシー（Consolidated FDI
　Policy）···················· 310, 312, 318
投資委員会等構成員 ···················· 37
投資一任契約 ·························· 27
投資先の子会社 ························ 38
投資事業有限責任組合 ·················· 142
投資事業有限責任組合契約に関する法律
　····································· 139
到達確認シート ························ 108
特定組合等 ···························· 24
特定組合類似団体 ·················· 23, 24
特定財産権 ···························· 196
特定資本取引 ····················· 90, 103
特定取得 ··················· 72, 103, 138
特定上場会社等 ··················· 31, 184
特別支配株主 ·························· 135
特別目的会社（SPC：Special Purpose
　Company）························ 111
独立役員になることができない者 ········ 131
届出受理日 ······················· 74, 87
届出書の取下げおよび再提出 ·············· 62

な 行

内閣府担当大臣（Secretary of State in the
　Cabinet Office）···················· 212
内閣府投資安全保障局（ISU：Investment
　Security Unit within the cabinet office）
　····································· 212
日本銀行 ······························ 11
日本銀行ウェブサイト ············· 99, 100, 104

索　引　347

日本銀行外為法手続きオンラインシステム
　　　　　　　　　　　　　　　　　105, 107
日本貿易振興機構（JETRO）ウェブサイト
　　　　　　　　　　　　　　　　　　　151
任意的届出 ································· 217
認証SWF ····································· 70
認証ソブリンウェルスファンド ··········· 53
ノンコア業種 ························ 58, 154

は　行

パートナーシップ ··················· 18, 23
配偶者 ································ 36, 37
買収SPC ···························· 139, 142
端数株式の売却 ························· 137
発改委（国際発展改革委員会）··········· 293
パッシブ投資 ··························· 16
非居住者 ···························· 19, 26
非定型的買取 ··························· 256
秘密技術関連情報 ··················· 51, 53
ファンド ····················· 111, 139, 159
複数加盟国取引（Multi-Country Transac-
　tion）···························· 229, 243
プレスノート（Press Note）········· 310, 312
分野横断的審査 ···················· 250, 252
分野特定的審査 ···················· 250, 256
米国事業 ······························· 190
変更・中止勧告・命令 ·············· 63, 75

包括免除 ····················· 25, 55, 126
法人等 ································· 38
ポートフォリオ投資 ····················· 233
保有議決権割合の判断基準 ·············· 33

ま　行

窓口申請 ······················· 48, 69, 74
窓口提出 ······························· 107
密接関係者 ···························· 26
免除基準 ····················· 35, 58, 126
免除事後報告 ··························· 67
免除制度 ······························· 125
モニタリング ··························· 205

や　行

役員 ······························ 29, 37
薬機法 ································· 45
有限責任組合員（LP：Limited Partner）··· 23
有限責任事業組合 ······················· 20
予告TOB ······························· 113
呼び出し権限（call in power）··········· 270

ら　行

リスク軽減措置 ························· 204
略式合併 ······························· 142
例外投資家（Excepted Investor）··· 187, 194
ロシア ······················· 68, 84, 149

■編著者紹介

新城　友哉（しんじょう・ともや）　　　　　　　　　　　Part Ⅰ,Ⅱ,Ⅲ

2008年弁護士登録，2015年ニューヨーク州弁護士登録，2018年からアンダーソン・毛利・友常法律事務所パートナー。

主要な業務分野は，国内およびクロスボーダーのM&A案件。国内外のM&A取引やジョイント・ベンチャー，海外進出案件に多数携わり，これらの立案・実行に係る取引上の助言・契約交渉（外為法その他各種規制法対応に係る助言を含む。）から付随的な一般企業法務相談まで，幅広く取り扱っている。2014年～2015年ドイツのHengeler Mueller法律事務所勤務。著書等として，「欧米におけるグループ再編の実務」（旬刊商事法務2276号（2021年10月25日号）～2281号（2021年12月15日号）連載），『実務で役立つ世界各国の英文契約ガイドブック』（商事法務，2019年）（共著），『M&A実務の基礎（第2版）』（商事法務，2018年）（共著），『Beck'sches M&A-Handbuch（Japan Chapter）』（Helbing Lichtenhahn/C. H. BECK，2017年，2022年）（共著）などがある。

松本　拓（まつもと・たく）　　　　　　　　　　　　　Part Ⅰ,Ⅱ,Ⅲ

2009年弁護士登録，2017年ニューヨーク州弁護士登録，2020年からアンダーソン・毛利・友常法律事務所パートナー。

主要な業務分野は，M&A・投資，経済安全保障・通商（国内外の投資規制を含む。），クロスボーダー案件，スタートアップ法務・投資。2012年インドネシアのSoewito Suhardiman Eddymurthy Kardono（SSEK）法律事務所，2016年～2017年米国のSeward & Kissel法律事務所勤務。2020年～2023年東京大学法学部非常勤講師。2021年～量子技術による新産業創出協議会監事。著書等として，「Foreign Investment Review 2024 – Japan」（Lexology GTDT，2024年），「International Trade 2024」（Chambers Global Practice Guides，2023年），「量子技術，量子コンピュータの事業活用と法務面の留意点」（海外投融資2023年5月号）（共著），「特許非公開制度の実務対応」（ビジネス法務2022年9月号）（共著），『アジア・新興国の会社法実務戦略Q&A』（商事法務，2013年）（共著）などがある。

武士俣　隆介（ぶしまた・りゅうすけ）　　　　　　　　Part Ⅰ,Ⅱ,Ⅲ

2014年弁護士登録，アンダーソン・毛利・友常法律事務所アソシエイト。

主要な業務分野は，①国内およびクロスボーダーのM&A・投資，②ヘルスケア・医薬品関連法務。2020～2021年香港のOgier法律事務所（ケイマン等オフショア法）勤務，2022～2024年財務省大臣官房企画官（国際局調査課投資企画審査室）。

■執筆者紹介

中川　裕茂（なかがわ・ひろしげ）　　　　　　　　　Part Ⅲ 6．中国

1998年弁護士登録，アンダーソン・毛利・友常法律事務所パートナー。元北京オフィス首席代表。

主要な業務分野は，中国メインランド・台湾・香港その他アジア各国に関連する投資案件，経済安全保障分野（特に中国メインランド），独禁法，企業不祥事対応，各種調査事案，内部通報対応，アンチダンピング等の通商問題，国際仲裁および訴訟。2022年12月，日本経済新聞「企業法務税務・弁護士調査」中「総合ランキング（国際通商・経済安保分野）」において3位。2023年12月，日本経済新聞「企業法務税務・弁護士調査」中「企業が選ぶ弁護士ランキング（中国法務分野）」において2位。

琴浦　諒（ことうら・りょう）　　　　　　　　　Part Ⅲ 7．インド

2003年弁護士登録，アンダーソン・毛利・友常法律事務所パートナー。

主要な業務分野は，インドを中心とした南アジア各国の法務問題全般。特に，日本企業によるインド企業への出資および買収，日本企業とインド企業の間の紛争（インドでの訴訟，国際仲裁等）について，豊富な経験を有している。2007年〜2008年インドのAmarchand & Mangaldas & Suresh A. Shroff & Co法律事務所勤務。

李　彬（り・びん）　　　　　　　　　　　　　　Part Ⅲ 6．中国

2009年中国弁護士登録，アンダーソン・毛利・友常法律事務所アソシエイト（北京オフィス所属）。

主要な業務分野は，中国法務一般，M&A，労働および独禁等。

著書等として，「中文契約書における検討ポイント」（ビジネスロー・ジャーナル2011年11月号）等がある。

栗田　聡（くりた・さとし）　　　　　　　　　　　　　Part Ⅱ

2011年弁護士登録，2019年ニューヨーク州弁護士登録。アンダーソン・毛利・友常法律事務所パートナー。

M&Aのほか，医薬品の製造販売権の承継やスタートアップ企業の資金調達の業務に力を入れて取り組んでいる。2018〜2019年米国のMorgan, Lewis & Bockius法律事務所勤務。著書等として，『スタートアップ法務』（中央経済社，2022年）（共著）などがある。

加納　さやか（かのう・さやか）　　　　　　　　　　　Part Ⅰ

2012年弁護士登録。アンダーソン・毛利・友常法律事務所パートナー。

専門は企業法務，eスポーツ／ゲーム，エネルギー，データ保護。また，主な業務として企

業の買収・合併・分割等のサポートや，企業の取引・規制等に関する助言を行っている。

鈴木　洋介（すずき・ようすけ）　　　　　　　　Part Ⅲ 1．米国

2012年弁護士登録。アンダーソン・毛利・友常法律事務所パートナー（シンガポールオフィス所属）。
主要な業務分野は，インバウンド・アウトバウンドM&Aおよびコーポレート等。2018〜2019年米国ロサンゼルスのPillsbury Winthrop Shaw Pittman法律事務所勤務。

犀川　勝暁（さいかわ・かつあき）　　　　　Part Ⅲ 5．オーストラリア

2011年オーストラリア ニューサウスウェールズ州弁護士登録，2023年ニューヨーク州弁護士登録，2000年外国法事務弁護士登録。元アンダーソン・毛利・友常法律事務所アソシエイト。
主要な業務分野は，クロスボーダーのM&A・投資案件。企業買収，PE・VC投資，カーブアウト型M&A，ジョイント・ベンチャー，戦略的提携など，M&A・投資案件のあらゆる側面において幅広く力を入れて取り組んでいる。

甲斐　聖也（かい・せいや）　　　　　　　　　Part Ⅲ 2．英国

2012年弁護士登録，2022年イングランドおよびウェールズ事務弁護士登録。アンダーソン・毛利・友常法律事務所アソシエイト。
主要な業務分野は，国内およびクロスボーダーのM&A・投資等。2019年〜2020年ドイツのGleiss Lutz法律事務所勤務，2021年イタリアのChiomenti法律事務所勤務。著書等として，「欧米におけるグループ再編の実務」（旬刊商事法務2276号（2021年10月25日号）〜2281号（2021年12月15日号）連載），『M&A実務の基礎（第2版）』（商事法務，2018年）（共著）などがある。

西山　洋祐（にしやま・ようすけ）　　　　　　　Part Ⅲ 3．EU

2015年弁護士登録。アンダーソン・毛利・友常法律事務所アソシエイト。
主要な業務分野は，国際法務一般，投資規制およびデータ保護規制等。スペイン語が堪能。スペインをはじめとする欧州各国の案件も多く取り扱っており，そのためEUの各種規制にも通じている。

中野　宏祐（なかの・こうすけ）　　　　　　　Part Ⅲ 4．ドイツ

2016年弁護士登録，2024年ニューヨーク州弁護士登録。アンダーソン・毛利・友常法律事務所アソシエイト。
主要な業務分野は，労働法，国際法務およびM&A等。2022〜2023年ドイツ・デュッセルドルフのTaylor Wessing法律事務所勤務。

白藤　祐也（しらふじ・ゆうや）　　　　　　　　　　Part Ⅱ

2016年弁護士登録。アンダーソン・毛利・友常法律事務所アソシエイト。主要な業務分野は，コーポレート，M&A等。

朝田　喬陽（あさだ・たかはる）　　　　　　　　　　Part Ⅰ

2017年弁護士登録。アンダーソン・毛利・友常法律事務所アソシエイト。主要な業務分野は，コーポレート，M&A等。

小玉　留衣（こだま・るい）　　　　　　　　　　　Part Ⅰ

2019年弁護士登録。アンダーソン・毛利・友常法律事務所アソシエイト。主要な業務分野は，コーポレート，M&A等。

齊藤　三佳（さいとう・みか）　　　　　　　　　　Part Ⅱ

2022年弁護士登録。アンダーソン・毛利・友常法律事務所アソシエイト。
主要な業務分野は，独占禁止法，個人情報保護法およびコーポレート等。

安念　リサ（あんねん・りさ）　　　　Part Ⅲ 2．英国，5．オーストラリア

2022年弁護士登録。アンダーソン・毛利・友常法律事務所アソシエイト。
主要な業務分野は，独占禁止法，コーポレートおよびM&A等。

藏野　舞（くらの・まい）　　　　　　　　　　Part Ⅲ 3．EU

2022年弁護士登録。アンダーソン・毛利・友常法律事務所アソシエイト。
主要な業務分野は，コーポレート，M&Aおよび独占禁止法等。

高羽　芳彰（たかば・よしあき）　　　　　　　　Part Ⅲ 1．米国

2022年弁護士登録。アンダーソン・毛利・友常法律事務所アソシエイト。
主要な業務分野は，知的財産，コーポレートおよびM&A等。

張　超鵬（ちょう・ちょうほう）　　　　　　　　Part Ⅲ 6．中国

2022年弁護士登録。2017年中国司法試験合格。アンダーソン・毛利・友常法律事務所アソシエイト。
主要な業務分野は，知的財産，中国法務およびコーポレート等。

■協力者紹介

森下　国彦（もりした・くにひこ）　　　　　　　　　Part I およびPart II

1986年弁護士登録。1995年からアンダーソン・毛利・友常法律事務所パートナー。
主要な業務分野は，金融商品取引法，銀行法，投信法等の金融規制関連法令に関するアドバイス。1998年より金融法委員会（事務局：日銀）の委員を務める（現在，共同代表）。著書等として，「「そういえば気になる」金融規制法論点20〈連載：第1回～第20回〉」（金融法務事情No.2185（2022年5月10日号）～No.2223（2023年12月10日号）連載），「LIBORの廃止に伴う契約上の諸問題」（金融法務事情2020年8月10日号（No.2143）），『逐条解説　投資信託約款』（きんざい，2019年）（共著），『実務に効く国際ビジネス判例精選』（「国際決済―外国通貨債権の弁済」の項執筆）（有斐閣，2015年）などがある。

山神　理（やまがみ・みち）　　　　　　　　　　　Part I およびPart II

1999年弁護士登録。2005年ニューヨーク州弁護士登録。2007年からアンダーソン・毛利・友常法律事務所パートナー。2022年から東京大学大学院法学政治学研究科 客員教授。
主要な業務分野は，国内およびクロスボーダーのM&A。国内外のクライアントに対し上場会社を含む国内企業の買収，経営統合その他の組織再編に関するアドバイスを多数行う。また，海外進出案件，ジョイント・ベンチャー案件，その他企業法務全般について取り扱っている。著書等として，『監査役ガイドブック（全訂第3版）』（商事法務，2015年）（監修），『取締役ガイドブック（全訂第3版）』（商事法務，2015年）（監修），『論点体系会社法2（第2版）　株式会社II』（第一法規，2021年）（共著）などがある。

寺﨑　玄（てらざき・まこと）　　　　　　　　　　　　本書Part III

2007年弁護士登録。2018年からアンダーソン・毛利・友常法律事務所パートナー。
主要な業務分野は，PFI/PPP，プロジェクトファイナンス，公共調達。国土交通省への出向経験を活かし，空港・航空関係をはじめとする運輸関係，建築・水道関係を含む建設関係についても幅広い経験を有する。近時においては，投資規制・公共調達関係を含む経済安全保障・通商案件も広く取り扱うほか，国，公共団体の代理人および交渉経験を活かし，地方創生関連案件も担当している。
著書等として，「官民協働による地方創生と法的論点 ～「第三セクター」の新たな今日的意義と法的な留意点～」（政策法務FacilitatorVol.80），「The International Comparative Legal Guide to: Public Procurement 2024（Japan Chapter）」（Global Legal Group，2024年），「Lexology Panoramic - Air Transport 2025 (Japan Chapter)」（Law Business Research，2024年）などがあるほか，セミナーとして経済産業省とともに「経済安全保障と日本の投資規制～外為法上の指定業種告示改正と対内直接投資の届出・審査の最新実務～」（2023年）を実施。

■調査協力者紹介

鶯海　晶（おしうみ・あき）

2023年弁護士登録。アンダーソン・毛利・友常法律事務所アソシエイト。
主要な業務分野は，ファイナンスおよび倒産等。

佐藤　龍（さとう・りゅう）

2023年弁護士登録。アンダーソン・毛利・友常法律事務所アソシエイト。
主要な業務分野は，M&A，コーポレートおよび再保険等。

田村　允（たむら・じょう）

2023年弁護士登録。アンダーソン・毛利・友常法律事務所アソシエイト。
主要な業務分野は，コーポレート，訴訟および国際法務等。

■編集者紹介

門永　真紀（かどなが・まき）

2008年弁護士登録。アンダーソン・毛利・友常法律事務所パートナー兼CKO（Chief Knowledge Officer）。
事務所内のナレッジ・マネジメント業務に従事する他，法務部向けのセミナー等も行っている。著書等として，『Legal Operationsの実践』（商事法務，2024年）（共著），『企業法務におけるナレッジ・マネジメント』（商事法務，2020年）（共著），『テクノロジー法務』（中央経済社，2019年）（共著）などがある。

■編者紹介

アンダーソン・毛利・友常法律事務所 経済安全保障・通商プラクティスグループ

アンダーソン・毛利・友常法律事務所は，日本における本格的国際法律事務所の草分け的存在からスタートして現在に至る，総合法律事務所である。コーポレート・M&A，ファイナンス，知的財産，労働，紛争解決，事業再生等のあらゆる法律分野に対応する専門家を揃える。国内では東京，大阪，名古屋に拠点を有し，海外では北京，上海，香港，シンガポール，ハノイ，ホーチミン，バンコク，ジャカルタ等のアジア諸国およびロンドン，ブリュッセルに拠点を有する。また，同事務所経済安全保障・通商プラクティスグループは分野・法域横断でさまざまな専門性を有する弁護士等で構成され，国内外の事業会社・金融機関・ファンドなど，幅広いクライアントの最新の問題意識に対応し，各国における外資規制や直接投資規制をはじめ，安全保障貿易管理規制，経済制裁，サプライチェーン，サイバーセキュリティ，ビジネスと人権，政府関係取引などにかかる経済安全保障・通商分野の調査，分析，戦略的アドバイスについて豊富な実績を有する。

＊「アンダーソン・毛利・友常法律事務所」は，アンダーソン・毛利・友常法律事務所外国法共同事業および弁護士法人アンダーソン・毛利・友常法律事務所を含むグループの総称として使用しております。

M&A・投資における
外為法と海外の投資規制の実務

| 2020年12月20日　第1版第1刷発行 |
| 2021年3月25日　第1版第3刷発行 |
| 2025年1月10日　第2版第1刷発行（改題改訂） |

編　者　アンダーソン・毛利・
　　　　友常法律事務所
　　　　経済安全保障・
　　　　通商プラクティスグループ

編著者　新　城　友　哉
　　　　松　本　　　拓
　　　　武士俣　隆　介

発行者　山　本　　　継

発行所　㈱中　央　経　済　社

発売元　㈱中央経済グループ
　　　　パ ブ リ ッ シ ン グ

〒101-0051　東京都千代田区神田神保町1-35
電話　03 (3293) 3371 (編集代表)
　　　03 (3293) 3381 (営業代表)
https://www.chuokeizai.co.jp
印刷／三英グラフィック・アーツ㈱
製本／誠　　製　　本　　㈱

© 2025
Printed in Japan

＊頁の「欠落」や「順序違い」などがありましたらお取り替えいたし
ますので発売元までご送付ください。（送料小社負担）

ISBN978-4-502-52071-6　C3034

JCOPY〈出版者著作権管理機構委託出版物〉本書を無断で複写複製（コピー）することは，
著作権法上の例外を除き，禁じられています。本書をコピーされる場合は事前に出版者
著作権管理機構（JCOPY）の許諾を受けてください。
JCOPY〈https://www.jcopy.or.jp　eメール：info@jcopy.or.jp〉

会社法施行規則・会社計算規則を完全収録！

「会社法」法令集 第十四版

中央経済社 編　A5判・744頁　定価3,740円（税込）

- ●重要条文ミニ解説
- ●会社法－省令対応表　付き
- ●改正箇所表示

令和4年9月1日までの法令改正を反映した最新版。令和元年改正会社法の改正箇所を施行日ごとに色分け表記し、条文理解を助ける「ミニ解説」を加筆。実務必携の一冊！

本書の特徴

◆会社法関連法規を完全収録
☞ 本書は、平成17年7月に公布された「会社法」から同18年2月に公布された3本の法務省令等、会社法に関連するすべての重要な法令を完全収録したものです。

◆改正箇所が一目瞭然！
☞ 令和元年改正会社法の2つの施行日（令和3年3月1日、同4年9月1日）ごとに改正箇所を明示。どの条文がどう変わったか、追加や削除された条文は何かなどが一目でわかります！

◆好評の「ミニ解説」さらに充実！
☞ 令和4年9月1日施行の改正箇所を中心に、重要条文のポイントを簡潔にまとめた「ミニ解説」の加筆・見直しを行いました。改正が実務にどう反映されるかがわかります！

◆引用条文の見出しを表示
☞ 会社法条文中、引用されている条文番号の下に、その条文の見出し（ない場合は適宜工夫）を色刷りで明記しました。条文の相互関係がすぐわかり、理解を助けます。

◆政省令探しは簡単！条文中に番号を明記
☞ 法律条文の該当箇所に、政省令（略称＝目次参照）の条文番号を色刷りで表示しました。意外に手間取る政省令探しもこれでラクラク。

中央経済社